Helmut Hark · **Religiöse Neurosen**

W0073913

Helmut Hark

Religiöse Neurosen

Ursachen und Heilung

Kreuz Verlag

© by Dieter Breitsohl AG
    Literarische Agentur Zürich 1984
Alle deutschsprachigen Rechte beim Kreuz Verlag Stuttgart
3. Auflage (9.–10. Tausend) Kreuz Verlag Stuttgart 1990
Gestaltung: HF Ottmann
Satz: Typobauer Filmsatz GmbH, Scharnhausen
Druck und Bindung: May & Co
ISBN 3 7831 0735 0

Inhalt

Zur Einführung 7

Frömmigkeit und Neurose 11
Das Leiden an gestörten Beziehungen 14
Das Leiden an der Gegensatzproblematik 18
Die gestörte Symbolfunktion und Phantasietätigkeit 22
Das Leiden an der Sinnlosigkeit 25

Glaube, Religion und Typologie 31
Typologische Aspekte in den Evangelien 31
Die Fühlfunktion und das Glaubensleben 40
Das Denken und der Dogmatismus 51
Das Empfinden bei kirchlichen Bindungen 58
Die Intuition beim phantasievollen Glauben 68
Der Charakter von Katholiken und Protestanten 71

Persönlichkeitsstruktur und Glaubensleben 77
Die zwanghafte Persönlichkeitsstruktur 78
Die narzißtisch-schizoide Persönlichkeitsstruktur 88
Die depressive Persönlichkeitsstruktur 98
Die hysterische Persönlichkeitsstruktur 107

Wissenschaftliche Konzepte über Neurose und Religion 119
Religion als universelle Zwangsneurose (S. Freud) 121
Die religiöse Funktion der Seele (C. G. Jung) 125
Noogene Neurose und Logotherapie (V. E. Frankl) 130
Religion in der Familientherapie 135

Gottesbild und Gotteskomplex 141
Heidnische Motive im Christen 142
Dunkle Gottesbilder in der Johannes-Apokalypse 145
Der Umgang mit Schattenbildern 151
Gottesvergiftung und Gotteskomplex 160
Das ganzheitliche Gottesbild 164
Selbstverwirklichung und Ganzwerdung 170

Die Heilung der religiösen Neurose   177

Elternbilder und Gottesbild   185
Erfahrungen von Frau Eibe   185

Religion und Neurose Hermann Hesses   209
Pietistische Frömmigkeit und Seelenkrankheit   212
Der Glaubenskampf des Vaters   219
Die Sehnsucht nach der Mutter   223
Vaterbild und Gottesbild   228
Des Dichters Bibliotherapie   233
Aufbruch aus der Tradition   234

Die Entwicklung des religiösen Selbst   237
Bilder aus einer Traumserie   237

Anhang   257
Der Jungsche Typentest   257
Tabellen einer Untersuchung   266
Glossar der wichtigsten Begriffe   285
Literatur-Verzeichnis   293

Zur Einführung

Dieses Buch über die Beziehungen zwischen Frömmigkeit und seelischen Schwierigkeiten mit der oft tragischen Folge von sogenannten ekklesiogenen Neurosen ist aus meiner psychotherapeutischen Praxis erwachsen. Aus Betroffenheit über die Verquickung von religiöser Orientierung und neurotischen Schwierigkeiten wende ich mich vor allem an Betroffene und Leidende. Daher werden nicht nur bestimmte Zusammenhänge zwischen Neurose und Religion beschrieben und diagnostiziert, sondern vor allem auch Verstehenshilfen und Therapievorschläge unterbreitet. Da die Palette der persönlichen Probleme so vielgestaltig ist wie das Leben selber, konnten nur beispielhaft bestimmte Schwierigkeiten beschrieben und mögliche Schritte zur Hilfe gewiesen werden, die im konkreten Fall entsprechend differenziert werden müßten.

Außer den an neurotischen Schwierigkeiten und an einer ekklesiogenen Neurose Leidenden möchte dieses Buch auch den Angehörigen Einsichten und Verstehensmöglichkeiten für diese Seelenkrankheit vermitteln. Ferner können Seelsorger, Berater und Psychologen Anregungen empfangen für die Arbeit und den Umgang mit religiösen beziehungsweise ekklesiogenen Neurotikern. Da die religiösen Schwierigkeiten aus der psychologischen Beratung und der Psychotherapie noch immer entweder total ausgeblendet oder neurotische Verstrickungen als Über-Ich-Bindungen oder als Widerstand »weganalysiert« werden, scheint mir eine Differenzierung dringend notwendig.

Die Einführung in die positiven wie negativen Wechselbeziehungen zwischen dem Glaubensleben und dem seelischen Erleben ist ein ähnlich komplexes Feld wie beispielsweise die Psychosomatische Medizin, in der es, vereinfacht gesagt, darum geht, die Wechselbeziehungen zwischen psychischen Störungen und körperlichen Funktionsstörungen aufzudecken und zu behandeln.

Bei der Vielfalt des religiösen Lebens und bei der Komplexität des seelischen Erlebens war es mir wichtig, einige grundlegende Modelle zum Verständnis der ekklesiogenen Neurose heranzuziehen, damit sich der Leser besser orientieren kann und einen ersten Überblick gewinnt. Dazu habe ich die Typologie von C. G. Jung mit den Orientierungsfunktionen des Denkens, Fühlens, des Empfindens und der Intuition herangezogen. Da diese Typologie eine grundlegende Prägung bei jedem Menschen ist, wird auch sein Glaubensleben dadurch geprägt.

Eine weitere Orientierung soll die Einordnung der seelischen Schwierigkeiten und der religiösen Orientierung nach den psychischen Strukturen bringen. Ähnlich wie die Typologie ist die jeweilige seelische Struktur ein sehr wichtiger Faktor für die Prägung des Glaubenslebens. Die Botschft des Glaubens erhält durch die psychischen Strukturen und die Typologie eine spezifische Färbung. Beispielhaft dafür sind die vier Evangelien Matthäus, Markus, Lukas und Johannes, die verschiedenen Propheten und die anderen biblischen Überlieferungen, die uns den Schatz des göttlichen Wortes und die Botschaft des Evangeliums in den jeweiligen Strukturen und »irdenen Gefäßen« überliefern.

Die Persönlichkeitsstruktur erhält durch die Erfahrung in den ersten Lebensjahren spezifische Ausprägung. Auch die Typologie wird durch die Erziehung und viele andere Umwelteinflüsse mitbestimmt. In diesem langwierigen Prozeß kann es nun zu den vielfältigsten Verzerrungen und Überlagerungen der ureigenen Anlagen kommen. Wie ich in diesem Buch aufzuzeigen versuche, kann dazu auch die religiöse Erziehung und die kirchliche Bindung in positiver und negativer Form beitragen. Besonders der verzerrten und übertriebenen Frömmigkeit bin ich nachgegangen, nicht um den Glauben verächtlich zu machen oder die überholte Theorie »Religion macht krank« aufzuwärmen, sondern um Wege zur Lösung der Probleme aufzuzeigen. Nahezu jedes Kapitel schließt mit Überlegungen zur Therapie.

Die vielschichtigen Zusammenhänge zwischen dem Glaubensleben und dem Seelenleben, zwischen Neurose und Religion, werden an vier ausführlichen Fallschilderungen aufgezeigt. Neben zwei evangelischen Männern (Martin Luther und Hermann Hesse) sind es zwei unbekannte katholische Frauen, die ihr seelisches Erleben und ihre Träume zur Verfügung stellten, um Menschen in ähnlichen Leiden Wege zur Lösung zu zeigen. In kürzeren Fallbeispielen werden spezielle Aspekte der Problematik behandelt. So wird am Beispiel des Apostels Paulus gezeigt, wie verdrängte Gefühle zu einer fanatischen Frömmigkeit führen können. An dem Maler Vincent van Gogh wird die Tragik einer narzißtisch-schizoiden Persönlichkeitsstruktur aufgezeigt. Ferner sind es zahlreiche unbekannte Patienten aus meiner Praxis und aus der psychotherapeutischen Fachliteratur, die uns die Wechselbeziehungen zwischen Neurose und Religion verstehen helfen.

Damit die Leser den wissenschaftlichen und persönlichen Standort des Autors gleich von Anfang an erkennen, möchte ich mitteilen, daß ich evangelischer Theologe bin und Jungscher Psychotherapeut mit Kenntnissen in zahlreichen anderen Therapierichtungen. Neben einer zehnjährigen Erfahrung in der Seelsorge und im Gemeindepfarramt übe ich ferner seit zehn Jahren Psychotherapie aus. In beiden Bereichen konnte ich erfahren, wie vielschichtig das Glaubensleben mit dem Seelenleben zusammenhängt und wie die Störungen in einem Bereich den anderen beeinträchtigen.

Es könnte sein, daß manche Kritiker meinen, die hier beschriebenen Probleme seien lediglich Schwierigkeiten von wenigen einzelnen Menschen. Außerdem gehörten zu den Beziehungen zwischen Neurose und Religion viele Aspekte und Fragen, die in den Fallberichten nicht umfangreich genug anklängen. Genau aus diesen und anderen Gründen habe ich eine umfangreiche Untersuchung bei 139 Patienten durchgeführt und diese Befunde verglichen mit einer Kontrollgruppe von 243 Personen, die psychisch relativ gesund sind. Wer die Tabellen im Anhang vergleicht, erkennt bei den verschiedenen Fragen gewichtige Unterschiede. Es konnte ermittelt werden, daß das Glaubensleben durch die psychoneurotischen Schwierigkeiten stark beeinträchtigt wird. Umgekehrt verhindern oder vermindern ein ganzheitlicher Glaube und eine ausgewogene religiöse Orientierung die Neurose.

Ich bin der Lektorin des Kreuz Verlages, Frau Hildegunde Wöller, sehr dankbar, daß sie mich wiederholt motiviert hat, die Formen der ekklesiogenen Neurose praxisorientiert zu beschreiben und dabei die Betroffenen im Auge zu haben. Sie hat es geschafft, mein »Absicherungsbedürfnis« als Autor gegenüber theologischer, psychologischer und therapeutischer Kritik so weit abzuschwächen, daß ich die Probleme oft ungeschützt beim Namen nenne. Das macht mich allerdings angreifbar für theoretisch orientierte Kritiker, die aufgrund der geringen Betroffenheit meinen, es klarer zu sehen und besser zu wissen.

Abschließend möchte ich allen Patienten und Patientinnen danken, die ihre oft schmerzlichen Erfahrungen zur Veröffentlichung freigaben, um anderen Leidenden die Augen für bisher wenig bekannte Zusammenhänge zwischen Neurose und Religion zu öffnen. Es geht darum, die Fehlformen der Frömmigkeit und krankmachenden religiösen Bindungen aufzuzeigen und Wege zur Therapie zu weisen. Als Theologe und Psychotherapeut bin ich von der heilenden und zurechthelfenden Wirkung des Evangeliums und einer jeden religiösen Orientierung zutiefst überzeugt.

Frömmigkeit und Neurose

Der Glaube kann einem Menschen helfen und ihn heilen oder ihn beeinträchtigen und krank machen. Während der rechte Glaube die Menschen befreit und ihnen zum Leben verhilft, kann der verkehrte Glaube zu seelischen Verstrickungen und psychoneurotischen Schwierigkeiten führen. Von letzteren handelt vor allem dieses Buch. Nach dem biblischen Kriterium: »An den Früchten sollt ihr es erkennen!« ist der rechte Glaube vom verfehlten durch die jeweilige Auswirkung zu erkennen. Indem wir ernsthaft in Betracht ziehen, daß die Frömmigkeit und die Religion den ganzen Menschen angehen, wird damit auch die Beziehung zu Gesundheit und zum Wohlbefinden angesprochen. Wenn nun bereits hier manchem Leser der kritische Gedanke kommen sollte, daß Religion doch Privatsache sei und mit Gesundheit oder Krankheit nichts zu tun habe, so sei auf die biblische Überlieferung verwiesen, die in ihrer Ganzheitsschau das Heil und die Heilung miteinander verbindet. Andererseits kann die Krankheit mit einem religiösen Fehlverhalten und sündigen Verfehlungen in Beziehung stehen. Der Apostel Paulus zeigt diesen Zusammenhang am Beispiel des Abendmahls auf und schreibt: »Die Gemeinde ist der Körper des Herrn. Wer das Brot ißt und aus dem Becher trinkt, aber diesen Körper nicht ehrt, verurteilt sich selbst mit seinem Essen und Trinken. Darum sind viele von euch *krank und schwach* und sogar gestorben« (1. Korinther 11,29ff.). Weil den Gläubigen in Korinth die ganzheitliche religiöse Orientierung fehlt, macht sie das Abendmahl krank und schwach.

Auch an zahlreichen anderen Stellen der biblischen Überlieferung ist ein Zusammenhang zwischen Wohlbefinden und Frömmigkeit zu finden. Das göttliche Heil bewirkt Heilung an Leib und Seele. Bei dem Gotteslob in Psalm 103 wird ausdrücklich gesagt, daß Gott alle Gebrechen heilt. Doch es gibt auch ergreifende Zeugnisse davon, daß der Glaube und die Gebete keine Heilung brachten. Der Zusammenhang zwischen Glaube und Gesundheit wurde im Verlaufe der Jahrhunderte fast ganz vergessen. Seit der Aufklärung kam zunehmend Kritik am Glauben und der Religion auf. Religion sei die Projektion von Sehnsüchten und unerfüllten Wünschen. Andere Parolen lauteten: »Religion ist Opium des Volkes« oder: »Religion macht krank!«

Der letztgenannten Parole bin ich über ein Jahrzehnt nachgegangen. Ich habe gefunden, daß die Verallgemeinerung: »Religion macht krank!« nicht zutrifft. Aber ich habe andererseits in meiner psychotherapeutischen Praxis Patienten kennengelernt, deren Seele durch eine übertriebene Religiosität krank wurde. Von solchen Fehlformen der Frömmigkeit und der Religion soll im folgenden die Rede sein. Wenn derartige Zerrformen des Glaubens das Seelenleben krank machen, sprechen wir von einer sogenannten ekklesiogenen (= kirchlich bedingten) Neurose. Dieser Begriff ist eigentlich nicht ganz korrekt und umfassend genug, um die krankmachenden Faktoren zwischen dem Seelenleben und dem Glaubensleben zu beschreiben. Nicht nur eine das Seelenleben beeinträchtigende zu strenge kirchliche Bindung kann zu dieser Form der Neurose führen, sondern auch eine zu prüde und sexualfeindliche religiöse Erziehung, eine übertriebene Frömmigkeit und eine fanatische Religiosität, die das natürliche Leben und das seelische Erleben im Keime ersticken.

Die kurze Beschreibung und vorläufige Definition der ekklesiogenen Neurose, deren Begriffsbildung auf den Arzt Eberhard Schätzing zurückgeht und von dem Arzt und Theologen Klaus Thomas differenziert wurde (siehe Literaturverzeichnis), werde ich durch zahlreiche Fallbeispiele aus der psychotherapeutischen Praxis illustrieren. Gelegentlich habe ich zu solchen kurzen Krankengeschichten die Kritik gehört, daß sie eigentlich nur die persönliche Tragik und das seelische Leiden von einzelnen Menschen betreffen, dies aber für die allgemeine Problematik über die Wechselwirkungen zwischen Glaubensleben und Seelenleben sowie die gegenseitige Beeinflußbarkeit wenig aussage. Um diesen Fragen differenzierter nachzugehen, habe ich die eingangs genannte Untersuchung durchgeführt.

Bei der genannten Patientengruppe konnte ein Zusammenhang zwischen den psychoneurotischen Schwierigkeiten und der religiösen Orientierung ermittelt werden. Es ließ sich statistisch belegen: Je ausgeprägter die psychische Problematik ist, desto geringer ist das Ausmaß der religiösen Orientierung und Frömmigkeit. Im umgekehrten Fall ließ sich ermitteln, daß eine ausgewogene religiöse Orientierung die psychischen Schwierigkeiten vermindert. Unsere Untersuchung bestätigt damit die im Einzelfall gemachte seelsorgerliche und therapeutische Erfahrung, daß die Neurose das Glaubensleben beeinträchtigt und stört, während eine positive Frömmigkeit zur Heilung der Störungen beiträgt. Aus diesem Grunde sind unsere Ergebnisse nicht nur für die Leidenden, sondern auch für die Seelsorge und Verkündigung der Kirchen von Bedeutung und sollten zum weiteren Nachdenken anregen.

Nach meinen Erfahrungen sind sich viele Christen völlig im unklaren und unbewußt über die Beziehungen zwischen Neurose und Religion. Erst durch die seelische Erkrankung werden die Menschen in der Regel auf diese Zusammenhänge aufmerksam. Wenn sie dann einen Seelsorger um Rat fragen, der nicht in Tiefenpsychologie geschult ist, werden die Verstrickungen zwischen dem Seelenleben und dem Glaubensleben kaum erkannt. Ähnlich geht es leider auch den unzähligen Christen, die einen Psychotherapeuten aufsuchen und bei ihm auch Verständnis für ihre religiösen Nöte erhoffen. Nach meinen Erfahrungen fühlen sich die meisten Therapeuten verständlicherweise für die Glaubensnöte im Zusammenhang mit den neurotischen Schwierigkeiten ihrer Patienten nicht kompetent. Somit bleiben viele seelisch Leidende, insbesondere mit einer religiösen oder ekklesiogenen Neurose, allein gelassen. Ihnen möchte dieses Buch eine erste Verstehenshilfe sein. Die zahlreichen Fallbeispiele sollen dazu beitragen, Berührungspunkte zu den eigenen Problemen zu entdecken. Neben der tiefenpsychologischen Analyse sollen vor allem auch Wege zur Therapie gewiesen werden. Bei der besonderen Problematik versteht es sich von selbst, daß keine »Patentrezepte« gegeben werden können. Jeder leidende Mensch ist eine einmalige Persönlichkeit. Nur für den einzelnen läßt sich ein ihm gemäßer Weg zur Heilung finden. Dennoch wage ich es, zur »ersten Hilfe« einige allgemeine Wegmarkierungen für die Therapie zu beschreiben. Bevor ich spezielle Formen der ekklesiogenen Neurose aufzeige, möchte ich einleitend vier allgemeine Aspekte der Neurose benennen:

Die Neurose kann verstanden und beschrieben werden
- als Leiden an gestörten Beziehungen;
- als Leiden an der Gegensatzproblematik;
- als gestörte Symbolfunktion und Phantasietätigkeit;
- als Leiden an der Sinnlosigkeit des Lebens.

Das Leiden an gestörten Beziehungen

Neurosen werden besonders häufig durch gestörte Beziehungen verursacht. Die gestörten Beziehungen können ihren Niederschlag finden in dem persönlichen Erleben und/oder im Zusammenleben mit den Mitmenschen. Seelische Fehlreaktionen können bestimmte Körperfunktionen beeinträchtigen. Die Angst kann das Herz im Halse schlagen lassen. Die jahrelang unterdrückte Wut kann zu Magengeschwüren oder Darmbeschwerden führen. Häufig ist Kopfschmerz ein Ausdruck von geronnener Aggression. Die psychosomatische Medizin vermag zahlreiche Symptome zu benennen, bei denen psychische Schwierigkeiten ihren Ausdruck in körperlichen Beschwerden finden. Doch nicht nur der eigene Körper ist ein wichtiger Konfliktpartner, sondern alle mitmenschlichen Beziehungen können durch seelische Probleme verzerrt und gestört werden. Eheschwierigkeiten und Familienstreitigkeiten sind hinlänglich bekannt. Auch andauernde Schwierigkeiten am Arbeitsplatz können zu einer Neurose führen.

Wenn in der Kindheit durch die Eltern oder andere Beziehungspersonen nicht die Grundlage zum »Urvertrauen« (Erikson) gelegt worden ist, hat man es im späteren Leben schwer mit den Beziehungen, mit Vertrauen, mit Nähe und Distanz. Insbesondere die Falldarstellungen von Frau Eibe und Hermann Hesse werden zeigen, wie durch die Grundstörung in der Kindheit das »Wurzelschlagen« der Seele in der Welt beeinträchtigt wird. Eine zu strenge religiöse Erziehung, die dazu anleitet, das Leben, die Menschen und letztlich die ganze Welt durch eine bestimmte weltanschauliche Brille zu betrachten, führt häufig zu einer »neurotischen Verblendung«. Damit ist gemeint, daß die Menschen und die Dinge nicht gesehen werden, wie sie sind, sondern die Weltsicht der Eltern und die jeweilige Frömmigkeit übernommen und verinnerlicht wird. Diese Sichtweise schiebt sich dann wie ein Farbfilter dazwischen und läßt die Menschen und die Welt in einem bestimmten Licht erscheinen. Das Tragische an diesem Geschehen ist nun, daß es vielen Menschen unbewußt bleibt, daß sie diese »Brille« tragen und die übernommene religiöse Sicht auf alles andere übertragen. Es bedarf schon einer schweren seelischen Erschütterung in Form einer Neurose, um aus dem »Dornröschenschlaf« der Unbewußtheit zu erwachen. Viele Menschen gehen erst durch Leiden die Augen auf für die genannten Zusammenhänge.

Nach meinen Erfahrungen sind besonders religiös erzogene und kirchlich geprägte Menschen häufig ahnungslos über ihr wahres Selbst. Sie haben durch den Glauben von ihren Eltern und/oder der Kirche ein Selbstbild übernommen und sich zum größten Teil unkritisch den damit verbundenen Forderungen nach einem bestimmten Lebensstil und einem idealisierten Gottesbild angepaßt. Obwohl bestimmte Anpassungen für das Zusammenleben der Menschen sehr wichtig sind, kann eine übertriebene Angepaßtheit zur Selbstentfremdung führen. Wer sich selber fremd ist und sich selber nicht lieben gelernt hat, wie soll der seinen Nächsten lieben, geschweige denn Gott? Erhält doch die Gottesliebe gemäß dem biblischen Liebesgebot: »Du sollst Gott lieben und deinen Nächsten *wie* dich selbst!« seine Basis in der Selbstliebe! Hier nun vorschnell von Selbstverliebtheit oder gar Narzißmus zu reden hieße die aufgezeigten Zusammenhänge mißzuverstehen und die gebotene Selbstliebe von der geforderten Gottesliebe zu trennen.

Um dem Einwand zu begegnen, daß die genannten Zusammenhänge nur bei wenigen Einzelpersonen zu finden seien, möchte ich als Beleg einige Ergebnisse aus meiner Untersuchung anführen. Es ist bei der Betrachtung der Tabellen mit dem scheinbar so abstrakten Zahlenmaterial daran zu erinnern, daß dahinter Menschen mit oft tragischen Schicksalen verborgen sind. Viele haben sich schon als Kind benachteiligt gefühlt. Aus der im Anhang S. 266 beigefügten Tabelle 1 (Frage 21) geht hervor, daß die Patienten sich in hoch signifikanter Weise von der Kontrollgruppe der sogenannten normalen Personen unterscheiden. Die traurige »Leidenskarriere« der Patienten begann schon in der Kindheit, indem sie sich bereits als Kinder wesentlich benachteiligter gefühlt haben als die anderen. Die gleiche Frage in Tabelle 6 zeigt, daß die Frauen sich im Unterschied zu den Männern wesentlich stärker benachteiligt gefühlt haben.

Aus der Untersuchung geht ferner hervor, daß die Patienten sich im Vergleich mit den Personen der Kontrollgruppe auch in ihrem Glaubensleben benachteiligt gefühlt haben. Die Frage 24 »Fühlen Sie sich in Ihrem Glauben geborgen?« wird von den Nicht-Patienten überwiegend positiv beantwortet (Tabelle 1). Die Antworten auf die Frage 24 in Tabelle 6 lassen erkennen, daß die Männer der Patientengruppe sich in ihrem Glauben geborgener fühlen als die Frauen. Dieser Befund ist insofern interessant, als Männer (zumindest in unserer Untersuchungsgruppe) einerseits durch ihre seelischen Schwierigkeiten für den Glauben sensibilisiert wurden und andererseits ein gewisses Geborgenheitsgefühl nicht so schnell verloren wie die Frauen. Der prozentuale Unterschied zwischen den »normalen« Frauen und Männern der Kontrollgruppe spiegelt in etwa die allgemein verbreitete Meinung wider, daß Frauen religiöser und kirchlicher seien als Männer (Tabelle 6, Frage 24). Doch bei dem geringen Unterschied von knapp 5 Prozent zeigt sich zumindest bei unserer Gruppe die Fragwürdigkeit von landläufigen Annahmen und Vorstellungen.

Zahlreiche Hinweise auf weitere neurotische Beziehungsschwierigkeiten findet der interessierte Leser in den Tabellen 2, 7 und 8. Bei den meisten Fragen zeigen sich bedeutsame Unterschiede zwischen der Patientengruppe und der Kontrollgruppe. Bei der Kontrollgruppe übersteigen die Schwierigkeiten nicht ein erträgliches Maß. Ein gewisser Maßstab dafür ist, ob die Arbeits- und Beziehungsfähigkeit, die Liebesfähigkeit und weitere Möglichkeiten des seelischen Erlebens in befriedigender Weise erlebt werden. Die Antworten auf die Frage 2 »Haben Sie häufig Schuldgefühle« in den genannten Tabellen zeigt, daß die Patienten rund doppelt so häufig von ihren Schuldgefühlen geplagt werden als die anderen. Auch das Gefühl der Isolation (Frage 17) und die für Neurotiker charakteristische Abkapselung (Frage 9) sind alarmierend stark und lassen hinter den nüchternen Zahlen die Schwere des seelischen Leidens ahnen.

Überlegungen zur Beratung und Therapie

Erste Überlegungen zur psychologischen Beratung und Therapie von Beziehungsschwierigkeiten sollen dieses Kapitel abschließen. So merkwürdig es zunächst klingen mag, aber der erste grundlegende Impuls zur Heilung kommt aus dem Leiden an den gestörten Beziehungen. Solange man kein Gespür dafür bekommen hat, daß etwas nicht stimmt im Leben, helfen alle Anregungen und Empfehlungen von Angehörigen oder Freunden nichts. Im Gegenteil, sie werden oft als eine Einmischung in die persönlichen Angelegenheiten empfunden. Die eigentliche Motivation zur Beratung oder Therapie erwächst aus dem Leiden an den eigenen seelischen Schwierigkeiten. Seelische Leiden können wie eine »Erweckung« wirken, indem sie aus einer weitgehend unbewußten Trägheit und Gleichgültigkeit wachrütteln.

Die psychologische Beratung und die Psychotherapie können nicht wie die aktiv zupackende Behandlung des Arztes nach der Diagnose eine heilende Medizin verabreichen. Eine vorschnelle tiefenpsychologische Deutung der neurotischen Schwierigkeiten bewirkt in der Regel nichts. Der neurotische Schutzpanzer und die seelische Verhärtung können nur von innen her gelöst werden. Der Therapeut kann nur verständnisvoll Anteil nehmen und den Ratsuchenden auf seinem Weg der Lösung von Schwierigkeiten begleiten. Die mit jeglicher Form von seelischen Störungen (Ängsten, Zwängen, Depressionen etc.) einhergehenden Beziehungsschwierigkeiten werden durch das Eingehen einer therapeutischen Beziehung bearbeitet und damit langsam behoben. Indem sich ein Patient vertrauensvoll auf das Gespräch mit dem Therapeuten einläßt, öffnet er mit dem Sprechen zugleich stückweise sein Herz. Was ausgesprochen wird, kann nicht mehr im Verborgenen ängstigen und das Seelenleben vergiften. Im Therapeuten sucht und findet der Leidende einen Beistand und Helfer, der den verborgenen Sinn des neurotischen Symptoms entschlüsseln hilft. Wie ein Archäologe an der Entzifferung von alten Funden arbeitet, so verhilft der Therapeut zum Verständnis der seelischen Befunde. Während ein Patient häufig wie blind gegen sich selber wütet oder »einäugig« eine zu einseitige Einstellung zu seinen Problemen hat, kommt der Therapeut mit seiner Sicht und Erfahrung als zweites Auge dazu. Besonders wichtig ist schließlich bei beiden die Einbeziehung des »dritten Auges«. Damit ist die Einbeziehung von Phantasien und Träumen gemeint, die das unbewußte Wissen der Seele zu einer bewußten Einsicht und Erkenntnis werden läßt und aus der Sackgasse der Neurose heraushilft. Denn eine der wesentlichen Aufgaben besteht ja darin, die »einäugige« bewußte Einstellung zu erweitern, damit ein ganzheitliches Leben erprobt werden kann.

Das Leiden an der Gegensatzproblematik

Neben den Beziehungsstörungen ist eine weitere Ursache für viele Neurosen das Leiden an den Gegensätzen unseres Lebens. Wenn das Bewußtsein und das Unbewußte, das Ich und das Selbst, das geistige und das triebhafte Leben nicht mehr miteinander kooperieren, schleichen sich zunehmend psychoneurotische Schwierigkeiten ein. Die Lebenskräfte, die miteinander und aufeinander bezogen sein sollten, geraten zunehmend in Gegensatz zueinander. Verallgemeinert läßt sich dieser Gegensatz auch als ein Konflikt zwischen geistig-religiöser Orientierung und leiblich-triebhaften Lebenskräften beschreiben. Solange sich beide Seiten die Waage halten, ist das Leben in der Balance. Wenn dagegen nun die geistig-religiöse Orientierung zu stark wird und das leibliche Leben und das seelische Erleben unterdrückt und beeinträchtigt, kommt es zu der sogenannten ekklesiogenen Neurose.

Wie ein Mensch sich zwischen diesen beiden Polen aufreiben kann, hat besonders eindrucksvoll der Apostel Paulus in Römer 7 beschrieben, wenn er sagt: »Ich weiß, daß in mir, das ist in meinem Fleische, wohnt nicht Gutes. Wollen habe ich wohl, aber vollbringen das Gute finde ich nicht; sondern das Böse, das ich nicht will, das tue ich.« Diese Diagnose des Apostels ist insbesondere für gläubige Menschen eine schmerzliche Erfahrung. Mit seinen Worten bringen viele ihren seelischen Zwiespalt zum Ausdruck: »Ich elender Mensch! wer wird mich erlösen von diesem Leibe des Todes?« Nach der schmerzlichen Diagnose weist Paulus in dem folgenden 8. Kapitel des Römerbriefes einige Schritte zur Therapie der seelischen und religiösen Schwierigkeiten. Unzähligen Menschen hat Paulus Lebensmut vermittelt durch den Zuspruch: »Der Geist kommt unserer Schwachheit zu Hilfe.« Der Geist Gottes, ein lebendiger Geist, bezeugt unserem Geist, daß wir Gottes Kinder sind.

Doch an dieser Stelle haben viele Menschen ihre Zweifel und ihre Fragen. Denn der Geist, der Leben und Frieden bedeutet, berührt kaum ihren Erfahrungshorizont. Das »unaussprechliche Seufzen des Geistes« (8,26) bedarf erfahrungsgemäß der Seele als Empfänger und Resonanzraum. Gerade dieser Erfahrungsbereich aber ist bei neurotischen Menschen derart gestört, daß die Früchte des Geistes nicht reifen können. Es ist sogar zu fragen, ob die überschäumend artikulierte Glaubensgewißheit des Paulus, daß uns nichts von der Liebe Gottes scheiden könne (8,39), an der schmerzlichen Erfahrung unzähliger depressiver und zwanghafter Christen unserer Zeit nicht vorbeigeht. In einem kurzen Vorblick auf die speziellen Schwierigkeiten der verschiedenen Persönlichkeitsstrukturen sei hier vermerkt, daß depressive Menschen sich in ihrem Tief auch von Gott verlassen fühlen. Der Geist, der nach Paulus unserer Schwachheit aufhelfen soll, vermag dies in der Praxis nur im Gegenüber zu einer aufnahmefähigen Seele.

Die Gegensatzproblematik ist auch ein zentrales Thema in der analytischen Psychologie C.G. Jungs. Durch Tausende von Patienten wurde er mit dem Zwiespalt im Menschen konfrontiert. Ähnlich wie Paulus infolge seines Damaskus-Erlebnisses die Augen aufgingen für die zwei Naturen im Menschen, bekam Jung als Seelenarzt einen tiefen Einblick in die Abgründe menschlicher Existenz (die Paulus wohl »Sünde« nennen würde). Jung nannte diese dunkle Seite im Menschen den »Schatten«. Zu diesem unheimlichen Schattenbereich gehört auch die existentielle Erfahrung des »Bösen und der Sünde«, die für Jung besonders gefühlsbetonte Worte für emotionale und negative Reaktionen sind. In einem Brief schreibt er: »So verstehe ich unter ›Sünde‹ einen Verstoß gegen unseren Moralkodex, unter dem ›Bösen‹ den schwarzen, ewig wirkenden Feind in der menschlichen Natur und unter ›Sündenfall‹ den Ungehorsam des Urmenschen gegenüber Gottes Gebot und sein Abweichen vom Gesetz. Diese Begriffe bezeichnen einfache und erkennbare psychische Situationen, die sich in jedem Menschenleben ständig wiederholen. ›Sündenfall‹ z.B. entspricht der Erfahrung, daß jeder Mensch seit allem Anfang vom vorgeschriebenen Weg abweicht. Immer wieder führen mich böse Kräfte in Versuchung, und ich bin sogar von ihnen besessen (wie Paulus); Sünde mischt sich nolens volens in mein tägliches Brot.«[1]

Was bedeutet nun die beschriebene Gegensatzproblematik im Hinblick auf das Verständnis der ekklesiogenen Neurosen?

[1] Briefe Bd. III, S. 102

Die in jedem Leben vorhandenen Gegensätze und seelischen Ambivalenzen werden durch den Glauben noch verstärkt. Die Gegensätze zwischen Irdischem und Himmlischem, zwischen Natur und Geist, können durch die Frömmigkeit in einem derartigen Kontrast erscheinen, daß ein Mensch nicht nur an einer Psychoneurose erkrankt, sondern wegen der religiösen Problematik an einer ekklesiogenen Neurose leidet. Während die Neurose ein vorläufiger Kompromiß ist für eine noch nicht gefundene Versöhnung der menschlichen und seelischen Gegensätze, ist die ekklesiogene Neurose ein fragwürdiger Kompromiß zwischen dem Gotteskomplex und der heilenden Frömmigkeit.

Körpersymptome als Anruf des Lebens

Bei der Schilderung des folgenden Falles geht es vor allem darum, den Anruf des Lebens in einem bestimmten Krankheitssymptom zu erspüren und zu verstehen. Ich habe bei zahlreichen frommen Patienten und kirchlich engagierten Personen gesehen, daß sie seelisch bedingte Leiden, die sich schließlich im Körper manifestieren, als von Gott gegeben hinnehmen. Die meisten legitimieren diese Haltung mit der fromm klingenden Ideologie: Leiden stachelt an, nach dem Reich Gottes zu trachten und sich nicht so stark in diesem irdischen Leben zu verwurzeln. Die Bibelkundigen berufen sich schließlich auf den Apostel Paulus mit seinem sprichwörtlich gewordenen »Pfahl im Fleisch« (2. Korinther 12,7).

Ich verkenne nicht, daß der Kampf mit dem Leiden und die Auseinandersetzung mit einer Krankheit zu großen Leistungen anstacheln können. Neben Paulus nenne ich als Beispiel Sigmund Freud, der trotz seines Kieferkrebses bis ins hohe Alter gearbeitet und ein richtungweisendes wissenschaftliches Werk hinterlassen hat. Freud ist durch sein Leiden nicht stumm geworden, sondern hat es in Sprache übersetzt und damit gerade auch der psychosomatischen Medizin entscheidende Impulse gegeben. Der jetzt als Fallbeispiel zu schildernde fromme Christ dagegen hat sein Leiden still getragen und nicht verstanden.

Es geht um einen vierzigjährigen Lehrer, der Kunsterzieher ist. Er versieht seine schulischen Aufgaben äußerst genau und ist auch im Familienleben recht pedantisch. Mit dem Geld und der häuslichen Ordnung muß es stimmen, sonst wird er nervös oder kriegt eine »leise Wut«. Diese Formulierung beschreibt zugleich, daß Herr S. seine Wut nicht nach außen zeigt, sondern still mit sich abmacht. Es ist ihm in Fleisch und Blut übergegangen, seinen Ärger und seine Wut nach innen zu nehmen und im Körper absinken und versanden zu lassen.

Zu dieser Einstellung und Haltung wurde er von klein auf von seiner frommen Mutter erzogen. Sich nichts anmerken zu lassen, war eine Maxime der Erziehung. So ordnete er sich in der Familie und Schule ein. Er war ein guter und angepaßter Junge. Durch seinen Fleiß brachte er es im Studium zu guten Leistungen und wurde ein angesehener Kunsterzieher.

Herrn S. blieb es unbewußt, daß er im Verlauf seines Lebens zunehmend mehr ein zwanghaftes Lebensmuster ausbaute. Durch seinen zwanghaften Charakter erhoffte er sich Schutz und Abschirmung vor seinen Emotionen und seiner Wut im Bauch. So verlief sein Leben nach außen recht ordentlich und rechtschaffen, bis zu der Stunde, als er plötzlich wegen eines lebensgefährlichen Darmdurchbruches ins Krankenhaus mußte. Nach etwa fünfstündiger Operation war es geschafft. Die folgenden Tage lag er »auf Tod und Leben« auf dem Krankenlager. Im Wahn des Fiebers machte er seelische Erfahrungen, die er sich zeit seines Lebens nie hatte träumen lassen.

Als ich ihn in der Analyse auf Träume ansprach, berichtete er, daß er nie träume, und fügte noch die weitverbreitete Meinung hinzu, daß Träume ja ohnehin nur Schäume seien. Über die Phantasietätigkeit der Seele hatte er sich nie sonderlich Gedanken gemacht. Auch der Darmdurchbruch traf ihn wie ein Blitz aus heiterem Himmel. Das aufziehende Gewitter, das Zusammenbrauen dieses Unheils im Magen-Darm-Bereich, hatte er nie wahrgenommen, geschweige als Anruf des Lebens zur Umorientierung im Leben verstanden.

Aus der Lebensgeschichte ist zu berichten, daß der Magen- und Darmbereich von Anfang an eine Schwachstelle war. Die fromme Mutter wollte ihrem Sprößling in Gestalt der Nahrung ihre Liebe erweisen. Schon hier wurde die als Doppelbindung (double bind) beschriebene Beziehung geprägt. Die Mutter gab keine Liebe und Nähe, drängte dafür aber ihre Nahrung auf.

Die Nahrung wurde zu einer Art von Liebesersatz. Dagegen entwickelte der Junge eine unbewußte Protesthaltung, die sich in einer Funktionsstörung im Magen-Darm-Bereich ausdrückte. Die Mutter kompensierte ihr Gewissen wegen der mangelnden Mutterliebe durch die Rede von der Gottesliebe. Rückschauend erinnert sich Herr S., daß in seiner religiösen Erziehung die »Liebe Gottes« eine große Rolle spielte, aber daß er wenig menschliche und mütterliche Liebe empfangen habe.

Die gestörte Symbolfunktion und Phantasietätigkeit

Die Heilung der seelischen Spaltung und die Überbrückung der Gegensätze geschieht durch lebendige Symbole. Symbole verbinden und heilen. Ich spreche absichtlich von lebendigen Symbolen und unterscheide sie von den überlieferten kulturellen und religiösen. Lebendige Symbole haben ihren Ursprung in der seelischen Erfahrung des einzelnen. In den kulturellen Symbolen sind diese Erfahrungen zu Sinnbildern geworden und können leicht zu erstarrten Bildern werden. C. G. Jung macht folgenden Unterschied zwischen »natürlichen« und »kulturellen« Symbolen:

»Wenn der medizinische Psychologe sich für Symbole interessiert, so beschäftigen ihn primär die ›natürlichen‹ im Unterschied zu den ›kulturellen‹ Symbolen. Die ersteren leiten sich von den unbewußten Inhalten der Psyche ab und repräsentieren daher eine enorme Anzahl von Variationen der wesentlichen archetypischen Bilder. In vielen Fällen kann man sie noch bis zu ihren archetypischen Wurzeln zurückverfolgen, das heißt auf Ideen und Bilder, die man in ältesten Berichten und in primitiven Gesellschaftsordnungen antrifft. Die kulturellen Symbole andererseits sind solche, die man bewußt verwendet hat, um ›ewige Wahrheiten‹ auszudrücken; sie werden immer noch in vielen Religionen gebraucht. Sie haben viele Umformungen und sogar einen mehr oder weniger bewußten Entwicklungsprozeß erlebt und sind auf diese Weise zu kollektiven

Bildern geworden, die man in zivilisierten Gesellschaften anerkennt.«[1]

Da für das seelische Erleben und die Balance der Umgang mit lebendigen Symbolen wichtig ist, genügt die übliche Identifikation mit kulturellen und religiösen Symbolen nicht. Bei der landläufigen religiösen Erziehung im Elternhaus und der christlichen Unterweisung in Kirche und Schule geht es aber weitgehend um die Übernahme vorgegebener Welt- und Gottesbilder. Wenn nun nicht persönliche Erfahrungen hinzukommen und die übernommenen Bilder mit Leben füllen, verlieren die Symbole ihre Anziehungskraft. Damit geht häufig auch ein mangelndes Gefühl der Geborgenheit einher. Darüber klagen in unserer Zeit zunehmend mehr Menschen. Nach meiner Einsicht in seelische Erfahrungen hat dies etwas mit dem Mangel an eigenen Symbolen zu tun. Aus diesem schmerzlichen Empfinden heraus brechen viele Menschen auf, um die Wurzeln ihres Lebens neu zu entdecken. Derjenige, bei dem stets alles beim alten bleibt und in dem sich kaum noch etwas bewegt, sollte sich fragen, ob er nicht an einer gestörten Symbolfunktion leidet.

Bei der folgenden Beschreibung der Symbolfunktion geht es vor allem um die natürlichen Symbole, die ich als lebendige Symbole bezeichne. Als Beispiel für einen Menschen mit lebendiger und funktionsfähiger Symbolbildung möchte ich die Maria nennen. Da ihre Geschichte und Gestalt den meisten vertraut ist, werde ich mich hier auf wenige Andeutungen beschränken. Es heißt von Maria in der sogenannten Weihnachtsgeschichte nach Lukas 2,19: »Maria behielt alle diese Worte und bewegte sie in ihrem Herzen.« Die Botschaft der Engel ging ihr zu Herzen. Was sie gehört und gesehen hatte, verdichtete sich in ihr zu einem Symbol. Wo im deutschen Text das Wort »bewegen« steht, steht im griechischen Urtext das Verb »symballein«, aus dem der Begriff Symbol gebildet wird. Maria verdichtete das Gehörte und Gesehene zu einem Symbol. Die eindrucksvollen Erfahrungen mit den Engeln, den Hirten und dem Kind bewegten sie im Innersten derart, daß sie für sie zum Symbol wurden.

---

[1] Der Mensch und seine Symbole, S. 93

Störungen im seelischen Bereich beeinträchtigen die religiöse Erfahrung. Eine häufig zu beobachtende Folge ist, daß der Glaube seine lebendige und belebende Kraft verliert. Wenn die seelische Lebendigkeit fehlt, erstarren die Glaubenssätze zu leeren Lehrformeln. Auch die religiösen Symbole haben infolge der seelischen Erstarrung keine Resonanz mehr im Menschen. Die religiösen Symbole und die verkündigten Glaubenswahrheiten lassen Menschen mit einer gestörten Symbolfunktion kalt. Damit berühren wir die aktuelle religiöse und kirchliche Situation der Gegenwart.

Es erhebt sich die Frage, wohin die religiösen Kräfte und die Dynamik des lebendigen Geistes »ausgewandert« sind. Wenn wir davon ausgehen, daß das Gottesbild nicht stillschweigend verschwinden kann, noch uns der Meinung anschließen können, daß der lebendige Gott »tot« sei, dann müssen diese Symbole »irgendwo« wirksam sein. Als Tiefenpsychologe nehme ich an, daß die verdrängten und entstellten Gottesbilder in der Tiefe der Seele, im Unbewußten, unkontrolliert weiterwirken. Jung beschreibt die Verdrängung der religiösen Mächte mit dem Bild des »Sternfalls«: »Seitdem die Sterne vom Himmel gefallen und unsere höchsten Symbole verblaßt sind, herrscht geheimes Leben im Unbewußten. Deshalb haben wir heutzutage eine Psychologie, und deshalb reden wir vom Unbewußten. All dies wäre und ist auch in der Tat ganz überflüssig in einer Zeit und in einer Kulturform, welche Symbole hat. Denn diese sind Geist von oben, und dann ist auch der Geist oben. Darum wäre es für solche Menschen ein törichtes und sinnloses Unterfangen, ein Unbewußtes erleben oder erforschen zu wollen, das nichts enthält als das stille ungestörte Walten der Natur. Unser Unbewußtes aber birgt belebtes Wasser, d.h. naturhaft gewordenen Geist, um dessentwillen es aufgestört ist.«[1]

Ich bin mit Jung der Überzeugung, daß das Unbewußte vieler Menschen bewegt und oft sogar aufgestört ist. Das Bild des bewegten Wassers beschreibt besonders anschaulich die Wirksamkeit der seelischen Komplexe. Wir sprechen in der Tiefenpsychologie vom Mutter- und Vaterkomplex, vom Macht- oder

---

[1] Bewußtes und Unbewußtes, S. 33

Sexualkomplex, vom Minderwertigkeitskomplex und anderen Komplexen. Etwas vereinfachend gesagt, können wir die Komplexe wie energetische Felder betrachten, die das Erleben und Verhalten»anordnen« und im Falle der Neurose die seelische Balance durcheinanderbringen.

Der entscheidende Störfaktor bei den ekklesiogenen Neurosen ist der»Gotteskomplex«. Mit diesem Begriff fasse ich alle religiösen Faktoren zusammen, die die ekklesiogene Neurose verursachen. Während der Begriff Gotteskomplex die psychoenergetischen Wirkungen benennt, werden mit dem neurotisierten Gottesbild alle bildhaften Vorstellungen und religiösen Symbole bezeichnet. Unter einem neurotisierten Gottesbild sind dessen Zerrformen zu verstehen. Diese können durch eine fragwürdige religiöse Erziehung vermittelt worden sein oder sind die Folge von psycho-neurotischen Schwierigkeiten, die das Welt- und Gottesbild verzerren. Andererseits kann ein neurotisiertes Gottesbild den Gotteskomplex derart verstärken, daß dieser, wie die anderen Komplexe, in den»Teufelskreis« der Neurose führt. Die genannten Störungen führen häufig zu dem Gefühl der Sinnlosigkeit, mit der wir uns abschließend befassen.

Das Leiden an der Sinnlosigkeit

Den bisher beschriebenen psychoneurotischen Schwierigkeiten und den verschiedenen Ausdrucksformen der ekklesiogenen Neurose liegt das Gefühl der Sinnlosigkeit zugrunde. Daher möchte ich abschließend die Neurosen als Leiden an der Sinnlosigkeit des Lebens definieren. Viele moderne Menschen haben das Gespür für sinnvolle Zusammenhänge verloren. Durch die Verdrängung der Gefühle stumpfte auch die Wahrnehmung für Sinngebendes ab. Erfahrungen und Dinge ergeben von sich aus noch keinen überzeugenden Sinn, sondern bedürfen der Sinngebung. Einzig der Mensch hat ein Organ für die Sinngebung des Lebens. So hebt C. G. Jung in seinen Briefen und Schriften häufig hervor, daß der Begriff der Ordnung, die den Dingen innewohnt, noch längst nicht von sich aus einen»Sinn« vermittelt.

Die Heilung der gestörten Symbolfunktion geschieht durch die Ganzwerdung des Lebens und des Erlebens. Dazu gehört, die Balance zu finden zwischen einer zu starken »Veräußerlichung« des Lebens, bei der die inneren Werte und Phantasien total mißachtet werden, und einer übertriebenen »Verinnerlichung«, einer Überflutung von Traumbildern und beängstigenden Phantasien. Ein gesundes Gleichgewicht entsteht, wenn der sogenannte »Realist« lernt, auf die leise Stimme seiner Seele zu hören, und der »Phantast« seine Phantasien an der Realität überprüft. Die symbolische Verarbeitung gelingt dann, wenn jemand wie Maria das Gehörte und Gesehene so in seinem Herzen bewegt, daß es zu einem lebendigen Symbol wird.

Die Geburt eines Symbols in der Seele des Menschen ist im allgemeinen ein langwieriger Prozeß, in manchen Punkten vergleichbar mit einer Schwangerschaft. Wie nach der Empfängnis das werdende Leben im Verborgenen wächst, bis es zur Welt kommt, hat die Geburt eines Symbols zumeist eine längere Vorgeschichte und eine Zeit der verborgenen inneren Entwicklung, bis es im Traum erscheint. Diese Vorgänge möchte ich an der biblischen Geschichte von Jakobs Seelenkampf mit dem Engel an der Furt des Jabbok verdeutlichen. Das in 1. Mose 32 geschilderte Ringen findet an einem von Phantasien umwobenen Ort des Übergangs statt. Was für die Menschen im Altertum die Furt eines Flusses bedeutete, ist für viele Menschen heute die Schwelle zum Unbewußten. Wenn wir uns zum Schlaf niederlegen und die Schwelle des Bewußtseins sich absenkt in die Tiefen des Unbekannten (Unbewußten), dann kehren alle aus dem Tageslicht verbannten Konflikte und Kräfte zurück. Diese »Wiederkehr des Verdrängten« (Freud) bildet auch für Jakob den Zündstoff für seinen Seelenkampf. Vor der Begegnung mit dem betrogenen Bruder Esau fallen Jakob alle seine »Sünden« ein. Die Erlistung des Erstgeburts-Segens für ein Linsengericht war nicht aus der Welt geschafft. Die längere Trennung von dem Betrogenen hatte kein Gras darüber wachsen lassen, und die Zeit allein heilte noch keine Wunden. Beim Sonnenaufgang wird erneut Licht auf den Bruderzwist fallen. Den Segen, den sich Jakob einst erlistete, erkämpft er sich jetzt von dem »Schatten«-Bruder mit den Worten: »Ich lasse dich nicht, du segnest mich denn!« In der Geburtsstunde dieser symbolischen Urerfahrung kann Jakob in Worte fassen, was anderen Menschen trotz eines Seelenkampfes wieder entfällt. So erging es beispielsweise Herrn S., der seine Körpersymptome nicht symbolisch und als Anruf des Lebens an sich verstehen konnte. Es ist eine der schwierigsten therapeutischen Bemühungen, seelisch bedingte Symptome als Symbole zu erkennen und die in ihnen versteckten Botschaften zu verstehen. Wie viele Leiden und Qualen muß die menschliche Natur aufbieten, damit ein Mensch begreift, was ihn zutiefst bewegt! Wohl dem, der wie Jakob aus seinem Seelenkampf den Segen herausschlagen kann! Oder der wie ein mir befreundeter Arzt in den Seelenqualen seiner tiefen Depression die Botschaft des Lebens vernimmt: »Du wirst leben!« Von da an wurde es besser mit ihm, und er begann zu genesen.

Auf die Geburt von hilfreichen und heilenden Symbolen kann man sich erwartungsvoll einstellen. Ähnlich wie man in der Meditation mit einem Wort oder vorgegebenen Symbol umgeht, kann man auch unter der Anleitung eines erfahrenen Therapeuten ein Loch in die Mauer von seelischen Zwängen schlagen oder die Beengung seines Charakterpanzers aufbrechen. Das zeigt das folgende Fallbeispiel, das bei A.N. Ammann[1] erwähnt wird. Eine Frau beklagte sich bei C.G. Jung, sie falle immer und immer wieder »ins selbe Loch«. Jung schlug ihr vor, das Unbewußte zu befragen, warum ihr dies passiere, und dann geduldig zu warten, was komme. Schließlich, nach ungefähr drei Wochen, berichtete sie, daß sie eine Wand sehe. Sie stand vor dieser Wand und war unfähig, irgend etwas zu bewegen. Jung fragte sie: »Nun, was werden Sie tun?« Schließlich kam sie auf die Idee, es könne vielleicht eine Türe da sein. Sie schaute an der Wand hinauf und hinunter, fand aber keine. Dann wiederholte sie dasselbe in der Hoffnung auf ein Fenster, es gab aber keines. Jung fragte sie jedesmal, wenn er sie sah: »Nun, was geht mit dieser Wand? Wann werden Sie endlich mit ihr etwas tun?« Jung fügte hinzu: »Ich fluchte sogar über sie, die dumme Kuh.« Der Zustand dauerte drei Wochen. Dann fand sie heraus, sie könne Hammer und Meißel nehmen und ein Loch in die Wand schlagen. Sie benötigte weitere drei Wo-

---

[1] Aktive Imagination, S. 31

chen, um durchzubrechen, auf der anderen Seite herauszukommen und zum erstenmal endlich zu sehen, was eigentlich los war. Wäre es dieser Frau nicht gelungen, die Wand in sich selbst zu durchbrechen, hätte sie den Bann nicht brechen können, der sie immer wieder »ins selbe Loch« zog.

»Ohne das reflektierende Bewußtsein des Menschen ist die Welt von gigantischer Sinnlosigkeit, denn der Mensch ist nach unserer Erfahrung das einzige Wesen, das ›Sinn‹ überhaupt feststellen kann.«[1] Wir verleihen den Dingen Sinn dadurch, wie wir sie betrachten. »Kleinstes mit Sinn ist immer lebenswerter als Größtes ohne Sinn.«[2] C. G. Jung berichtet, daß etwa ein Drittel seiner Patienten an der Sinnlosigkeit ihres Lebens litten. »Etwa ein Drittel meiner Fälle leidet überhaupt an keiner klinisch bestimmbaren Neurose, sondern an der Sinn- und Gegenstandslosigkeit ihres Lebens. Ich habe nichts dagegen, wenn man dies als allgemeine Neurose unserer Zeit bezeichnen sollte.«[3] Bedenkt man, daß dieser Vortrag über die Ziele der Psychotherapie im Jahre 1929 veröffentlicht wurde, so kann man nur mit Betroffenheit feststellen, daß das Leiden an der Sinnlosigkeit des Lebens beträchtlich zugenommen hat und wohl noch mehr zunehmen wird.

In ähnlicher Weise wie C. G. Jung hebt auch V. E. Frankl im psychoneurotischen Geschehen die geistige Not hervor. Die Schwierigkeiten und Störungen in der geistig-personalen Lebenssphäre führen zu einem Sinnverlust und der sogenannten »noogenen Neurose«. Bei der noogenen Neurose handelt es sich weniger um eine psychoneurotische Krankheit als vielmehr um eine geistige Not, die von einem tiefen und krankmachenden Sinnlosigkeitsgefühl begleitet wird. Noogene Neurosen sind nach Frankl keine Krankheiten »im Geiste«, also keine Geisteskrankheiten, sondern neurotische Krankheiten »aus dem Geist«.

Frankl kritisiert in seinen Schriften zu Recht, daß die geistigen Nöte der Menschen in der Psychotherapie zu wenig beachtet werden. Es bestehe die Gefahr, daß die geistigen Werte zu

---

[1] C. G. Jung, Briefe Bd. III, S. 239
[2] C. G. Jung, Praxis der Psychotherapie, S. 48
[3] Praxis der Psychotherapie, S. 44

stark ins Psychische projiziert und kaum noch vom Seelenleben unterschieden werden. Für Frankl dagegen bildet das Geistige den Personenkern, der neben der Leiblichkeit und dem Psychischen existiert. In dieser geistigen Sphäre wurzelt der Wille zum Sinn. An diesen Willen zum Sinn appelliert die sogenannte Logotherapie, um das Sinnlosigkeitsgefühl in den noogenen Neurosen aufzulösen und zu überwinden.

Das Leiden an der Sinnlosigkeit des Lebens und die geistige Not, die »noogene Neurose« im Sinne Frankls, führen in der Regel auch zu religiösen Problemen. Während nach theologischem Verständnis durch den Glauben und den Zuspruch des Wortes Gottes die geistige Not und das Gefühl der Sinnlosigkeit überwunden werden sollen, versagen in der Praxis diese Hilfsmittel leider zunehmend mehr. Das liegt zum größten Teil nicht an der Untauglichkeit der Mittel, sondern vor allem an dem Unvermögen der gestörten Menschen. Da das Wort Gottes nicht autonom und magisch wirkt, sondern durch den Glauben und das Vertrauen wirksam wird, bleibt diese Hilfe aus, wenn durch das Gefühl der Sinnlosigkeit die Sinne und die Empfänglichkeit gestört sind. Ein simples Beispiel kann die genannten Zusammenhänge verdeutlichen: Wenn ein Radiogerät kaputt oder gestört ist, können die Musik oder die Sprache aus dem Äther auch nicht empfangen werden.

Durch die Unempfänglichkeit für die traditionellen christlichen Glaubensformen haben für viele moderne Menschen auch die religiösen Symbole ihre Kraft und Überzeugung verloren. Sie sind zu »leeren Hülsen« geworden. H. Dieckmann berichtet den Traum einer einunddreißigjährigen Patientin, die von einem »Strohchristus« träumte. Der Patientin begegnete »im Traum eine Christusfigur, die vollständig aus Stroh bestand. In ihrer Kindheit und Pubertät hatte Christus für das sehr fromm erzogene Mädchen eine große Rolle gespielt, und sie hatte eine sehr nahe und innige Beziehung zu dieser Figur gehabt. Später hatte sie sich von der Kirche abgewendet, und sie konnte mit der Christusfigur nichts mehr anfangen. Der Strohchristus entsprach diesem Beziehungsverlust und ihrer Unfähigkeit, das Symbol Christus in der tradierten Form wieder aufzunehmen.«[1]

---

[1] Zeitschrift für Analytische Psychologie, 3. Jg. (1972) Heft 2

Dieser Fall scheint exemplarisch zu sein für die vielen, die ihren »Kinderglauben« verloren haben. Fürs Erwachsenenalter bleibt nichts als ein »leerer Strohchristus«. Der Weg zurück in die Kindheit und zum Kinderglauben ist nicht möglich. Der Glaube an den »Fortschritt« oder die »Wissenschaft« befriedigt aber auch nicht. Daher geraten viele Menschen mit ihren Lebensschwierigkeiten und den ungelösten Glaubensproblemen in eine Sackgasse. Besonders durch die Säkularisation (»Verweltlichung«) werden die kirchlichen Bindungen aufgelöst und die religiösen Bedürfnisse verdrängt. Doch wie alles Verdrängte wiederkehrt, so stehen schließlich auch in der ekklesiogenen Neurose die ungelösten Sinn- und Glaubensfragen vor den Menschen. Diese Nöte sollen zur Sprache gebracht und Wege zur Heilung gewiesen werden. Doch zunächst sollen die vielschichtigen Beziehungen zwischen dem Glaubensleben und der Persönlichkeitsstruktur analysiert werden.

Glaube, Religion und Typologie

Typologische Aspekte in den Evangelien

Es ist interessant, die Evangelien einmal unter typologischen Gesichtspunkten zu lesen. Matthäus, Markus, Lukas und Johannes sowie die unbekannten Mitarbeiter bei der Herausgabe der Evangelien waren Menschen mit einer bestimmten Typologie. Auch wenn sie in besonderer Weise vom Heiligen Geist erfüllt waren, schließt dies nicht aus, daß sie die biblischen Geschichten entweder stärker mit Hilfe der *Intuition* oder ihres *Empfindens* ausgestaltet haben. Andere Verfasser wiederum nahmen bei bestimmten Ereignissen besonders stark *gefühls-mäßig* Anteil. Wieder ein anderer Autor setzt sein klar geordnetes *Denken* ein und strukturiert die Verkündigung Jesu mit Hilfe des Denkens. Im folgenden kann nur beispielhaft gezeigt werden, welche typologische Funktion bei der Ausgestaltung einer biblischen Geschichte bei einem Evangelisten den Ausschlag gab. Eine genaue Sprachinhaltsanalyse des griechischen Urtextes des Neuen Testamentes unter typologischen Gesichtspunkten könnte der Auslegung der Bibel sicher neue Verstehensmöglichkeiten eröffnen. Diese Arbeit jedoch kann und will ich hier nicht leisten. Dem Bibelleser soll vielmehr anhand des deutschen Textes ein erster Einblick vermittelt werden, wie entweder das Empfinden oder die Intuition eines Evangelisten, sein Denken oder sein Fühlen das Menschenbild und das Christusbild des Neuen Testamentes mitbestimmten.

Die einzelnen Aspekte für die typologische Analyse der Evangelien habe ich dem Jungschen Typentest entnommen, der sich im Anhang S. 255 ff dieses Buches befindet. Wer den Test und die Auswertung gemacht hat, wird erfahren haben, daß er über alle vier Orientierungsmöglichkeiten verfügt. Die Auswertung wird in der Regel aber auch zeigen, daß eine Funktion besonders stark ausgeprägt ist, eine andere am wenigsten zur Verfügung steht und die beiden übrigen Funktionen in befriedigender Weise zur Lebensorientierung verfügbar sind. Das Ideal eines ganzheitlichen Menschenbildes wäre, daß alle vier Funktionen in gleicher Weise zur Lebensbewältigung dienen können. In Wirklichkeit jedoch werden wir herausfinden, daß wir durch Veranlagung und Erziehung sowie durch persönliches Bemühen um Selbstverwirklichung eine bestimmte Funktion bevorzugen und dieser Orientierungsmöglichkeit zur Bewältigung unserer Lebensaufgaben und auch unseres Glaubenslebens den Vorrang geben. Nehmen wir zum Beispiel an, jemand habe eine besonders gut entwickelte Empfindungsfunktion. Dieser Mensch verfügt über einen guten Realitätssinn. Sachlichkeit und ein gewisses Nützlichkeitsdenken sind für ihn von besonderer Wichtigkeit. Er ist ein Realist, der seinen Platz im Leben auszufüllen vermag. Doch wenn der Realitätssinn des Empfindungstyps und seine sinnlichen Wahrnehmungen zu stark überwiegen, haben die Intuition und das Ahnungsvermögen zu wenig Lebenschancen. Während der Empfindungstyp mehr Einzelheiten ins Auge faßt, sieht der Intuitive mehr auf das Ganze. Eines der Probleme des Empfindungstyps läßt sich trefflich mit dem Sprichwort ausdrücken, daß man vor lauter Bäumen den Wald nicht mehr sieht. Der Intuitive sieht den ganzen Wald, der Empfindungstyp sieht den einzelnen Baum. Doch so eindeutig lassen sich in der Wirklichkeit die einzelnen Funktionen und Typen nicht unterscheiden. Wir sind zumeist alle sogenannte Mischtypen, bei denen in recht vielschichtiger Weise das Denken und Fühlen, die Empfindung und die Intuition miteinander verbunden und vermischt arbeiten und dazu dienen, daß wir uns im Leben zurechtfinden. Diese Mischformen der Typologie finden wir zumeist auch in den Evangelien. Da wir uns eben schon mit der Empfindungsfunktion befaßt haben, beginnen wir unsere Analyse der Evangelien mit dieser.

Die Empfindungsfunktion in den Evangelien

Es wurde schon gesagt, daß mit Hilfe der Empfindungsfunktion die Realität erfaßt wird. Bei den Tatsachenberichten des Empfindungstyps werden Details besonders hervorgehoben. Eine gewisse Sachlichkeit bestimmt die Darstellungen und Ausdrucksformen. Aus Liebe zum Detail werden in der Regel auch genaue Zeitangaben gemacht, er hat ein sicheres Zeitempfinden. Ganz anders dagegen ist das Zeitgefühl des Intuitiven. Für ihn ist der günstige Augenblick, der göttliche Kairos, das Wesentliche. Der Empfindungstyp kann sich gut an vorgegebene Ordnungen halten. Eine einmal gebildete Meinung, Einstellung oder Konzeption wird beharrlich verfolgt.

Ein gutes Beispiel dafür ist die sogenannte weltweite Konzeption des Matthäus. Bereits in der Geburtsgeschichte wird dieser weite Horizont entfaltet, es erscheinen die Weisen aus dem Morgenland. Mit der Flucht nach Ägypten werden gleich am Anfang die Grenzen Israels überschritten. Wie kein anderer Evangelist führt Matthäus den Leser auch in das innere seelische Erleben, indem er mehrfach das Traumgeschehen als Gottes Wegweisung für Josef schildert. Infolge der konsequenten Durchführung dieser Konzeption wird im Missionsbefehl am Ende des Evangeliums gesagt, daß Christus alle Gewalt gegeben ist im Himmel und auf Erden und daß alle Völker zu Jüngern gemacht werden sollen. Diese klar durchgehaltene Konzeption weist darauf hin, daß Matthäus eine besonders ausgeprägte Empfindungsfunktion hatte.

Das Empfinden des Matthäus zeigt sich ferner in der besonders ausgeprägten Einfügung der Jesus-Geschichten in die alttestamentliche Tradition. Der aufmerksame Bibelleser wird leicht nachprüfen können, daß Matthäus die meisten alttestamentlichen Parallelen zu verzeichnen hat. Durch den Brückenschlag zum Alten Testament möchte Matthäus Jesus als den erwarteten Messias bezeugen. Die bedachtsame Überlegung für eine derartige Konzeption ist ein weiteres Kennzeichen der Empfindungsfunktion.

Der Realitätssinn und die Sachlichkeit des Empfindungstyps führen dazu, daß bei der Darstellung bestimmte Einzelheiten genannt und genaue Zeitangaben gemacht werden. Die besondere Liebe zum Detail möchte ich anhand einiger Heilungsgeschichten verdeutlichen. So heißt es zum Beispiel bei der Heilung der Schwiegermutter des Petrus, daß Jesus ihre Hand berührte, das Fieber sie verließ und sie aufstand und ihm diente (Matthäus 8,15). Auch Markus schildert, daß Jesus die Frau bei der Hand ergriff und sie aufrichtete, während Lukas nur sagt, daß Jesus zu ihr trat, dem Fieber gebot und es sie verließ. Bei der Heilung eines Gichtbrüchigen dagegen erzählen Lukas und Markus Details; wie dieser Kranke zum Beispiel von vier Leuten getragen wird, wie das Dach aufgebrochen und der Kranke direkt vor Jesus herniedergelassen wird. Wiederum hat Markus ein besonderes Empfinden für das Detail bei der recht dramatisch verlaufenden Heilung eines mondsüchtigen Knaben. Es wird dort berichtet, daß Jesus den epileptischen Knaben bei der Hand ergriff, ihn aufrichtete und dieser aufstand (Markus 9,27). Für den Empfindungstyp ist bei der Behandlung einer Krankheit die Berührung mit der Hand wichtig. Der sinnlich spürbare Kontakt ist ein besonderer Ausdruck einer ganzheitlichen Behandlung. Nur beiläufig sei erwähnt, daß in dem Begriff der Behandlung das Wort Hand enthalten ist. Die Sachlichkeit und der besondere Realitätssinn des Empfindungstyps führen also dazu, daß Einzelheiten berichtet werden.

Die Intuition

Mit der Intuition wird das Ganze gesehen. Der Gesamteindruck ist hier wesentlicher als bestimmte Einzelheiten. Die intuitive Orientierungsfunktion ist bei allen vier Evangelisten recht stark ausgeprägt. Dies kann jeder Bibelleser, der eine sogenannte Konkordanz besitzt, leicht nachprüfen, indem er die Stichworte »alle«, »alles« und das Stichwort »ganz« aufschlägt und dann zahlreiche Bibelstellen bei den Evangelien vor Augen hat. Beispielhaft möchte ich zu diesem Aspekt der Intuition einige Bibelstellen anführen. Als die Weisen aus dem Morgenland zum Jesuskind kommen und ihm huldigen, erschrak König Herodes sehr und ganz Jerusalem mit ihm (Matthäus 2,3). Die Betonung, daß »ganz Jerusalem« erschrak, ist sicher keine realistische Angabe aus dem Empfinden heraus, sondern ein symbolischer Ausdruck der Intuition. In der Geschichte von der Fußwaschung wird ebenfalls die Ganzheit betont, indem Jesus zu Petrus sagt: »Wer vom Bad kommt, ist *ganz* rein . . .« (Johannes 13,10). In den Abschiedsreden Jesu nach Johannes wird bei der Verheißung des Geistes gesagt: »Wenn aber jener kommt, der Geist der Wahrheit, wird er euch in die *ganze* Wahrheit führen« (Johannes 16,13). Ein anderer Aspekt der Ganzheit ist die Betonung der Einheit aller Gläubigen. In Jesu Fürbitte für die Einheit aller Glaubenden heißt es: »Alle sollen eins sein: Wie du, Vater, in mir bist und ich in dir bin, sollen auch sie in uns sein, damit die Welt glaubt, daß du mich gesandt hast« (Johannes 17,21). Zahlreiche weitere Beispiele zur Einheit und zur Betonung der Ganzheit lassen sich mit Hilfe der Konkordanz durch die Stichworte »alle«, »allen« oder »aller« ermitteln.

Die Intuition ermöglicht eine spontane Menschenkenntnis. So kann der Intuitive zum Beispiel bereits nach einem kurzen Gespräch zu einem trefflichen Urteil über einen anderen kommen. Johannes berichtet, daß während des Passahfestes in Jerusalem viele zum Glauben an Jesus kamen, als sie die Zeichen sahen, die er tat. »Jesus aber vertraute sich ihnen nicht an, denn er kannte sie alle und brauchte von keinem ein Zeugnis über den Menschen; denn er wußte, was im Menschen ist« (Johannes 2,24 f.). Da Johannes besonders häufig das intuitive Wissen Jesu bezeugt, kann daraus auf eine starke Intuition dieses Evangelisten geschlosen werden. Ein weiterer Ausdruck der Intuition ist der Phantasiereichtum. Dieser zeigt sich in der phantasievollen Ausgestaltung der Geschichten und Ereignisse bei Johannes.

Das Einhalten von Gesetzen, Regeln und Ordnungen ist den Intuitiven nicht so wichtig wie den Empfindungstypen. Sie ahnen in besonderer Weise die Einengung, die diese Gebote mit sich bringen, und gehen mutig ihren Weg, ohne die konkreten Schritte und Möglichkeiten im voraus zu kennen. Oft sind es prophetische Gestalten (wie Martin Luther) oder begnadete Revolutionäre, die den Ausbruch aus der erstarrten Tradition wagen. So setzt sich auch Jesus vielfach freizügig und gelassen über jüdische Gebote und Gesetze hinweg. Dazu gehört auch sein freizügiger Umgang mit Zöllnern und Sündern, mit einigen Frauen und anderen Randgruppen der damaligen Gesellschaft.

Der Intuitive erfaßt in besonderer Weise den günstigen Augenblick, den sogenannten göttlichen Kairos, wie es im griechischen Urtext heißt. Es wurde bereits gesagt, daß die Empfindungstypen die genaue Zeitangabe bevorzugen. Die Intuitiven dagegen halten den zeitlichen Gesamtüberblick für wesentlicher. Obwohl sie kein sicheres Zeitgefühl haben, ist alles Neue und Unbekannte für sie verlockend. So heißt es zum Beispiel in Markus 1, 15, daß sich die von Gott bestimmte Zeit erfüllt habe. Oder Jesus sagt in seiner Selbstoffenbarung beim Laubhüttenfest in Jerusalem: »Meine Zeit ist noch nicht gekommen, für euch aber ist immer die rechte Zeit« (Johannes 7, 6). Weil die Intuitiven sich in die Zeit schicken können, verfügen sie über eine große Gelassenheit. Während der Fühltyp durch seine gefühlsmäßigen Ausbrüche leicht aus dem Gleichgewicht kommt, kann der Intuitive gut seine Balance halten, wenn er nicht durch die Anforderungen aus der Realität zu sehr gestört wird.

Bisher wurden nur positive Möglichkeiten der Intuition genannt, so daß der Eindruck entstehen könnte, daß intuitive Menschen die wenigsten Probleme hätten. Das stimmt jedoch nur so lange, wie ein Intuitiver in Ruhe gelassen wird und seinem gut entwickelten Ahnungsvermögen folgen kann. In der Realität aber haben intuitive Menschen ihre besonderen Schwierigkeiten, weil die Empfindungsfunktion wenig entwickelt ist. Während der Empfindungstyp vor lauter Bäumen den Wald nicht sieht, muß umgekehrt vom Intuitiven gesagt werden, daß er zwar den Wald sieht, aber über einzelne Bäume wenig oder nichts Konkretes sagen kann. Im Sinne der anzustrebenden Ganzwerdung wäre es wichtig, sowohl den ganzen Wald als auch einzelne Bäume zu sehen. Im Hinblick auf die Evangelien könnte man sagen, daß der intuitive Johannes durch den realistischen Markus und Lukas oder durch den empfindsamen Matthäus ergänzt wird.

Das Denken

Die Funktion des Denkens wird den meisten Lesern sicher am besten vertraut sein. In unserer Kultur und Gesellschaft wird das Denkvermögen am meisten gefördert und gefordert. Auch in der biblischen Überlieferung finden sich zahlreiche Belege mit typischen Ausdrucksformen des Denkvermögens. Einer der charakteristischen Züge des Denkens ist, zu sagen, was man denkt. Ein Beispiel dafür ist die Schmährede Jesu

gegen die Pharisäer: »Ihr Schlangen! Ihr Natterngezücht! Wie
wollt ihr dem Gericht der Hölle entrinnen?« (Matthäus 23, 33).
Ein ähnlicher Aspekt des Denkens und Redens findet sich in
dem Gespräch Jesu mit der Samariterin am Jakobsbrunnen. Er
sagt geradeheraus zu ihr: »Geh, ruf deinen Mann und komm
wieder her!« Die Frau antwortet: »Ich habe keinen Mann.«
Jesus sagt zu ihr: »Du hast richtig gesagt: Ich habe keinen
Mann. Denn fünf Männer hast du gehabt, und der, den du jetzt
hast, ist nicht dein Mann. Damit hast du die Wahrheit gesagt«
(Johannes 4, 16ff.).

Ein anderer Ausdruck des Denkens ist es, die Ursachen und
die Hintergründe zu erkunden und bestimmte Zusammenhänge aufzudecken. So fragen zum Beispiel bei der Heilung
eines Blinden die Jünger Jesus: »Rabbi, wer hat gesündigt? Er
selbst? Oder haben seine Eltern gesündigt, so daß er blind
geboren wurde?« (Johannes 9, 2ff.). Während die Fühlfunktion
gefühlsmäßigen Anteil an dem Leiden des Blinden nehmen
würde, will das Denken wissen, wer gesündigt hat. Dem Denkvermögen kommt die uralte Theorie nicht aus dem Sinn, daß
Krankheit und Leiden eine Folge der Sünde seien. Mit Hilfe
des Denkens werden zu allen Zeiten die unzähligen sozialen
Probleme aufgedeckt, so zum Beispiel in den Evangelien die
benachteiligte Stellung der Frauen. Jesus erbarmt sich der Zöll-
ner und Sünder. Die sozialen Probleme der jeweiligen Zeit
werden nicht durch das Fühlen gelöst, sondern mit Hilfe des
Denkens und der Realisierung der neuen Einsichten.

Wiederum eine andere Form des Denkens ist es, von den
grundsätzlichen und prinzipiellen Fragen zum konkreten Leben vorzudringen. So erfolgt zum Beispiel in mehreren Heilungsgeschichten zunächst die Sündenvergebung und dann die
Heilung. Hinter dieser Abfolge steht wohl die Anschauung,
daß Krankheit durch Sünde verursacht wird. Daher muß
zunächst die Ursache für die Krankheit behoben werden, damit
die Heilung erfolgen kann. Ein anderes Beispiel für das Bedenken von prinzipiellen Menschheitsfragen ist die schicksalhafte Verkettung zwischen den Generationen durch die Weiter-
gabe von ungelösten Konflikten. Die heutigen Erfahrungen aus
der Familientherapie bestätigen den alten Glauben, daß Gott
die Sünden der Väter heimsucht an den Kindern bis ins dritte

und vierte Glied, daß er aber wohltut denen, die ihn lieben, bis ins tausendste Glied. Während das Empfinden stark auf das Tun und die Praxis des Lebens ausgerichtet ist und das Ahnungsvermögen ergründen will, woher es kommt, wohin es geht, will das Denken wissen.

Dem Denkvermögen ist ein starkes Beharrungsvermögen zu eigen. Mit Hilfe des Denkens kann ein Mensch unbeirrt ein bestimmtes Ziel verfolgen. Ferner ist eine ausführliche und genaue Darstellung der Ereignisse ein Ausdruck des Denkens. Ein Beispiel hierfür könnte das Verhör Jesu vor dem Hohen Rat sein. Wie es bei gerichtlichen Verhandlungen zu sein pflegt, werden die verschiedenen Motive und Absichten untersucht und bedacht. Zugleich kann dieses Beispiel aber auch zeigen, daß ein einseitig rationales Denken durch bestimmte Vorurteile und eine bestimmte Ideologisierung an der Wahrheit vorbeigehen kann. Hätten sich die klugen und nachdenklichen Herren des Hohen Rates auch nur ein wenig auf ihr Fühlen und auf ihre Intuition eingelassen, hätten sie sicher geahnt, daß der Angeklagte unschuldig ist. In der Passionsgeschichte Jesu kommt die Intuition in einer ganz anderen Verhandlung zum Tragen. Während Pilatus in seinem klar strukturierten römischen Denken nach der Wahrheit fragt, mischt sich seine Frau in das Verhör ein und teilt ihm mit, daß sie einen merkwürdigen Traum gehabt habe. Matthäus berichtet (27, 19): »Während Pilatus auf dem Richterstuhl saß, ließ ihm seine Frau sagen: ›Laß die Hände von diesem Mann, er ist unschuldig. Ich hatte seinetwegen heute nacht einen schrecklichen Traum.‹«

Man stelle sich einmal vor, wie so ganz anders die Verhandlung vor Pilatus ausgegangen wäre, wenn dieser rationale Typ auf seine Frau, auf den Traum, auf die intuitive Eingebung gehört hätte! Die Passionsgeschichte und damit auch die Heilsgeschichte Gottes mit den Menschen hätten einen ganz anderen Verlauf genommen. Bei aller positiven Würdigung des Denkvermögens können die letzten Beispiele auch zeigen, daß das einseitige rationale Denken in die Irre gehen kann, wenn es nicht mit den anderen Funktionen verbunden ist. Die Erfahrung lehrt, daß nur ein Denken, das mit dem Fühlen verbunden ist, die Dinge richtig begreift. Ferner sollten das Empfinden und die Intuition zu Hilfe genommen werden.

Das Fühlen

Das Fühlen ist bei den bisher beschriebenen Orientierungs-funktionen stets beteiligt. So kommt zum Beispiel das Gefühl des Zornes in der genannten Schmährede Jesu gegen die Phari-säer deutlich zum Ausdruck. Auch das Ahnungsvermögen und das Empfinden sind nicht ohne das Fühlen denkbar. Dennoch lassen sich einige Charakteristika des Fühltyps besonders her-vorheben. Wie der Begriff schon sagt, geht es insbesondere um Gefühlsäußerungen. In dem ganzheitlichen Menschen- und Christusbild der Evangelien wird das Fühlen nicht verleugnet. Es wird von Jesus gesagt, daß er weinte. In der Passions-geschichte werden seine Angst und seine Schmerzen beschrie-ben. Auch im Umgang mit Menschen zeigt Jesus seine Gefühle. Als die Leute Kinder zu Jesus brachten, damit er sie segne, wollten die Jünger dies verhindern. Darüber wurde Jesus unwillig, ließ die Kinder zu sich kommen, herzte und segnete sie. Eine weitere Gefühlsäußerung Jesu findet sich in der Aussage: »Als er das Volk sah, jammerte ihn desselben.« Der kaum noch gebräuchliche Begriff des Jammers will sagen, daß Jesus aus tiefem Mitgefühl Bauchschmerzen bekam. Er wurde sozusagen in seiner »Bauchseele« angerührt. Auch in dem Gleichnis vom barmherzigen Samariter wird gesagt, daß es ihn jammerte, als er den unter die Räuber Gefallenen sah. Ferner wird in dem bekannten Gleichnis vom verlorenen Sohn (Lukas 15) gesagt, daß es den Vater jammerte, als er den Sohn sah. Das ausgeprägte Einfühlungsvermögen ist ein besonderer Ausdruck des Fühlens. Die unzähligen Leiden und Nöte der Menschen werden in den Evangelien mit starker gefühlsmäßi-ger Anteilnahme bezeugt.

Es gehört zum Wesen der Fühlfunktion, vom konkreten Erle-ben zur allgemeinen Wahrheit vorzudringen. Ähnlich wie die dramatische Schilderung des Gleichnisses vom verlorenen Sohn dessen konkrete Erfahrungen beschreibt und erst dann zu der Botschaft gelangt: »Dieser, dein Bruder, war tot und ist leben-dig geworden, er war verloren und ist wiedergefunden wor-den«, so wird in anderen Gleichnissen die Freude bezeugt, wenn etwas Verlorenes wiedergefunden wurde oder wenn ein Sünder Buße tut.

Der Fühltyp ist stets bereit zur Bekehrung und zur Neuorientierung. Wenn er gefühlsmäßig richtig angesprochen wird, läßt er sich leicht bekehren und in die Nachfolge rufen. Doch wie Gefühle und Stimmungen schwanken können, sehen wir beispielsweise an Petrus. Der glaubensmutige Petrus, der meint, übers Wasser gehen zu können, sinkt ein, als er mit der Realität des Sturmes konfrontiert wird. In einer anderen Szene sehen wir ihn bei der Gefangennahme Jesu mutig mit dem Schwerte dreinschlagen. Doch anschließend versagt er bei den Fragen einer Magd, ob er nicht auch zu Jesus gehöre. Der mit allen Funktionen umgehende und arbeitende Jesus aber macht den Fühltypus Petrus zum »Felsen der Kirche«. Besonders ergreifend wird der seelsorgerliche und therapeutische Umgang Jesu mit Petrus in Johannes 21 geschildert. Der intuitive und sensible Johannes nimmt den Leser mit hinein in die Begegnung des auferstandenen Christus mit Petrus. Dreimal muß Petrus auf die gefühlvolle Frage eingehen, ob er Jesus liebe. Und Petrus spricht zu ihm: »Herr, du weißt alles; du weißt, daß ich dich liebhabe!« So bezeugt ein Fühltyp seinen Glauben.

Diese knappen Ausführungen über typologische Aspekte in den Evangelien möchten dem Bibelleser neue Verstehensmöglichkeiten aufzeigen. Sie erheben nicht den Anspruch auf eine wissenschaftliche oder theologische Gründlichkeit. Es sollte jedoch bedacht werden, daß der theologische und rationale Umgang mit den Evangelien allzuoft die anderen Funktionen unberücksichtigt läßt und daher die Fühl- und Empfindungstypen sowie die Intuitiven kalt läßt. So wie die Evangelien ein ganzheitliches Menschen- und Gottesbild spiegeln, sollten wir im Umgang mit diesen Zeugnissen alle Funktionen einsetzen und ansprechen lassen. Was geschieht, wenn die Ganzheit des Menschen zerstört wird, zeigen die folgenden Fallbeispiele aus der psychotherapeutischen Praxis.

Die Fühlfunktion und das Glaubensleben

Das Fühlen und die Gefühle sind ein Stiefkind vieler Christen. Viele meinen, daß der Glaube und das Gefühl überhaupt nichts miteinander zu tun hätten. Ihre Spiritualität bewegt sich in der reinen Höhenluft des Geistes. Bei anderen wieder besteht die Frömmigkeit nahezu nur aus Gefühlen, und es mangelt an der geistigen Durchdringung und Strukturierung. Diese extremen Einstellungen machen auf das Problem aufmerksam, daß allzu häufig der Glaube entweder nur durch das Denken oder zu einseitig durch das Fühlen bestimmt wird. An derartigen Extremen aber werden Menschen krank. Die verdrängten Gefühle erscheinen als fragwürdige »Stilblüten« in der neurotischen Erkrankung. Das Glaubensleben eines Menschen und sein seelisches Erleben sollten von allen vier Funktionen getragen werden. Das ganze Seelenleben sollte der Resonanzraum des geistlichen Lebens sein. Das Denken hätte in diesem Zusammenhang eine ähnliche Funktion wie der Docht bei einer Kerze. Der durchdachte Glaube läßt die Symbole und Rituale der Religion im klaren Licht des Bewußtseins erscheinen. Der Glaube lebt aber auch von Phantasie und Imagination. Die Intuition ist geradezu das Tor zur Welt der Religion. Und die Sinnfindung mit Hilfe des Glaubens bliebe blutleer, wenn sie nicht gekoppelt wäre mit der Sinnlichkeit unserer Empfindungen. Die Sinnesempfindungen verleihen dem Sinn des Glaubens und der Religion eine konkrete Gestalt in unserem Leben. So dürfte deutlich sein, daß zu einem ganzheitlichen Glauben sowohl das Denken als auch das Fühlen, die Intuition und die Empfindung gehören. In diesem Abschnitt nun will ich mich insbesondere mit der oft vernachlässigten Fühlfunktion beschäftigen. Wenn wir die genannten vier Funktionen in einem Fadenkreuz anordnen, dann würde das Fühlen dem Denken gegenüberstehen. Die Anordnung in diesem Modell ist nicht zufällig, sondern beabsichtigt. Darüber hinaus erscheint in diesem Modell die Problematik vieler Christen und nicht weniger Theologen. In ihrem Leben und vor allem in ihrem Glaubensleben wird häufig das Fühlen ausgeklammert.

Ich möchte diese Problematik am Seelenleben und Glaubensleben eines bekannten und berühmten Theologen erhellen. Der Fall war besonders heikel und schwierig, weil der Analysand seine Angstanfälle und seine seelischen Ausnahmezustände nicht mit dem verdrängten und vernachlässigten Seelenleben in Beziehung bringen konnte. Ein Psychiater vertrat die Auffassung, daß der Patient in solchen Angstanfällen ein

»epilepsoides Ringen um Selbstaufgabe« durchlebe. Ein anderer Psychiater meinte, einen sogenannten psychotischen Schub im Leben des Patienten diagnostizieren zu können. Mehrere Ohnmachtsanfälle, Schweißausbrüche, Kopfschmerzen und Weinkrämpfe gaben Anlaß zu ernster Sorge. Als Tiefenpsychologe und Psychotherapeut richte ich meine Aufmerksamkeit in besonderer Weise auf den Zwiespalt zwischen Denken und Fühlen, auf die Dissoziation zwischen dem Glaubensleben und dem Seelenleben dieses Mannes. Infolge der psychischen Schwierigkeiten wurde gelegentlich seine kirchliche Amtstätigkeit beeinträchtigt. So erlebte er zum Beispiel mit 35 Jahren bei einer Fronleichnamsprozession (der Leser wird daran erkennen, daß es sich um einen katholischen Theologen handelt) einen furchtbaren Angstanfall. Der Schweiß strömte ihm aus allen Poren, und er fürchtete, ohnmächtig hinzufallen. Der sonst so rationale und kühne Theologe ging vor der Monstranz in die Knie. Er berichtete seinem Beichtvater und Seelsorger, daß Christus ihn in solche Angst und Schrecken versetzt habe. Doch sein Seelsorger war der Meinung, daß Christus nicht solche Angstanfälle auslösen könne. Dieser begnadete Beichtvater war, nebenbei bemerkt, ganz froh, ein derart »gescheites Beichtkind« seelsorgerlich betreuen zu können. Da sich die Beichtpraxis des Leidenden immer mehr steigerte, schöpfte der Seelsorger aber schließlich Verdacht, daß vielleicht etwas im Seelenleben des Beichtkindes nicht in Ordnung sei. Der Theologe machte die Erfahrung, endlich einen gütigen und verständnisvollen Beichtvater gefunden zu haben, dem er buchstäblich sein Herz ausschütten konnte. Sein leiblicher Vater war mit ihm von Kindheit an sehr streng gewesen. Niemals hatte er ihm die Wünsche und Empfindungen seines Herzens zeigen können. Auch die Mutter war streng und gefühlsarm, wie in so vielen christlichen Familien, wo viel von der Liebe Gottes die Rede ist, aber wenig menschliche Liebe spürbar wird. Das seelische Erleben wurde wenig gefördert. Gefordert dagegen wurden Leistungen und geistige Anstrengungen. Mit seinem gut ausgebildeten Denkvermögen hatte er sein Jurastudium und dann anschließend sein Theologiestudium absolvieren können. Schon in jungen Jahren wurde er zu einem bekannten und anerkannten Theologen. Aber in seinem persönlichen Erleben wurde er zunehmend von Depressionen heimgesucht. In seiner Sprache nannte er die seelischen Verstimmungen gerne Anfechtungen. Gelegentlich kamen ihm sogar Phantasien, daß er vom Teufel angefochten würde.

Die Beichtpraxis brachte für das seelische Leben eine gewisse Erleichterung. Die unterdrückten Phantasien konnten sich in der eifrig geübten Beichte ein Stück weit ausleben. Die anfangs so positiven Erfahrungen wurden jedoch zunehmend zu einem Beichtzwang. Immer neue Sünden und sogenannte wüste Phantasien fielen dem Mann ein und trieben ihn wiederum zur Beichte. Der seelsorgerliche Zuspruch und die tröstenden Worte, die anfänglich sein Herz so berührt hatten, erreichten ihn schließlich immer weniger. Mit Schrecken spürte er, daß der Zuspruch der Vergebung zu keiner Gewißheit wurde. Er ertappte sich auf dem Heimweg wiederholt dabei, wie er leise für sich die Verse summte: »Die Angst mich zu verzweifeln trieb, daß nichts denn Sterben bei mir blieb, zur Höllen mußt ich sinken.« Die sogenannten Höllenqualen und die Selbstzerknirschung in der Beichte erreichten in seinem 43. Lebensjahr den Höhepunkt. Er wurde von furchtbarer Angst überfallen. Die geistliche Verzweiflung und Anfechtung gingen mit lebensgefährlichen Herzbeklemmungen einher. Nach den heutigen Erkenntnissen über die psychosomatischen Wechselwirkungen schien es sich weniger um einen organisch bedingten Herzinfarkt zu handeln als eher um seelisch bedingte Funktionsstörungen. Auf dem Weg ins Schlafgemach brach er ohnmächtig zusammen. Ein Schwächeanfall nach dem anderen überfiel ihn. Seine Familie stand ums Bett, seine Freunde versuchten, ihn mit Bibelworten zu trösten. Schließlich wendete sich der lebensbedrohliche Zustand. Nach einem Schweißausbruch war die Todesgefahr vorüber, und das Leben und die Wärme kehrten in den Körper zurück. Doch die sogenannten Anfechtungen und Depressionen wurden in der Folgezeit noch furchtbarer und bedrohlicher.

Einen sehr nahestehenden geistlichen Freund (Melanchthon) läßt er Anteil nehmen an seinen Ängsten und den körperlichen Begleitumständen. Über eine Woche erlebt dieser sonst so kühne Gottesmann seine »Höllenfahrt«. Er fühlt sich in dieser Zeit wie ein zweiter Hiob, der eine Zeitlang von Gott verlassen und dem Teufel preisgegeben wurde. Die immer wiederkehrenden düsteren Gedanken kreisen um das Gefühl des Verworfenseins. Dazu kommen recht skurrile Phantasien vom Teufel, wie ihn sich mittelalterliche Menschen vorzustellen pflegten. Darüber heißt es in dem Brief an einen Amtskollegen: »Aber der Satan selbst wütet persönlich mit seiner ganzen Kraft gegen mich, und der Herr hat mich ihm wie einen andern Hiob als Zeichen aufgerichtet. Und zwar versucht er mich mit außergewöhnlicher Schwachheit des Geistes, aber durch die Gebete der Heiligen sehe ich mich nicht gänzlich in seinen Händen gelassen, wenn auch die Wunden des Herzens, die ich empfing, nur schwer wieder heilen. Meine Hoffnung ist, daß dieser mein Kampf vielen zugutekomme, obwohl es kein Übel gibt, das meine Sünden nicht verhindert hätten. Darin steht freilich mein Leben, daß ich weiß und mich rühme, das Wort Christi rein und lauter zum Heile vieler gelehrt zu haben. Diese Tatsache entflammt den Satan, und er möchte mich mit dem Wort zusammen gestürzt und vernichtet sehen. So kommt es, daß ich zwar von den Tyrannen der Welt nichts zu leiden habe, während andere ermordet und verbrannt werden und umkommen für Christus; dafür aber habe ich umsomehr vom Fürsten der Welt selber im Geiste zu leiden.«[1]

In den starken seelischen Verstimmungen geht es unserem Patienten wie unzähligen anderen in ihrer tiefen Depression. Sie fühlen sich auch von Gott verlassen und verworfen. In diesem subjektiven Empfinden trägt das objektive Wissen von Gottes Barmherzigkeit und Allgegenwart nicht mehr. Doch wenn die Melancholie vorübergeht und die düsteren Schleier der Depression sich lüften, folgt oft eine manische Phase. Die Lebenskräfte kehren wieder. Schöpferische Menschen können dann von kreativen Ideen wie besessen sein. So erging es auch unserem tief Gebeugten. Als er wieder den Kopf oben hatte, dichtete er aus einer inneren Eingebung heraus das Lied »Ein feste Burg ist unser Gott«.

Wenn der Leser es nicht zuvor an einigen Punkten der zunächst verfremdeten Fallschilderung bereits gemerkt hat, weiß

---

[1] Briefe 4, S. 235

er jetzt, daß es sich um Martin Luther handelt. Wie Theologen und Prediger seine Lehren in die heutige Umgangssprache übertragen, habe ich seine besonderen seelischen Erfahrungen in tiefenpsychologischen Begriffen und Vorstellungen beschrieben. Dies geschah vor allem zu dem Zwecke, die Beziehungen zwischen dem Seelenleben und dem Glaubensleben sowie die vielschichtigen Wechselwirkungen ein wenig zu erhellen. Bei Luther sind nach meiner Sicht die Übergänge nicht fließend, sondern teilweise recht abrupt und brüchig. Dies habe ich in der bisherigen Fallschilderung insbesondere durch den Zwiespalt zwischen dem theologischen Denken des Reformators und seinem seelischen Fühlen und Empfinden zu zeigen versucht. Während der durchdachte Glaube recht klar und gewiß artikuliert wird, drängen sich die Gefühle in Form der Anfechtungen, Depressionen und Teufelsvorstellungen auf. Der Teufel macht den sonst hart und klar erscheinenden Gottesmann weich. Tiefenpsychologisch betrachtet ist es nicht verwunderlich, daß die verdrängten und verteufelten Gefühle in den Teufelsphantasien wiederkehren.

Diese seelischen Zusammenhänge kann der Leser an Luthers Lied »Ein feste Burg« selber studieren und erspüren. Ich schlage vor, die vertraute Melodie einmal zu summen oder zu singen und bewußt auf den melodischen Übergang im zweiten Teil zu achten, in dem von dem »alt bösen Feind« die Rede ist. Wenn ich vergesse, daß es sich um ein Lutherlied handelt, habe ich beim ersten Teil der Melodie die Vorstellung eines mittelalterlichen Landsknechtsliedes. Auch die Kreuzritter oder Missionare Christi könnten nach meiner Phantasie in einem Missionsfeldzug nach dieser Melodie mit Trommeln und Posaunen marschieren. Doch dann kommt im weiteren Teil der Melodie der Übergang zum Dreivierteltakt. Die wendige und tänzelnde Bewegung spricht das Gemüt an. Der geniale Kirchenlieddichter und Melodienerfinder wird bei dem Gedanken an den Teufel, wie so oft in seinem Leben, besonders phantasiereich und schreibt eine melodische Passage. Mir ist bewußt, daß auch noch andere kirchenmusikalische und ästhetische Deutungsmöglichkeiten für dieses Lied möglich sind. Mein Bemühen richtet sich lediglich darauf, Luthers Phantasiereichtum für den Teufel (der sich sonst in seinen Werken auch auf andere Objekte richten kann) einsichtig und nachvollziehbar zu machen.

Ich kehre wieder zu der existentiellen Krise in der Lebensmitte Luthers zurück und versuche, einige Ursachen für die Seelenkrankheit zu ermitteln. Ganz allgemein wäre zunächst festzustellen, daß die tiefgreifende seelische Erschöpfung ein typisches Leiden für schöpferische Menschen sein kann. Wer sich intensiv in einem kreativen Prozeß verausgabt, wird in der Regel eine Zeitlang depressiv. Wenn wir bedenken, welche theologischen Arbeiten der Reformator vollendet hat und wie viele theologische Streitgespräche hinter ihm liegen, können wir den daraus entstehenden Streß ermessen. Hinzu kamen die politischen Wirren und religiösen Verwirrungen von Schwärmern und Irrgeistern. Dies alles konnte der geniale Gottesmann auch mit Gottes Hilfe nicht mehr zusammenhalten.

Eine weitere Ursache für den geschilderten »Nervenzusammenbruch« und den furchtbaren Angstanfall könnten verdeckte Eheschwierigkeiten und vor allem eine Mißachtung von seelischen Bedürfnissen gewesen sein. Für beides ließen sich eine Vielzahl von Belegen anführen. (Luther hatte zwei Jahre zuvor – mit 41 Jahren!) Katharina von Bora geheiratet. Als Motivation für den Schritt in die Ehe nennt der hervorragende Luther-Kenner Heinrich Fausel folgende Beweggründe: »Will er ein Ende machen mit den dürftigen Umständen, in denen er lebt? Will er die bösen Mäuler mit ihrer üblen Nachrede stopfen oder die guten Freunde mit ihren so wohlgemeinten Ratschlägen vor eine vollendete Tatsache stellen? Oder hatte er ursprünglich andere Absichten, und hat er sich nur aus Mitleid der verlassenen, kurz zuvor in einer anderen Hoffnung bitter enttäuschten Katharina von Bora erbarmt? Oder gehorcht er dem Willen des Vaters, den er unlängst besucht hat?«[1]

Daß er in seinem Entschluß zur Eheschließung dem Willen des Vaters folgt, wird ausdrücklich in der Einladung zur Hochzeitsfeier erwähnt: »So habe auch ich mich nunmehr nach dem Begehren meines lieben Vaters verehelicht und habe um dieser (bösen) Mäuler willen, damit es nicht verhindert wurde, in Eile das Beilager (das heißt, daß sich die Neuvermählten nach dem

---

[1] H. Fausel, D. Martin Luther, GTB Siebenstern 412, S. 89

in Wittenberg geltenden Brauch zur Bekräftigung ihres Versprechens vor Zeugen auf dem Brautlager darstellten) abgehalten.« Auch wenn wir nicht die heutige besonders liebevolle Beziehung als Grund für damalige Eheschließungen zugrunde legen können, muß es bedenklich stimmen, daß Martinus in einer Tischrede sagt, daß er nie eine Zuneigung zu seiner Katharina hatte, sondern sie aus Mitleid heiratete. »Wenn ich vor 14 Jahren eine Ehefrau hätte heimführen wollen, so hätte ich damals das Weib des Basilius, Ave von Schönfeld, erwählt. Zu der Meinigen hatte ich nie eine Zuneigung; ich hatte sie immer im Verdacht des Hochmuts..., doch Gott hat es so gewollt, daß ich der Verlassenen mich erbarmte.«[1]

Wie seltsam dem Doktor der Theologie die erste Zeit der Ehe vorkam, beschreibt er wiederum in einer Tischrede. »Das erste Jahr der Ehe macht einem (Ehemann) seltsame Gedanken. Sitzt er am Tisch, so denkt er: Früher warst du allein, jetzt selbander; beim Erwachen im Bett sieht er ein paar Zöpfe neben sich liegen, die er früher nicht sah. So saß meine Käthe anfangs bei mir, während ich studierte, und beim Spinnen fing sie an zu fragen: Herr Doktor, ist der Hochmeister der Bruder des Markgrafen?«[2]

Auch wenn der Reformator sich später recht positiv über seine Käthe und die Kinder äußert und in seinen öffentlichen Verlautbarungen und Predigten den Ehestand rühmt, dürfte Luther kein geborener Ehemann gewesen sein. Seine strenge religiöse Erziehung und die Neigung zur Selbstkasteiung im Kloster dürften seine Beziehungsfähigkeit stark gedrosselt und abgewürgt haben. Ferner dürfte ihm die Sublimierung dieser Kräfte in seiner theologischen Kreativität größtenteils gelungen sein. Die nicht ausbleibenden Reibungen an der Eigenart des weiblichen Charakters sowie der »Kampf der Geschlechter« haben sicher zu Luthers Krise beigetragen. Durch meine therapeutische Arbeit habe ich mehrfach erfahren können, daß verheiratete Gottesmänner und Geisteswissenschaftler häufig besonders sensibel auf Beziehungsschwierigkeiten und Eheprobleme reagieren. In ihrer differenzierten Geistigkeit sind die

[1] Tischreden 4, 4786, aus den dreißiger Jahren
[2] Tischreden 3, 3178 b, Juni 1532

seelischen Persönlichkeitsanteile und die Körperlichkeit oft weniger entwickelt, so daß ihre Partnerinnen sie nicht selten aus der Bahn werfen.

Schließlich sei noch als weiterer Beweggrund für die existentielle Krise und die seelischen Verstimmungen eine starke Geringachtung des Seelenlebens und der Träume erwähnt. Das folgende Zitat kann erhellen, wie stark Luther die Bildersprache der Seele verachtete und einzig das Wort gelten ließ. Den Propheten als Männern des Wortes und Mose als Symbolgestalt für das Gesetz und die Weisung wird geglaubt, aber die bewegenden Träume werden verächtlich gemacht. »Ich habe ja auch zuweilen Träume, die mich manchmal bewegen. Ich verachte sie aber und habe mit dem Herrn, meinem Gott, einen Vertrag gemacht, daß ich Mose und den Propheten glauben will. Denn für dieses Leben begehre ich keine (Träume), und sie sind mir auch für das künftige Leben nicht nötig.«[1] »Daß man darauf verfällt und – wie etliche Narren getan haben – Bücher darüber (über die Träume) schreibt, das ist nichts als Betrügerei. Es kann niemand eine Kunst daraus machen; sie gilt auch nichts.«[2]

Der große Gottesmann hätte sicher seine seelische Balance gefunden und sich damit die Kräfte aufzehrende Melancholie erspart, wenn er die »Träume als Gottes vergessene Sprache« (Buchtitel des Autors) beachtet hätte. Mit der Verachtung der Träume wurde das Seelenleben verdrängt und dadurch das Glaubensleben beeinträchtigt.

Wie findet nun ein Denktyp Zugang zu seinen Gefühlen und sinnlichen Empfindungen? Diesen seelsorgerlichen und therapeutischen Überlegungen gehe ich im nächsten Kapitel nach.

Therapie für Denktypen

Wenn ein Mann wie Martin Luther mein Patient in der analytischen Psychotherapie wäre, würde ich mit ihm daran arbeiten, eine Balance zwischen Denken und Fühlen, zwischen Kopf und Herz zu finden. Ich pflege in diesem Zusammenhang gerne

---

[1] Weimarer Ausgabe 44, 249
[2] Weimarer Ausgabe 15, 621

zu sagen, daß der Weg vom Kopf zum Herzen oder umgekehrt von den seelischen Empfindungen in den kühlen Kopf weiter sei als ein Flug von Frankfurt nach Australien. Dieses Bild will sagen, wie schwer es für einen Denktyp ist, auf die leise Stimme in seinem Herzen zu hören. Allzuleicht durchbohrt das Schwert des Geistes das Herz oder zerschlägt die verletzlichen Keime des Seelenlebens. Da ohne diese Basisgefühle der Kopf und der Glaube in der Luft hängen, muß sich die Seele in Form von Leiden und Symptomen Gehör verschaffen.

Ich würde mit meinem Patienten ferner daran arbeiten, die Botschaft in den Symptomen zu verstehen. Für Außenstehende ist dies in der Regel eher möglich als für den Betroffenen selbst. Da für die seelischen Impulse und Bedürfnisse im Leben kein Raum war und sie infolge der komplizierten Verdrängungsprozesse sich im Körper einen neuen Lebensraum haben verschaffen müssen, ist es äußerst schwierig und ein langwieriger Prozeß, diesen Weg zurückzuspulen. So wie es Martin Luther nichts genutzt hätte, wenn man ihm seine Angstzustände und seine Depressionen gedeutet hätte als Verdrängung seiner Gefühle, so bewirken auch bei heutigen Patienten derartige Deutungen wenig. Es geht vielmehr um eine Umstellung und Wandlung des ganzen Lebens. Ähnlich wie eine religiöse Bekehrung einem Menschen zum Durchbruch verhilft in die spirituelle Welt des Glaubens, so bedarf es für die seelische Heilung einer psychischen Wiedergeburt. Das seelische Leben muß gegen den Widerstand des Geistes langsam wachsen. Ähnlich wie eine Schwangerschaft neun Monate dauert, so ist in längeren analytischen Prozessen zu beobachten, daß sich erste Wandlungen und Ansätze zur Heilung nach etwa neun Monaten anzeigen. Diese Zeitangabe darf jedoch nicht absolut und nicht nur konkret verstanden werden. Sie soll vielmehr deutlich machen, daß der Weg zu einem ganzheitlichen Leben aus unzähligen kleinen Schritten besteht.

Der beschriebene Kampf zwischen der Vormacht des Kopfes (des Denkens) gegenüber dem Herzen (dem Fühlen) berührt auch das Glaubensleben und das Seelenleben. Dort, wo sich das Glaubensleben verselbständigt oder theologisch gar aufgebläht wird, kommt es zu einem sogenannten Gotteskomplex. Dieser Begriff will sagen, daß alle Kräfte des seelischen

Erlebens sich konzentrieren und zentrieren auf Gott hin. Doch wenn die Polarität von Glaube und Leben, von Gott und Welt, auf einen einzigen Punkt zusammenschrumpft, geht die sinnvolle Spannung zwischen den notwendigen Gegensätzen verloren. Diese übermäßige Anhäufung von Kräften um einen einzigen Sammelpunkt wird in der Tiefenpsychologie ein seelischer Komplex genannt. Der Begriff Gotteskomplex sagt somit, daß sich alles um Gott dreht und das menschliche Leben im Schatten steht. Luthers Gotteskomplex hatte auch seine Schattenseiten. Das sind die furchtbaren Teufelsphantasien und Dämonenvorstellungen. Diese furchterregenden archetypischen Bilder verwirrten nicht nur sein Seelenleben, sondern irritierten auch seine körperlichen Funktionen. Die geschilderten Angstzustände und Depressionen sind charakteristische Merkmale derartiger Störungen. Solche Patienten sollten aus ihren Leiden lernen zu fühlen, was leben ist.

Viele Denktypen neigen dazu, mit dem Kopf durch die Wand zu gehen. Das Bild will in diesem Zusammenhang sagen, daß ein fanatischer Denktyp dazu neigt, seinen Kopf unbedingt durchzusetzen, und dabei nicht selten Porzellan zerschlägt. Denktypen haben wenig Sensibilität für die Überzeugungen des Gegners. Sie fühlen sich allein im Recht und meinen, für die Gerechtigkeit zu kämpfen. Möglichst alle sollen so wollen, wie sie denken. In ihren Wertvorstellungen und bei ihrer Urteilsbildung sind allein die übergeordneten Gesichtspunkte von Bedeutung. So stehen Denktypen in der Gefahr, aus dem Evangelium ein Gesetz für die anderen zu machen. Wenn ein Denker nicht sensibel wird und auf die Stimme seines Herzens hört, kann er schnell zum »Prinzipienreiter« werden. Eine wesentliche Hilfe könnte darin bestehen, das Denken zu »erden«: von dem Höhenflug des Geistes in der Realität zu landen und konkret zu schauen, was sich ändern läßt. Wenn der Denktyp sich nicht nur für die geistigen Ansichten und Meinungen der anderen interessiert, sondern an ihrem Erleben Anteil nimmt, wird damit zugleich sein eigenes seelisches Erleben angerührt und zur Entwicklung angeregt. Besonders wichtig sind die Schritte von der Rationalisierung hin zur Emotionalisierung des Lebens und Glaubens. Dies beginnt in der Regel mit der Bewußtwerdung seiner Gefühle. Während dem reinen

Denktyp die Emotionen in den Kopf steigen müssen – was sich nicht selten in Kopfschmerzen und Migräne äußert, wie zum Beispiel bei Martin Luther –, findet der Denker, der seine Fühler auch nach seinen Gefühlen ausstreckt und seine Empfindungen berücksichtigt, langsam eine Balance zwischen den verschiedenen seelischen Orientierungsmöglichkeiten. Wer mit Hilfe des Jungschen Typentests herausgefunden hat, daß Denken seine Stärke ist, kennt damit zugleich auch seine Schwächen. Diese auszubalancieren ist eine Lebensaufgabe, die sich lohnt.

Das Denken und der Dogmatismus

Wenn das Denken und die Rationalität im Glaubensleben die Herrschaft gewinnen, sind häufig der sogenannte Dogmatismus und der Strukturierungszwang die Folge. So wichtig einerseits für einen ganzheitlichen Glauben das Denken ist, kann es andererseits bei der Vorherrschaft dieser Funktion leicht zu einem sogenannten gedachten Glauben kommen. Statt Gott zu lieben von ganzem Herzen, von ganzer Seele und allen Kräften seines Gemütes, bemüht sich der Denktyp insbesondere um die Klarheit der Glaubensvorstellungen. Während sich die Theologie in der Dogmatik zu Recht um eine Klärung des Glaubens bemüht, soll hier mit Dogmatismus das übertriebene Bemühen um Glaubensformeln verstanden werden. Nach meinen Erfahrungen sind daran besonders Menschen mit einer guten Denkfunktion beteiligt. Wie sie auch sonst versuchen, ihre Gefühle stark zu beherrschen und mit Hilfe ihrer durchdachten Lebenskonzepte das Leben in geordneten Bahnen zu halten, so versuchen diese Menschen, auch ihr Glaubensleben mit Hilfe von Glaubensformeln und Glaubensbekenntnissen zu strukturieren. Ähnlich wie im persönlichen Lebensbereich hat die Arbeit an Glaubensbekenntnissen im Verlauf der zweitausendjährigen Kirchengeschichte sowohl eine wichtige positive Funktion als auch viele negative Auswirkungen gehabt. Um die Klarheit des Glaubens wurde nicht nur mit dem Denken gerungen, sondern auch mit Waffen gekämpft. Zahlreiche Kriege haben im Verlaufe der Kirchengeschichte ihre Wurzel in Glaubensstreitigkeiten gehabt.

Ein Beispiel dafür, wie mit Hilfe des theologischen Nachdenkens eine zentrale Glaubensfrage geklärt wurde, ist die sogenannte Christologie. Diese Glaubenslehre entfaltet, wie in Christus die menschliche und die göttliche Natur miteinander verbunden sind. Auf dem 4. Ökumenischen Konzil in Chalkedon im Jahre 451 wurde das christologische Dogma folgendermaßen formuliert:»Jesus Christus, der menschgewordene Logos Gottes, ist eine Person in zwei Naturen, die in dieser einen Person *unvermischt, unverwandelt, ungetrennt und ungeschieden* miteinander verbunden sind.« Auf die Hintergründe der theologischen Streitigkeiten und auf die geschichtlichen Zusammenhänge soll und kann hier nicht näher eingegangen werden. Es mag genügen, darauf aufmerksam zu machen, wie mit Hilfe des theologischen Denkens eine vorläufige Kompromißformel gefunden wurde, die verschiedene Glaubensüberzeugungen miteinander zu verbinden suchte. Es könnten unzählige weitere Beispiele von den Konzilen der katholischen Kirche und aus der protestantischen Kirche zur Zeit der Reformation erwähnt werden, die zeigen, wie das theologische Denken das Glaubensleben zu strukturieren versuchte. Das aus dem Glaubensleben heraus erfolgte theologische Bemühen um das Dogma hat für das Seelenleben positive und negative Auswirkungen. C. G. Jung hebt an zahlreichen Stellen seiner Werke, in denen er sich mit den religiösen Symbolen befaßt, hervor, daß das »Dogma in lebendigster Wechselbeziehung zur Seele stehe, aus der es ursprünglich hervorgegangen ist«[1] Für Jung ist das Seelenleben der Wurzelgrund und die Quelle für die religiösen Dogmen. Als Tiefenpsychologe versteht er die Glaubenslehren und die Dogmen von der archetypischen Disposition und Struktur der Seele her. Für den Tiefenpsychologen fallen sie nicht durch Vermittlung des göttlichen Geistes vom Himmel, sondern sie steigen aus den Tiefen und Urgründen der Seele auf. Infolge der tiefenpsychologischen Verstehensweise der Dogmen wurde Jung von zahlreichen Theologen heftig kritisiert. Daher schreibt er in einem der Briefe an eine Theologin:»Daß ich als Christ Katholizismus und Protestantismus in mir zu einigen versuche, wird mir in echt pharisäischer

---

[1] Gesammelte Werke, Bd. 11, S. 123

Weise als besonderer Gesinnungsmangel angekreidet. Daß man bei einer derartigen Unternehmung Psychologie gebraucht, scheint ein Ärgernis ersten Ranges zu sein. Der Widerstand gegen die Seele und ihre Entwertung als ›nur psychisch‹ ist zu einem Gradmesser der pharisäischen Heuchelei geworden. Man sollte doch froh sein darüber, daß die dogmatischen Vorstellungen psychologische Grundlagen haben.«[1]

Nach dem kurzen Versuch einer positiven Würdigung der durchdachten Dogmen und Glaubenslehren kehre ich an den Anfang meiner Überlegung zurück, wie ein übertriebener Dogmatismus und ein Strukturierungszwang dem Seelenleben schaden können. Der Begriff Strukturierungszwang stammt von dem Soziologen G. Schmidtchen, der in seiner religionssoziologischen Untersuchung von Protestanten und Katholiken festgestellt hat, daß insbesondere die Protestanten unter einem starken Strukturierungszwang stehen. Während die gläubigen Katholiken durch ihre kirchliche Bindung in einer bergenden Seinsordnung aufgehoben sind, sind die Protestanten weitgehend auf sich allein gestellt und müssen mit ihren Lebensproblemen und ihren Glaubensfragen vor Gott allein dastehen. Damit sind die Protestanten stärker als die Katholiken zur Selbststrukturierung ihres Daseins aufgerufen. Die Problematik, die mit dem Strukturierungszwang der Protestanten verbunden ist, beschreibt Schmidtchen wie folgt: »Protestanten leben in einem offenen System, ihre Welt ist nicht so weit durchformt wie die Welt eines Katholiken. Die offene protestantische Welt ist eine Welt des Strukturmangels, eine unendliche, im Grunde nur von innen heraus bestimmbare Welt, in der die Taten aus guter Gesinnung ein unbekanntes, echolos fernes Ziel haben. Unendlich sind die Möglichkeiten, eine offene, freie Welt mit Taten und Gedanken zu besetzen. Und das ist genau das, was der Protestant tun muß, wenn ihn nicht das Gefühl einer unsäglichen Verlorenheit überkommen soll. So sind die Protestanten in stärkerem Maße zur Selbststrukturierung ihres Daseins aufgerufen als die Katholiken.«[2]

Der Strukturierungszwang kann einerseits Energien freiset-

---

[1] Briefe Bd. 2, S. 291
[2] Schmidtchen, Gottesdienst in einer rationalen Welt, S. 462

zen und das Selbstwertgefühl stärken. Andererseits kann diese Aufgabe auch viele überfordern. Ein Ausdruck dafür ist eine gewisse Daseinsmüdigkeit (mit Depressionen und Resignation), die unter Protestanten stärker zu beobachten ist als bei Katholiken. Ferner ist nach Schmidtchen dem Protestanten ein autistischer Zug eigen, der eine gewisse Tendenz zur Isolation einschließt. Die Strukturierung des Daseins muß immer wieder das Gefühl der Nichtigkeit dämpfen. Schmidtchen zieht aus dem bisher Gesagten folgende Konsequenz: »Der Strukturierungszwang der Menschen im zu weit geöffneten, zu konturlosen Raum treibt sie zu politischen Symbiosen und in letzter Konsequenz manchmal zur Preisgabe der protestantischen Situation. So enden die Systemfeinde beinahe strukturnotwendig beim System. Es ist merkwürdig: Seit die Protestanten ihre Kirche zerschlagen haben, scheinen sie fortwährend bemüht, Ersatzkirchen zu errichten; es ist nicht jedermanns Sache, die Existenz in einer offenen Welt durchzustehen.«[1]

Den von Schmidtchen beschriebenen Strukturierungszwang der Protestanten kann ich aufgrund meiner Untersuchung im Vergleich zu den Katholiken teilweise bestätigen, teilweise aber auch größte Ähnlichkeiten zwischen den beiden Konfessionen aufzeigen. Aus den Tabellen 4, 5 und 6 (S. 270ff.) sind im einzelnen die Befunde zu ersehen. Im Bereich der religiösen Sozialisation sind gravierende Unterschiede zwischen Katholiken und Protestanten zu erkennen. Letztere sind längst nicht so religiös erzogen worden wie die Katholiken. Offensichtlich verhält es sich so, daß das, was die Katholiken durch ihre religiöse Erziehung von ihren frommen Eltern erfahren haben, sich die Protestanten durch ihre eigene Strukturierung und Orientierung im Glauben erwerben müssen. Doch was die Geborgenheit im Glauben betrifft (Tabelle 4, Frage 24) und die Glaubenszweifel (Tabelle 5, Frage 31), sind keine wesentlichen Unterschiede zwischen den Konfessionen zu erkennen. Lediglich zwischen der Patientengruppe und der sogenannten Kontrollgruppe sind statistisch bedeutsame Unterschiede festzustellen. Die Befunde machen deutlich, daß das Glaubensleben durch das gestörte Seelenleben der Patienten deutlich beeinträchtigt wird. Zum Nachdenken sollen die Befunde zur Frage 17 anregen, warum sich die Katholiken derart stärker isoliert fühlen als die Protestanten. Offensichtlich kann die enge kirchliche Bindung der Katholiken und die Strukturierung mit Hilfe des Glaubens deren Isolation nicht aufheben.

Nach diesem kurzen Verweis auf das Zahlenmaterial, hinter dem jedoch auch immer einzelne Menschenschicksale mit ih-

---

[1] Schmidtchen, Gottesdienst in einer rationalen Welt, S. 469

ren Glaubenserfahrungen und seelischen Nöten stehen, soll wiederum an klassischen Beispielen das Problem des Strukturierungszwanges und des Dogmatismus verdeutlicht werden. Es geht darum, wie Martin Luther seine Ängste und seine Teufelsvorstellungen mit Hilfe seiner Theologie und der dogmatischen Lehrentwicklung strukturiert hat. In seinen theologischen Vorlesungen und Kommentaren zu biblischen Schriften versuchte er eine Klärung seines skrupulösen Glaubenslebens. Dabei dürfte es nicht zufällig sein, daß Luther in seinem Nachdenken über den Glauben diesen gerade an dem Begriff der Gerechtigkeit Gottes festmachte. Während die Erfahrung der Liebe Gottes für den Fühltyp besonders wichtig ist, ist für die Denkfunktion der Begriff der Gerechtigkeit zentral.

Bei einem anderen Theologen, dem Apostel Paulus, kam es zur Wiederkehr der verdrängten Gefühle in Gestalt seines Eifers für Gott und für das Evangelium. So wie einerseits der heilige Eifer für Gottes Sache sein Recht hat, können andererseits die Beweggründe für einen fanatischen Eifer auch im ungeordneten Seelenleben liegen. Bei meiner langjährigen Beschäftigung und Auseinandersetzung mit dem Leben und den Schriften des Paulus verstärkte sich mein Eindruck, daß in seinen heiligen Eifer auch ein beträchtliches Maß an Fanatismus eingeflossen ist. In der Praxis ist es oft schwierig, das eine vom anderen eindeutig zu unterscheiden. Die Erfahrung lehrt nun, daß bei spontanen Bekehrungen einmal die seelischen Kräfte sehr stark erweckt und bewegt werden und zum anderen die bisherige Einstellung zu einer gegenteiligen Überzeugung wird. So sagt Paulus in seinem Zeugnis über seine Bekehrung, daß er ein Eiferer für Gott gewesen sei (Apostelgeschichte 22,3). Auch in Galater 1 hebt er hervor, daß er über die Maßen um das väterliche Gesetz eiferte, um dann aber durch die Auferstehung Christi in seiner Seele und »durch eine Offenbarung Jesu Christi« (in einer Traum-Vision) zum Apostel berufen zu werden. In dem modernen Deutsch der »Guten Nachricht« lautet das Zeugnis: »Das eine müßt ihr wissen, Brüder: Die Gute Nachricht, die ich verkündige, ist nicht von Menschen erdacht. Auch habe ich sie nicht von Menschen erfahren oder gelernt. Jesus Christus ist mir erschienen und hat sie mir anvertraut. Ihr wißt doch, was für ein eifriger Anhänger der jüdischen

Religion ich früher gewesen bin. Bis zum äußersten verfolgte ich die Gemeinde Gottes und tat alles, um sie zu vernichten. Ich befolgte die Vorschriften des Gesetzes peinlich genau und übertraf darin viele meiner Altersgenossen. Fanatischer als alle setzte ich mich für die überlieferten Lehren ein. Aber dann hat Gott mir seinen auferstandenen Sohn gezeigt, damit ich ihn überall unter den Völkern bekanntmache. Dazu hat er mich schon vor meiner Geburt bestimmt, und so berief er mich in seiner Güte zu seinem Dienst« (Galater 1,11–16a).

Paulus gibt hier eine Begründung seines Apostelamtes und macht deutlich, daß er darin den anderen Aposteln nicht nachsteht. Im Unterschied zu den anderen, die bei Jesus in die Schule gegangen sind und ihn als den Auferstandenen gesehen haben, kann Paulus sich gleichsam auf eine Privatoffenbarung berufen. Damit könnte Paulus zu einem Beispiel werden für die unzähligen Menschen, die nicht nur in der Tradition der Kirche und mit Hilfe der Kirche ihren Glauben finden, sondern das Heil auch außerhalb der Kirche entdecken, nämlich durch das Aufscheinen des Gottesbildes in der eigenen Seele. Daß damit auch unzählige Gefahren verbunden sein können, bedarf angesichts der heutigen Jugendsekten und vieler anderer religiöser Denominationen keiner besonderen Erwähnung. Welche Gefahren für die Seele durch die unter uns lebenden religiösen Eiferer bestehen können, sei durch die abschließenden Überlegungen aufgezeigt.

Therapeutische Überlegungen für Glaubenseiferer

Menschen, die von einem fanatischen religiösen Eifer ergriffen sind, werden dies in der Regel kaum merken und daher nicht von dem eingeschlagenen Weg ablassen. Es sei denn, sie werden wie Paulus von einem himmlischen Licht derart erschreckt und geblendet, daß sie auf die Knie gehen und sich bekehren. Doch solche spontanen Bekehrungen sind selten geworden. Stark zugenommen haben dagegen die seelischen Schwierigkeiten und die psychoneurotischen Erkrankungen. Diese können sogar am ehesten den Widerstand brechen und einen religiösen Fanatiker zur Wandlung zwingen. Damit dürfte deutlich sein, daß solchen Menschen in der Regel nicht ohne weiteres durch seelsorgerlichen Rat oder therapeutische Beratung beizukommen ist. Erst durch Krankheit und Leiden, oder wie Paulus sagt: durch den »Pfahl im Fleisch«, können sie zur Wandlung motiviert werden.

Da die religiösen Eiferer und Fanatiker in der Regel darauf aus sind, andere zu bekehren, ist hier eine kritische Distanz geboten. Häufig geht von den Eiferern eine besondere suggestive Wirkung aus. Nach Bekehrungsversammlungen von Sektenpredigern werden nicht selten verwirrte oder gar psychotische Menschen in psychiatrische oder psychotherapeutische Fachkliniken eingeliefert. Durch eine fanatische Religiosität wird die geistig-seelische Balance derart gestört, daß es zu Nervenzusammenbrüchen kommen kann. Die hier nur andeutungsweise genannten Probleme könnten vermieden werden, wenn verdrängte Gefühle sich nicht einzig in der Religion »austoben« müßten, sondern in einem ganzheitlichen Leben unzählige andere Erlebnisformen fänden. Die rechte Balance wäre in diesem Bereich durch jene Liebe zu finden, die nach Paulus (1. Korinther 13,4) »nicht eifert«.

Der Dogmatismus als eine rationalisierte Form des Glaubens und das gefühlvolle Glaubensleben stehen häufig auf Kriegsfuß miteinander. Verdrängte Gefühle drängen sich aber besonders im kirchlichen Bereich in ihrer negativen Form auf und vergiften häufig das christliche Gemeindeleben. In vielen christlichen Gemeinden, in denen so viel von der Liebe die Rede ist, geht es oft recht lieblos zu.

Wie oft ist auch vom Frieden Gottes die Rede, während es gerade unter Christen derart viel Streit und Meinungsverschiedenheiten gibt. Es scheint so zu sein, daß die stark rationalisierten Formen des Glaubens das negative Gegenstück geradezu heraufbeschwören. Einen ganzen Katalog von negativen Auswirkungen der verdrängten Gefühle und andererseits der positiven Glaubensfrüchte schildert der Apostel Paulus: »Ich will damit sagen: Lebt aus der Kraft, die der Geist Gottes gibt, dann müßt ihr nicht euren eigensüchtigen Wünschen folgen. Der menschliche Eigenwille steht gegen den Geist Gottes, und der Geist Gottes gegen den menschlichen Eigenwillen; die beiden liegen im Streit miteinander, so daß ihr das Gute nicht tun könnt, das ihr doch eigentlich wollt. Wenn aber der Geist Got-

57

tes euer Leben bestimmt, steht ihr nicht mehr unter dem Zwang des Gesetzes. Jeder kann sehen, wohin der menschliche Eigenwille führt. Seine Auswirkungen sind Unzucht, Verdorbenheit und Ausschweifungen, Götzendienst und Zauberei, Streit, Gehässigkeit, Geltungsdrang, Jähzorn, Niedertracht, Uneinigkeit und Spaltungen, Neid, Trunksucht, Orgien und so fort. Ich warne euch, wie ich es schon früher getan habe: Wer solche Dinge tut, für den ist kein Platz in Gottes neuer Welt. Der Geist Gottes dagegen läßt eine Fülle von Gutem wachsen: Liebe, Freude, Frieden, Geduld, Freundlichkeit, Güte, Treue, Demut und Selbstbeherrschung. Wer so lebt, den kann das Gesetz nicht verurteilen« (Galater 5,16–23).

Das Empfinden bei kirchlichen Bindungen

Der Empfindungstyp ergreift und begreift die Welt mit allen Sinnen. Er ist darauf aus, von den Mitmenschen und den Objekten sinnlich angesprochen zu werden. Das sinnliche Empfinden bestimmt auch seine Beziehungen zum kirchlichen Leben und seine Frömmigkeit. Er möchte vor allem »sehen und schmecken, wie freundlich der Herr ist« (Psalm 34, 9). Weil in den katholischen Gottesdiensten die Sinne wesentlich stärker angesprochen werden als in den evangelischen Wortgottesdiensten, fühlen sich viele Empfindungstypen dort wesentlich wohler. Nicht wenige Konversionen zum Katholizismus sind nach meinen Beobachtungen neben anderen Glaubensmotiven in dieser Typologie begründet. Umgekehrt werden nicht selten katholische Denktypen häufig zum Übertritt in die protestantische Kirche bewegt, weil die wortbezogenen Gottesdienste und der stärker durchdachte Glaube sie besonders ansprechen.

Der Empfindungstyp ist ein Realist. Sein Sinn für die Tatsachen ist besonders gut entwickelt. Der in unserer Zeit hochgeschätzte Tatsachensinn erschwert es ihm aber, offen zu sein für intuitive Eingebungen und für neue Zukunftsperspektiven. Er besitzt eine praktische Art, mit den konkreten Aufgaben und Dingen gut umzugehen, beobachtet seine Umgebung sehr genau und kann Einzelheiten gut behalten. Man könnte diese differenzierte Wahrnehmung vergleichen mit einer hochempfindlichen photographischen Platte. Diese Empfindsamkeit und Empfänglichkeit bringt aber auch mit sich, daß sich alle positiven und alle negativen Erfahrungen in das Seelenleben zutiefst einprägen. Der Empfindungstyp vergißt nie, was ihm widerfahren ist.

Obwohl die Empfindungstypen also mit beiden Beinen in der Realität stehen, werden sie gelegentlich von dunklen Ahnungen oder Anwandlungen von mutmaßlichen Krankheiten überfallen. In diesen phantastischen Einfällen meldet sich die verdrängte und unterentwickelte Intuition zu Wort. Was der Empfindungstyp nicht ahnen kann, schwant ihm als nichts Gutes. Das Ahnungsvermögen ist bei ihm schlecht ausgeprägt. Mit der Intuition tappt er im dunklen. Dieser ganze Bereich ist ihm unangenehm, weil er weitgehend unbewußt ist. Dem Empfindungstyp sind die Menschen und die Dinge greifbar nahe, aber er begreift sie nicht tiefsinniger. Der Sinn in den sinnlichen Eindrücken bleibt ihm zumeist verborgen. Aus dem Unbewußten kommen ihm dunkle Ahnungen, deren Sinn er nicht begreift; so wird er von seinen Phantasien ergriffen. Er glaubt, Tatsachen ins Gesicht zu sehen, wird aber häufig hinterrücks von den verdrängten Ahnungen überfallen. Das macht ein von M. L. von Franz berichteter Fall besonders anschaulich:

Der Patient rief seine Therapeutin an und schluchzte, daß er überwältigt sei: »Es geschah – ich kann es Ihnen nicht sagen, ich bin in Gefahr.« Die Therapeutin wußte, daß es sich um keinen hysterischen Menschen handelte und daß er auch nicht von einer latenten Psychose bedroht war. Sie fragte ihn, ob er fähig sei, zum Bahnhof zu gehen, ein Billett zu kaufen und nach Zürich zum Gespräch zu kommen. Er antwortete, er dächte, er könne dies bewältigen. Zum Erstaunen der Therapeutin kam der Patient mit einem Korb voller Kirschen in die Analysestunde, die sie fröhlich miteinander aßen. Dann fragte die Therapeutin: »Und was jetzt?« Mühsam brachte der Patient schließlich folgendes heraus: »Während einer Minute wußte ich, was Gott war! Es ist, als hätte ich Gott erfaßt! Und das schockierte mich so sehr, daß ich dachte, ich würde wahnsinnig werden, und jetzt ist es wieder weg. Ich erinnere mich daran, aber ich kann es nicht mehr mitteilen, und ich bin nicht mehr darin.« Da der Patient ein Empfindungstyp ist, und die Intuition seine minderwertige Funktion ist, erlebte er die visionäre Schau des Gottesbildes als Bedrohung[1].

Die Empfindungstypen haben in ihrem Glaubensleben also mit der minderentwickelten Intuition besondere Schwierigkeiten. Während das Ahnungsvermögen den prophetischen Menschen zu einer neuen Zukunftsperspektive verhilft, führt es bei ihnen eher zu einer abergläubischen Religiosität. Weil diese Probleme vielen Empfindungstypen große Schwierigkeiten bereiten, möchte ich mit einem etwas längeren Zitat von C.G. Jung diese Zusammenhänge durchsichtig machen. In der allgemeinen Beschreibung der Typen heißt es bei Jung:»Vor allem machen sich die verdrängten Intuitionen geltend in Form von Projektionen auf das Objekt. Die abenteuerlichsten Vermutungen entstehen; handelt es sich um ein Sexualobjekt, so spielen Eifersuchtsphantasien eine große Rolle, ebenso Angstzustände. In schwereren Fällen entwickeln sich Phobien aller Art, und besonders Zwangssymptome. Die pathologischen Inhalte sind von bemerkenswertem Irrealitätscharakter, häufig moralisch und religiös gefärbt. Es entwickelt sich oft eine spitzfindige Rabulistik, eine lächerlich skrupulose Moralität und eine primitive, abergläubische und ›magische‹ Religiosität, die auf abstruse Riten zurückgreift. Alle diese Dinge stammen aus den verdrängten, minderdifferenzierten Funktionen, welche in solchen Fällen dem Bewußtsein schroff gegenüberstehen und um so auffallender in Erscheinung treten, als sie auf den absurdesten Voraussetzungen zu beruhen scheinen, ganz im Gegensatz zum bewußten Tatsachensinn. Die ganze Kultur des Fühlens und Denkens erscheint in dieser zweiten Persönlichkeit in eine krankhafte Primitivität verdreht; Vernunft ist Vernünftelei und Haarspalterei, Moral ist öde Moralisiererei und handgreiflicher Pharisäismus, Religion ist absurder Aberglauben, das Ahnungsvermögen, diese vornehme Gabe des Menschen, ist persönliche Tüftelei, Beschnupperung jeder Ecke, und geht, statt ins Weite, ins Engste allzumenschlicher Kleinlichkeit.«[2]

Das Seelenleben und das Glaubensleben des Empfindungstyps werden nicht nur durch die geschilderten Projektionen

---

[1] von Franz, Zur Typologie C. G. Jungs, 1980, S. 38 f.
[2] Jung, Psychologische Typen, S. 397

beeinträchtigt, sondern auch durch kirchliche Strukturen. Der Empfindungstyp hat es mit den kirchlichen Bindungen besonders schwer. Einerseits sind ihm diese Beziehungen wichtig, und andererseits behindert die hierarchische Struktur der Kirche die persönliche Entfaltung. Wenn das natürliche seelische Empfinden durch eine zu strenge religiöse Erziehung und später durch eine zwanghafte Erfüllung von kirchlichen Ritualen geprägt ist, kommt es nicht selten zu neurotischen Schwierigkeiten und zu einer seelischen Erkrankung. Der folgende Fall, den N. J. Frenkle schildert und den ich mit der Chiffre Pfarrer C. benenne, macht diesen Aspekt der kirchlichen Frömmigkeit deutlich.

Der 36 Jahre alte Pfarrer C. leitet seit einigen Jahren eine mittlere katholische Gemeinde. Seine Depressionen und sein übermäßiger Alkoholgenuß werden für ihn zu einem deutlichen Signal einer Krise. Die seelischen Schwierigkeiten beeinträchtigen auch seinen Glauben, und sein Beruf als Pfarrer wird ihm zunehmend zur Qual. Dazu kommen heftige Auseinandersetzungen mit seinem Bischof, der als veraltet und zu autoritär empfunden wird. Herr C. lebt mit seiner neunundsechzigjährigen Mutter zusammen, die ihm den Haushalt führt. Sein Vater starb, als er zwölf Jahre alt war. Bereits mit zehn Jahren kam er in ein Konvikt und wurde damit schon früh auf den künftigen Priesterberuf ausgerichtet. Nach langjähriger Erfahrung im Amt setzt Herr C. sich zunehmend kritischer mit dem bloßen Funktionieren des »Pfarrbetriebes« auseinander und spielt sogar mit dem Gedanken, ganz auszusteigen, weil sein Beruf seinem Menschsein und seinem Seelenleben zu wenig Raum läßt. Diese Absichten scheint seine Mutter zu ahnen. Sie äußert sich kritisch und mißtrauisch gegenüber anderen jüngeren Geistlichen, die ihren Beruf aufgeben und heiraten. Herr C. macht die Sexualität, die er während des Theologiestudiums gut in den Griff bekommen hatte, in letzter Zeit besonders zu schaffen. Seinerzeit war er auf die wahnwitzige Idee gekommen, zu Gott zu beten, daß ihm sein sexuelles Verlangen durch Krankheit genommen werde. Die zunehmenden neurotischen Schwierigkeiten wurden schließlich zu einer fragwürdigen Gebetserhörung. Diese nur kurz angedeuteten Zusammenhänge zeigen, wie durch eine falsch verstandene Religiosität natürliche Wünsche und Kräfte verdrängt werden. Die sich zuspitzende seelische Krise wurde für Pfarrer C. zu einem Anstoß für eine Analyse.

Herr C. hatte bereits vor seiner Analyse durch einige Traummotive wichtige Fingerzeige zur Bewußtwerdung seiner Schwierigkeiten bekommen. So träumte er unter anderem: »Ich habe den Fuß am Knöchel gebrochen.« Oder in einem anderen Motiv: »Ich schlafe zwischen meinen Eltern in meinem Schlafzimmer. Ein Einbrecher ist durch ein Fensterchen in der Türe zu sehen.« In einem anderen Traum befindet er sich in Spanien in einem alten Kloster. Er hat seinen Priesterberuf aufgegeben. Es ist ihm unangenehm, daß er zwischen alten Sarkophagen mit Kardinals- und Bischofswappen leben muß. Er besucht einen Freund, der Dogmatikprofessor ist. Kleine Buben bringen schließlich sein Auto in Ordnung.

Das Fußmotiv begreift der Träumer so, daß es wie bisher in seinem Leben nicht weitergehen kann. Erschreckend ist für ihn einzusehen, daß er noch immer zwischen seinen Eltern schläft, was er als unbewußte Bindung an sie und auch an die Mutter Kirche versteht. Der Durchbruch in das Erwachsenenleben und in seine Eigenständigkeit wird im Traum durch den Einbrecher vor der Tür dargestellt. In dem weiteren Traum wird die einengende kirchliche Bindung in dem Bild des Klosters deutlich. Das Unbewußte spiegelt in diesen Traummotiven die derzeitigen Probleme. Sein Unbewußtes weiß bereits darum, daß er seinen Priesterberuf aufgeben will. Wie bedroht sich der Träumer von den kirchlichen Amtsträgern fühlt, zeigt der Traum mit dem Motiv von den alten Sarkophagen, von den Kardinälen und Bischöfen. Der Dogmatikprofessor, mit dem der Analysand real befreundet ist, stellt die Seite seiner rationalisierten Religiosität dar. Doch der bloß gedachte Glaube und der durchdachte Dogmatismus befriedigten den Analysanden schon lange nicht mehr. Der Traum erinnert schließlich an die Zeit, als er noch ein kleiner Bub und sein Leben noch in Ordnung war. Er empfiehlt, hier wieder anzuknüpfen. So wie die kleinen Buben wieder sein Auto in Ordnung bringen, so soll das symbolische Seelenkind in diesem erwachsenen Mann sein wahres Selbstbild in Ordnung bringen.

Das Motiv des Einbrechers kehrt in abgewandelter Form in

dem folgenden Traum wieder, den der Patient in die zweite Analysestunde mitbringt: »Auf meinem Baugelände ist vom erstellten Rohbau die Kellerdecke eingebrochen.« Das kurze Traummotiv malt der Analysand in dem folgenen Gedicht weiter aus.

Die Wand

Mir ist's, als würd' ich innen sitzen
und warten auf den großen Schlag.
Auf mich gerichtet sind jetzt hundert Spitzen,
doch einzudringen, wer vermag's? –

Die Decke ist sehr dicht nach innen,
und einsam bin ich und allein.
Ich habe Angst, ich werde bald noch »spinnen«,
und dann kommt keiner mehr herein.

Doch hab' ich Mut, das Klopfen wird sehr heftig,
vielleicht fällt doch die Decke ein.
Wenn Wassertropfen fallen stetig,
zerbricht sogar der härt'ste Stein.

Auch so könnt' mir's einmal ergehen.
Die Wand muß durchgebrochen sein! –
Aus dunkler Nacht will ich mich dann erheben,
es drängt mich hin zum Himmelsschein.

Die einzelnen Sprachbilder schildern anschaulich die innere Situation und Not des Analysanden. Er fühlt sich in seinen Depressionen zutiefst einsam und allein. Der Durchbruch zu einem höheren Bewußtsein und zu den Tiefen und Quellen seiner eigenen Seele macht ihm aber angst. Wie Empfindungstypen von ihren unbewußten Ahnungen und den Träumen erschüttert werden, so hat unser Analysand Angst zu »spinnen«.
Ein besonders schwerwiegendes Problem ist für den Analysanden seine starke Mutterbindung und im Unbewußten der sogenannte Mutterkomplex. Es wurde schon erwähnt, wie stark die leibliche Mutter Herrn C. zu beherrschen versucht. Daher ist es nicht verwunderlich, wenn sie in den verschiedensten

Bildern durch seine Träume geistert. Der folgende Traum hat
den Analysanden zutiefst erschüttert: »Eine in schwarz geklei-
dete, schlanke Frau mit silbergrauen Haaren (wie meine Mutter)
kommt auf mich zu und streckt die Hand nach mir aus. Was sie
berührt, stirbt.« Wiederum versucht der Träumer mit Hilfe des
folgenden Gedichtes die erschreckende innere Erfahrung in
Worte zu kleiden.

Die Geisterfrau

Am blauen Horizont erscheint sie groß,
das Haupt nach seitwärts und erhoben.
Die Arme hält nach vorn sie nackt und bloß.
Schlank steht sie da in langer, schwarzer Robe.

Ihr weißes Haar schwebt wie ein Geist darüber.
Sie tastet um sich wie in großer Not.
Sie geht nach vorn und kommt zu mir herüber,
und alles, was sie anrührt, wird zu Tod.

So schwebt die Geisterfrau gerade auf mich zu.
Wird sie mich denn mit ihrer Todesmacht verschonen? –
Ich bleibe steh'n und wahre kalt die Ruh.
Sie tippt nach mir, doch sie ist dann enthoben.

Wo ist sie hin, wo mag sie sein? –
Ich hoffe doch, sie kommt nicht mehr nach hier!
Das Frauenbild –, es ist ein and'res mein,
das Leben, Wärme, Liebe bringt zu mir.

Die Auseinandersetzung mit der leiblichen Mutter und dem
Mutterbild sowie die Auflösung des Mutterkomplexes spiegelt
sich in zahlreichen Träumen. Hinzu kommt, daß die leibliche
Mutter, die den Analysanden zeitlebens beherrscht hat und ihn
in seinem Priesterberuf festhalten will, nach einem Jahr der
Analyse plötzlich an Herzschlag stirbt. Einerseits leidet er unter dem Verlust seiner Mutter, andererseits fühlt er sich aber
auch von einer großen Last befreit. Es könnte sein, daß die
Verselbständigung des Analysanden und seine seelische Wiedergeburt die Mutter das Leben gekostet hat. Dennoch hat der

Analysand mit dem Mutterbild in seiner Seele sich weiterhin heftig auseinanderzusetzen. Beispielhaft dafür ist der folgende Traum:

»In einem Schloß auf einem Berg ist Schlachtfest. Von einem Schwein werden Kunststücke vorgeführt, zum Beispiel über Dinge hinwegzuspringen. Dann liegen alle Schweine geschlachtet im Wasser. Um die Königin, die zusehends häßlicher wird, wird es immer einsamer, alle gehen. Ich bleibe mit einem Fremden zurück, wir wollen sehen, was sie machen wird. Sie hat gerade einige von den Weggehenden entdeckt und nach ihnen geworfen, geschrien und geschimpft. Mit meinem Begleiter, er war sehr groß, hatte einen breiten Hut auf und einen schwarzen Mantel an, gehe ich vom Schloß hinunter. Wir liegen außen am Schloß in seinen schwarzen Mantel gehüllt in einer Erdfurche und warten. Es wird beängstigend still, aber oben auf den Schloßmauern geht die Königin wie eine fauchende Hexe und wie von Sinnen auf und ab. Sie will sehen, ob noch einer da ist. Mir wird es zu lange und zu unheimlich, ich erhebe mich. Mein helles Gesicht hebt sich im Dunkel ab, und sie erspäht mich. Sie fängt an zu toben und zu schreien und wirft nach uns. Der schwarze Mantel hatte uns in der Erdfurche unsichtbar gemacht. Der Fremde ruft: ›Auf, los!‹ Wir laufen so schnell wir können davon.«

Der Analysand bemerkte, daß diese Königin-Hexe der früheren Geisterfrau sehr ähnlich sah, nur waren ihre weißen Haare länger und zerzaust. Den Fremden kannte er nicht. Er schildert ihn als eine übermenschliche, kraftvolle Gestalt. Das negative Mutterbild und der Mutterkomplex erscheinen in diesem Traum in Gestalt des Schweines und der häßlichen Königin. Bei Menschen mit einem Mutterkomplex ist das Schwein in den Träumen oft ein Symbol dafür. In der Mythologie ist das Schwein ein Begleittier der sogenannten Großen-Mutter-Göttin. Wie die leibliche Mutter das Leben des Sohnes zu beherrschen sucht, so waltet die sogenannte Große Mutter im unbewußten Seelenleben. Wenn nun Menschen in diesen beiden Ebenen bereits ihre Schwierigkeiten haben und dazu im religiösen Bereich noch mit der »Mutter Kirche« ihre Konflikte austragen müssen, machen diese starken Belastungen schließlich die Seele krank. Neu in diesem Traum ist der hilfreiche männliche Begleiter mit dem großen Hut und dem schwarzen Mantel. Dieser Mantel hat die Eigenschaft, vor der bösen Königin und der fauchenden Hexe zu schützen und unsichtbar zu machen. In dem übermenschlichen, kraftvollen Fremden erscheint für den Träumer ein hilfreicher innerer Seelengeleiter. Er ruft zum Aufbruch. Zunehmend erkennt der Analysand in diesem Fremden das bisher ihm fremd gewesene persönliche Selbstsymbol. Da es hier nicht möglich ist, die weitere Bearbeitung des Mutterkomplexes und die Auflösung der seelischen Schwierigkeiten zu schildern, sei der interessierte Leser verwiesen auf N. J. Frenkle, »Der Traum, die Neurose, das religiöse Erlebnis«, der diesen Fall ausführlich schildert.

Die Analyse von religiösen Bindungen

Die Auflösung von übertriebenen kirchlichen Bindungen und religiösen Verflechtungen ist besonders schwierig. Da die Empfindungs-Typen sehr stark aus den Beziehungen und Bindungen an Objekten leben, können sie kaum glauben, daß es außerhalb der Kirche auch noch etwas Heiliges und Religiöses gibt. Insbesondere das katholische Dogma, daß es außerhalb der Kirche kein Heil gebe, macht den Empfindungstypen große Schwierigkeiten. Bei einer notwendigen kritischen Auseinandersetzung mit einer beengenden und beeinträchtigenden Religiosität haben sie Angst, das objektive Heil zu verlieren. Daher neigen viele dazu, eher subjektive Leiden und die Neurose auf sich zu nehmen, als sich von fragwürdigen religiösen Bindungen zu lösen. Oft ist für diese Menschen auch die Beziehung zu einem Seelsorger oder Prediger von besonderer Bedeutung. Bei der großen sinnlichen Bindung an Personen oder kirchliche Rituale geht es oft mehr um diese Bindung selbst als um den Sinn des Evangeliums.

Dieser Zusammenhang führt uns zu einem weiteren wichtigen Schritt der Therapie. Der Empfindungstyp muß lernen, von den Sinneswahrnehmungen zum Sinn des Gehörten und Gesehenen durchzudringen. Er hat aber Schwierigkeiten damit, weil bei ihm die religiösen Erlebnisse und die gottesdienstlichen Eindrücke zu einer Glaubenserfahrung werden. Er will sie genießen und zeigt wenig Neigung zur Reflexion und zur Einsicht. Der Schritt vom sinnlichen Erlebnis zur religiösen Erfahrung fällt darum besonders schwer. Mit Hilfe des Denkens und/oder des Fühlens kann aber auch der Empfindungstyp den Weg vom Tatsachensinn zum Sinn der Tatsachen und Erlebnisse finden.

In der psychologischen Beratung und der Psychotherapie sollte daran gearbeitet werden, daß er besser mit seinem Ahnungsvermögen umgehen lernt. Denn bei einer verdrängten und minder entwickelten Intuition wird die Frömmigkeit häufig zu einer abergläubischen und »magischen« Religiosität. Der Empfindungstyp könnte bei den Intuitiven einer christlichen Gemeinde einen phantasievollen Glauben kennenlernen. Wer von sich selbst weiß, daß er einen ausgeprägten Realitätssinn hat und ein sogenannter Tatsachenmensch ist, oder wer erst mit Hilfe des beigefügten Jungschen Typentests darauf aufmerksam wurde, daß er ein Empfindungstyp ist, weiß, daß er in seinem Lebensbereich viele Probleme gut lösen kann. Wenn er sich in seiner Gemeinde engagiert oder gar irgendwo in der Kirche mitarbeitet, wird er gern gesehen sein und viel Erfolg haben, denn er hat ein gutes Gespür für das Mögliche und Machbare, findet Lösungen, wo andere zunächst keine Chance sehen. Durch seinen Erfindungsreichtum setzt er andere immer wieder in Erstaunen.

Man könnte die Christen mit einer ausgeprägten Empfindungsfunktion auch als die gläubigen Realisten bezeichnen. Wegen ihres guten Realitätssinnes brauchen sie nicht an die biblische Mahnung erinnert zu werden, ihr Haus nicht auf Sand zu bauen (Matthäus 7,26). Ihnen müßte das Gegenteil gesagt werden: Verbaut euch in eurem Nützlichkeitsdenken und mit eurem Realitätssinn nicht den Sinn für die Ewigkeit. Seid wie ein Baum, der seine Wurzeln in den Mutterboden treibt (so stehen Empfindungstypen auf dem Boden der Tatsachen), aber streckt euch mit den Sinnen auch aus in die Ewigkeit, wie der Baum seine Äste in die Lüfte treibt. Ich rate gläubigen Realisten: Schult eure Phantasie, werdet kreativ, achtet auf eure Träume! Diese Empfehlungen zielen vor allem auf die Entwicklung der vernachlässigten Intuition und des bildhaften Denkens.

Die Intuition beim phantasievollen Glauben

Nach der Beschreibung von verschiedenen seelischen Schwierigkeiten, die sowohl durch die persönliche Typologie als auch durch eine fragwürdige Frömmigkeit und eine beeinträchtigende Religiosität mitverursacht werden, möchte ich einige Überlegungen zur Therapie anschließen. Ein ganzheitliches Erleben eröffnet sich, wenn wir anfangen, phantasievoll zu leben und zu glauben. Das klingt für den kritischen Leser vielleicht wenig überzeugend, so daß ich versuchen möchte, die kreative und therapeutische Funktion der Phantasie näher zu beschreiben.

Der große Reichtum an seelischer Lebendigkeit und an phantasievollem Leben kann durch kirchliche Rituale und beständig vorgegebene religiöse Texte verarmen oder gar absterben. Von vielen Ratsuchenden und Patienten habe ich die Klage gehört: »Wenn ich einmal in die Kirche gegangen bin und Trost und Verständnis für meine Schwierigkeiten erwartete, wurde ich enttäuscht. Was mich bewegte, kam in den Texten und Liedern nicht vor. Nirgends fand ich einen Aufhänger für meine Ängste, meine Gedanken und Phantasien. Entweder paßte ich mich dem an, was im Gottesdienst zelebriert wurde, oder ich schaltete ab und ging meinen eigenen Gedanken nach.« Von zahlreichen Kollegen und Kolleginnen unter den Therapeuten hörte ich in den letzten Jahren von deren Ratsuchenden und Patienten ähnliche Klagen. Die Konsequenz ist bei vielen Leuten, daß sie schließlich die Kirche meiden. Für das seelische Erleben dieser Menschen bietet die Kirche in ihren Gottesdiensten und im sogenannten Gemeindeleben wenig Hilfe an. Daher erscheint in ihrem subjektiven Erleben das Angebot der Kirche ähnlich lebensfeindlich wie die zahlreichen anderen Konfliktfelder, auf denen die Patienten ihre Schwierigkeiten erleben.

Die besondere Tragik der neurotischen Menschen zeigt sich unter anderem darin, daß sie an vielen Aufgaben des Lebens scheitern und häufig auch ihre Beziehungen zerbrechen. Sie können sich den Anforderungen des Lebens nur schwer anpassen und ziehen sich daher in die Phantasiewelt zurück. Viele Neurotiker sind besonders phantasievolle Menschen. Infolge der gestörten Anpassung an die Realität entwickeln sie eine

»blühende« Phantasie, die aufgrund der Neurose wirklich seltsame Stilblüten treiben kann. Andere dagegen werden unfähig zu phantasieren. Oder die Phantasien machen angst, weil es für sie Schreckensbilder oder »Hirngespinste« sind, die sie weder strukturieren können noch verstehen.

Phantasien bilden einen großen schöpferischen Ideenreichtum, so daß es sich lohnt, sie zur Ausgestaltung unseres Weltbildes und unseres Glaubens einzubeziehen. Auch das Glaubensleben kann nach meinen Erfahrungen geistreicher und lebendiger werden, wenn dort Räume sind für Phantasien und Träume. Unsere Phantasien und manche Träume spiegeln nicht nur unsere Probleme, sondern zeigen häufig auch Lösungen auf. Daher können wir mit Hilfe der Phantasie und der Träume an Lösungen für unsere Schwierigkeiten arbeiten. Insbesondere das Träumen sei hier hervorgehoben, weil es in der biblischen Überliefrung oft mit der Gotteserfahrung und sogar mit der Erlösung am Ende der Weltzeit verbunden wird. Dazu heißt es im Psalm 126: »Wenn der Herr die Gefangenen Zions erlösen wird, werden wir sein wie die Träumenden.« Da ich mich in meinen Büchern »Der Traum als Gottes vergessene Sprache« und »Religiöse Traumsymbolik« mit dieser Thematik ausführlicher befaßt habe, sei der interessierte Leser darauf verwiesen.

Mit Hilfe der Intuition werden der Glaube und das Leben phantasievoller. Es werden bisher ungeahnte Möglichkeiten wahrgenommen. Man könnte die Intuition mit der Nase vergleichen. Ein anderes Bild für die intuitiven Wahrnehmungsmöglichkeiten der Seele wäre das Radarsystem. So wie dort Objekte geortet werden, die das menschliche Auge nicht sieht, ahnen wir mit Hilfe der Intuition, was das menschliche Bewußtsein nicht wahrnimmt. In dem Vergleich mit dem Radarsystem ist aber auch ein typisches Problem vieler intuitiver Menschen enthalten. Sie sehen die Dinge und die Realität zumeist ungenau und verschwommen. Der Intuitive ist nicht nahe genug bei den Tatsachen. Auf unser typologisches Modell bezogen besagt dies, daß beim Intuitiven das Empfinden für die Realität häufig schlecht entwickelt ist.

Es wurde bei den typologischen Aspekten der Evangelien gesagt, daß der Intuitive den günstigen Augenblick, den göttlichen Kairos, erfaßt. Doch es gehört zu den Schwierigkeiten dieses Typs, zu bedenken, daß auch sein Tag nur 24 Stunden hat. Aus Begeisterung für eine bestimmte Idee werden häufig Pläne gemacht, die zeitlich nicht zu schaffen sind. Aus Spontaneität können Entscheidungen getroffen werden, die bei Tage besehen fragwürdig sind. Ein unkontrollierter Einfallsreichtum kann einen intuitiven Menschen auch zu Fall bringen. Er muß lernen, seine genialen Einfälle an der Realität zu prüfen und schrittweise zu verwirklichen. Das jedoch bereitet große Schwierigkeiten. Allzuleicht werden diese Persönlichkeiten von ihren geistigen Höhenflügen fortgetragen, während die Dinge auf dem Boden der Tatsachen unter ihnen verschwimmen. Man stelle sich vor, zu welchen Schwierigkeiten es in einer Ehe kommen muß, wenn ein Intuitiver und ein Realist zusammen den Weg durchs Leben gehen wollen. Günstig dagegen ist es, wenn sich jeder von dem anderen in seinen schwachen Punkten zurechthelfen läßt. Ein besonderer Schwachpunkt vieler Intuitiver ist ihr Körper. So wie sie zu vielen Dingen der Realität eine schlechte Beziehung haben, so auch zu ihm. Erst durch seelisch bedingte Funktionsstörungen des Körpers müssen sie an ihn erinnert werden. Während die Bildersprache der Seele gut verstanden wird, muß die Körpersprache oft mühsam gelernt werden. Intuitiven sind alle körperlichen Betätigungen wärmstens zu empfehlen.

Intuitive stehen in der Gefahr, sich in ihren inneren Bildern zu verzetteln. Nur wenn die Vielzahl der Sinnbilder sich gleichsam an festen Pfählen festmachen läßt, werden die Bilder zu Blättern am Baum des Lebens. Dieses Bildwort will sagen, daß die Botschaft der Bilder in die Lebensgestaltung einbezogen werden sollte. Auf diese Weise werden die Bilder der Seele mit Blut und Leben erfüllt. Statt daß ein Intuitiver sich in seinen Imaginationen (= traumhafte Phantasien, bildhaftes Denken, gewisse Tagträumereien) von der Realität »abhebt«, sollte er sich bemühen, mit Hilfe der Bilder seinen Platz im Leben zu finden. Wie bei den anderen Funktionen, so kann auch bei der Intuition die Selbstentfremdung durch das Streben nach Selbstverwirklichung aufgehoben werden. Mit »aufgehoben« wird in diesem Zusammenhang zum Ausdruck gebracht, daß durch das positive Vorzeichen der Individuation die neurotische Verstrickung und Entfremdung gewandelt wird. »Gewandelt« besagt hier, daß die Bilder in ein Gewand des Lebens gehüllt und in eine positive Lebensmöglichkeit übertragen werden.

Dieser Schritt zum Leben könnte auch in die Worte gefaßt werden: Vom Bildsinn zur Sinnlichkeit. Was unser inneres Auge im Traume schaut und was unsere Sinne an Freudigem oder Leidigem empfinden, das kann ein Steinchen im Mosaik unseres wahren Selbstbildes sein. In den sinnlichen Empfindungen kommen die Sinnbilder und der Sinn zum Schwingen und zum Klingen. Die Intuition bedarf der Empfindung zu ihrer Gestaltwerdung, wie diese wiederum mit Hilfe der Intuition den Sinn des Lebens ahnt.

Der Charakter von Katholiken und Protestanten

Ähnlich wie die Typologie das Leben und den Glauben mitbestimmt und die Persönlichkeitsstruktur (narzißtisch, depressiv, zwanghaft, hysterisch) den Menschen formt, so wird er in seinem Charakter auch durch seine Konfession geprägt. Unter dem Charakter werden hier die persönliche Wesensart und die Eigenart eines Menschen verstanden. Aus dem recht unterschiedlich verwendeten Begriff des Charakters und dessen Beschreibung hebe ich hier insbesondere die Kennzeichen hervor, die das Glaubensleben mitbestimmen. Die in Jahrhunderten ausgeprägten Glaubensunterschiede in der katholischen und in der evangelischen Kirche bestimmen auch das Verhalten und die innere Einstellung der Menschen, die sich zu der einen oder anderen Konfession bekennen. Durch den Umgang mit Menschen aus den verschiedenen Konfessionen in den letzten zwei Jahrzehnten konnte ich sowohl in der Seelsorge als auch in der Lebensberatung und Psychotherapie Erfahrungen sammeln über die Beziehungen zwischen Charakter und Konfession. So lernte ich Menschen kennen, die im Verlaufe ihres Lebens so charakterfest wurden, daß sie sich total abgrenzten gegen Andersgläubige und meinten, im eigenen Glauben recht stark zu sein. Wiederum andere blieben offen für andere Konfessionen und empfingen Anregungen zur Ergänzung des eigenen Glaubenslebens. Ich erlebte bei vielen Katholiken ein reges Interesse an protestantischer Theologie. Infolge des stark sakramental und rituell bestimmten katholischen Gottesdienstes suchte man in der protestantischen Verkündigung und Theologie eine geistige Durchdringung des Glaubens. Umgekehrt begegnete ich Protestanten, die im Symbolreichtum der katholischen Kirche Nahrung fanden für ihre Seele. Insbesondere evangelische Frauen, die sich in der feministischen Theologie engagieren, finden durch die katholische Marienverehrung einen neuen Zugang zur Weiblichkeit Gottes. Im letzten Jahr erfuhr ich von einem evangelischen Theologen, der angefangen hat, zu Maria zu beten. Als seine Mutter gestorben war, erlebte er eine nie zuvor gekannte Traurigkeit. In seiner Trauerarbeit suchte er wiederholt Zuflucht und Trost im Gebet. Als er in jenen Wochen zur Stille und zur Einkehr in eine katholische Kirche ging und vor einer Marienstatue verweilte, wurde er plötzlich von innen heraus motiviert, der Mutter Gottes sein Herzeleid anzuvertrauen. In Maria hatte er eine sichtbare Symbolgestalt gefunden, die es ihm ermöglichte, sich zu öffnen. Als dieser evangelische Pfarrer die Kirche verlassen hatte und in den folgenden Tagen mehr Abstand von diesem Erlebnis bekam, erschien es ihm irrational und merkwürdig. Betrachten wir diese Glaubenserfahrung tiefenpsychologisch, so erkennen wir bei diesem Protestanten ein tiefes seelisches Bedürfnis nach ganzheitlicher Religiosität. Durch die existentielle Betroffenheit wurde sein Charakter durchlässiger für Erfahrungen aus der Tiefe der Person.

Ich habe in manchen analytischen Gesprächen und in der tiefenpsychologischen Arbeit erfahren, daß es in der unbewußten Seelentiefe von Protestanten katholische Glaubensformen und religiöse Rituale gibt und umgekehrt bei Katholiken protestantische Tendenzen und Anschauungen wirksam sind. Tiefenpsychologisch betrachtet erscheint dies nicht verwunderlich, da die bewußte Einstellung durch eine gegenteilige unbewußte Tendenz kompensiert und ergänzt wird. Etwas vereinfacht und verallgemeinert könnte gesagt werden, daß jeder Katholik in seinem Unbewußten protestierende Impulse trägt und umgekehrt jeder Protestant in seiner Tiefe Wurzeln hat zu der einen allgemeinen katholischen Kirche. Von dieser Verstehensmöglichkeit her könnte die Abspaltung der protestantischen Kirche von der katholischen als eine seelische Spaltung im Mittelalter verstanden werden. Wie so häufig im Leben führt das, was wir verdrängen und in uns abspalten, auch in der Realität zu Spaltungen, zu Streit und sogar zu Krieg. Die Bewußtwerdung dieser Zusammenhänge und die Bearbeitung dieser Problematik kann in Träumen geschehen. Sie spiegeln sich in dem folgenden Traum eines protestantischen Theologen:

»Ich bin mit meinen beiden Buben (acht und neun Jahre alt) auf dem Petersplatz in Rom. Man erwartet den Papst zum Segnen der Volksmenge. Bisher sind nur kleine Gruppen von Leuten an den Rändern des Platzes versammelt. Da kommt ein junger Priester mit dem Fahrrad angefahren. Einige Leute und besonders Kinder gehen zu ihm, um sich segnen zu lassen. Als protestantischer Geistlicher zögere ich, mich von dem katholischen Priester segnen zu lassen. Ich beobachte in meiner Umgebung aufmerksam, wie vor allem die Kinder nach dem Empfang des Segens mit fröhlichen Gesichtern zurückkommen. Das bringt mich auf die Idee, auch meine beiden Buben zu dem Priester zu schicken. Als sie fröhlich und wohlgemut zurückkommen, überwinde ich mich und gehe auch zum Segnen. Der Priester gießt aus einem Gefäß etwas Öl in seine linke Hand, taucht den Zeigefinger der rechten Hand hinein und macht mir das Zeichen des Kreuzes auf die Stirn.«

Es handelt sich bei dem Träumer um einen fünfunddreißig-jährigen evangelischen Pfarrer, der infolge familiärer und beruflicher Schwierigkeiten gelernt hat, auf die Stimme seiner Träume und die Stimmungen seiner Seele zu hören. Sowohl in seinem beruflichen als auch in seinem persönlichen Leben hat die Religion eine wichtige Funktion. In der letzten Zeit hat er bei familiären Problemen in einigen »Mischehen« (wenn ein Partner evangelisch und der andere katholisch ist) seelsorgerliche Gespräche geführt und dabei erfahren, wie die Spaltung der Kirche sich fortsetzen kann in Zwiespalt und Zwistigkeiten in den Familien. Seine Anteilnahme an diesen Schwierigkeiten zeigte sich im vorliegenden Traum.

Zu dem Motiv des Salbens und Segnens fiel dem Träumer das Psalmwort ein: »Du salbst mein Haupt mit Öl und schenkst mir voll ein.« Durch diese vertrauten Gesten und Rituale werden seine Kinder im Traum fröhlich, und er selber spürt etwas von der erneuernden Kraft des Segnens. Wie der Träumer sich schließlich von dem Vertreter des Papstes segnen läßt und damit trotz der Kirchenspaltung den Dienst des Priesters akzeptiert, so ist es auch für unser Ich wichtig, die Wirkungen des Selbst zur Selbstverwirklichung anzunehmen. Die religiösen Symbole und Rituale sind dabei ein spezieller Ausdruck für das Selbst. Die Selbstverwirklichung geschieht in Etappen und mit Hilfe vieler Mosaiksteinchen, die unsere Ganzheit abrunden. Später habe ich von diesem Träumer erfahren, daß er sich besonders in der ökumenischen Zusammenarbeit von Katholiken und Protestanten engagiert. Der geschilderte Traum und andere hatten in ihm ein tiefes Verständnis für seelische und religiöse Zusammenhänge bewirkt. Durch die Arbeitsgemeinschaft Juden und Christen entdeckte er auch, wie tief sein Glaube im Judentum verwurzelt war.

Doch das Sich-Einlassen auf derartige Erfahrungen ist nicht jedermanns Sache. Ich habe auch recht charakterstarke Menschen kennengelernt, die durch ähnliche Träume oder die Beschäftigung mit diesen Fragen ängstlich reagierten. Ebenso wie viele Lebensimpulse aus unserer Tiefe durch Charakterstärke unterdrückt und niedergehalten werden können, so auch mit Hilfe der eigenen Konfession. Doch es ist sehr fragwürdig, daß die bewußte Konfession zum Abwehrkampf verwendet wird gegen das tief in uns verwurzelte Verlangen nach religiöser Ganzheitserfahrung.

Mancher Leser, der bisher mit Interesse gefolgt ist, könnte vielleicht auf den Gedanken kommen, daß die geschilderten Zusammenhänge von Charakter und Konfession in der unbewußten Tiefenperson nur wenigen Menschen zu schaffen macht und sie beschäftigt. Ferner sei es nicht jedermanns Sache, die Beweggründe des Glaubens in derartige Seelentiefen zu verfolgen. Andere werden es erhellend finden, über die Einstellung und den Glauben einer größeren Gruppe von Menschen mehr zu erfahren. Wer Einzelheiten über die Religiosität, das Wertsystem und die psychoneurotischen Schwierigkeiten von 148 Katholiken und 218 Protestanten kennenlernen möchte, möge die Tabellen 4 bis 6 im Anhang S. 270 betrachten. Die beiden Konfessionen sind jeweils untergliedert in eine Patientengruppe mit Menschen, die sich in psychotherapeutischer Behandlung oder Beratung befanden, und eine sogenannte Kontrollgruppe von Personen, die eine derartige Behandlung nicht aufsuchten. In der Spalte Signifikanz besagt die Anzahl der Sternchen, wie hoch der statistisch bedeutsame Unterschied zwischen den Gruppen jeweils ist. Auch ohne Vorkenntnisse in Statistik ist an den Antworten zu erkennen, daß drei Sternchen einen sehr bedeutsamen Unterschied anzeigen und weniger Sterne einen geringeren Unterschied erkennen lassen. Es ist mir besonders wichtig, noch einmal darauf hinzuweisen, daß hinter diesen »nackten« Zahlen in den Tabellen Einstellungen von Menschen stehen und das Eingeständnis von persönlichen Schwierigkeiten seinen Niederschlag gefunden hat.

Persönlichkeitsstruktur und Glaubensleben

Nach der Beschreibung und Vorstellung des typologischen Modells wenden wir uns jetzt den psychischen Strukturen zu. In Anlehnung an das Wort, daß wir den Schatz des Evangeliums nur in irdenen Gefäßen haben, möchte ich sagen, daß das Glaubensleben in der jeweiligen Persönlichkeitsstruktur gelebt wird. Die vorherrschende Struktur (narzißtisch-schizoid, depressiv, zwanghaft oder hysterisch) kann die Frömmigkeit positiv gestalten helfen oder beeinträchtigen. Letzteres zu erkennen und Wege zur Abhilfe aufzuzeigen ist das Anliegen der folgenden Kapitel. Jeder Leser kann mit Hilfe des Buches von Fritz Riemann »Grundformen der Angst« seine Struktur zu erkennen versuchen. Riemann beschreibt aus seiner psychoanalytischen Erfahrung heraus die vier charakterologischen Strukturtypen derart anschaulich, daß wohl jeder sich einordnen kann. Bei dem Versuch einer Zuordnung zu der einen oder anderen Struktur wird vermutlich jeder merken, daß er Anteile von mehreren Strukturen bei sich entdeckt. Diese Erfahrung und Erkenntnis ist wichtig, denn sie zeigt, daß wir niemals in ein eindeutiges Schema zu pressen sind. Letztlich kann jeder Mensch von jeder Struktur Anteile bei sich entdecken. Die Frage ist dabei nur, in welcher Gewichtung und in welchem (störenden) Ausmaß.

Nach Riemann ist bei der schizoiden Persönlichkeitsstruktur die Angst vor der Selbsthingabe besonders stark und wird durch die Selbstbewahrung überspielt. Derartige Ängste können auch als Ich-Verlust oder als Abhängigkeit erlebt werden. Bei der depressiven Struktur sind die Ängste vor allem mit der Selbstwerdung verbunden. Sie gehen mit dem Gefühl der Ungeborgenheit und der Isolation von den Mitmenschen einher. Dies führt auch häufig zu Störungen in der Glaubensbeziehung des Menschen zu Gott. Die Hysterischen haben Angst vor endgültigen Festlegungen und eindeutigen Entscheidungen. Die Zwanghaften schließlich entwickeln besondere Ängste vor der Wandlung, weil sie als Verunsicherung erlebt und als Vergänglichkeit mißverstanden wird.

Die zwanghafte Persönlichkeitsstruktur

Zwanghaftigkeit versus Gelassenheit

Ein zwanghaft strukturierter Mensch und insbesondere ein Zwangsneurotiker kann nicht gelassen sein. Während ein »normaler« Mensch in der Regel dazu fähig ist, das eine zu tun und das andere nicht zu lassen, ist dies einem Zwanghaften nicht möglich. Diesen Unterschied mögen einige Beispiele verdeutlichen. Jeder wird schon einmal erlebt haben, daß er von einer bestimmten Melodie nur schwer loskommen kann. Wie durch einen geheimnisvollen Zwang genötigt, summt oder denkt man immer wieder diese eine bestimmte Melodie. Ähnlich geht es vielen Menschen mit bestimmten Wortfolgen oder Redensarten. Zu den weitverbreiteten Zählzwängen gehört, daß die Treppenstufen oder Glockenschläge gezählt werden müssen. Zwanghaft strukturierte Menschen neigen ferner dazu, die Tapetenmuster mit den Augen so mechanisch wie ein Suchscheinwerfer abzutasten, der programmiert ist, die Dinge in einer bestimmten Abfolge zu beleuchten.

Es könnten ferner die verschiedensten Kontrollzwänge geschildert werden (ob die Haustür tatsächlich abgeschlossen ist oder der Gashahn zugedreht wurde), bestimmte Zwangsvorstellungen und Gewohnheiten, die man zwanghaft verrichten muß. Im normalpsychologischen Bereich können solche eingeschliffenen Zwänge durch Ablenkung und äußere Einflüsse unterbrochen werden. Mit Hilfe des Willens und der Entschlußkraft kann man den Zwang abstellen oder unterbinden. Bei dem pathologischen Zwang in der Zwangsneurose jedoch gelingt dies nicht. In gewisser Weise ist der Zwangsneurotiker zu vergleichen mit einem Bauernwagen, der auf einem Feldweg aus einer tief ausgefahrenen Spur nicht wieder herauskommt. Die Zwanghaftigkeit bekommt einen seelischen Krankheitswert, wenn man das Leben nicht mehr gelassen hinnehmen kann. Statt sich seinen Gefühlen, Empfindungen und Phantasien zu überlassen, muß der Zwanghafte andauernd sein Leben in den Griff kriegen. Die Ergriffenheit von Stimmungen und Gefühlen kann vom Zwangsneurotiker nicht zugelassen werden. Immer wenn Berührungen oder das Ergriffenwerden nahen, muß er sich dagegen durch seine Zwangsrituale absichern. Während sich die normalen Menschen dem Leben überlassen und gelassen annehmen, was auf sie zukommt, muß der zwanghaft Strukturierte seine Sicherheitsvorkehrungen treffen. Was bei oberflächlicher Betrachtung als »blödsinnig« erscheint, hat in tiefenpsychologischer Sicht einen verborgenen Sinn.

Ängstlichkeit versus Urvertrauen

Die Angst ist die verborgene Triebfeder der Zwänge. Wie bei kaum einer anderen Neuroseform spielen die Ängste bei der Zwangsneurose eine große Rolle. Wie ein mittelalterlicher Mensch mit seinen religiösen Ritualen die Dämonen oder den Teufel zu bannen versuchte, so versucht der Zwanghafte seine Ängste mit Hilfe seiner Zwangshandlungen zu bändigen. Es ist zwischen einer normalen und allgemein menschlichen Angst und einer krankmachenden Ängstlichkeit zu unterscheiden. Der Zwanghafte fühlt sich von den Ängsten überfallen und hat keine Möglichkeit, mit ihnen anders fertig zu werden als mit Hilfe seiner Zwangsrituale. Weil ihm das sogenannte Urvertrauen (Erikson) fehlt, kann er sich dem Leben nicht vertrauensvoll überlassen.

Der Zwanghafte ist in gewisser Weise ein »Angsthase«, der meint, seinen Ängsten und seinen Gefühlen davonlaufen zu können. Doch wie in der Geschichte von dem Wettlauf zwischen dem Hasen und dem Igel erfährt der Zwanghafte, daß sich vor ihm immer neue Abgründe der Angst auftun. Wo der normale Menschenverstand eine beängstigende Vorstellung durchschaut, sieht der Zwangsneurotiker eine angstmachende Fratze. Alle gefühlvollen Erfahrungen und Erlebnisse werden mit Ängsten besetzt. So sieht er in seinem Leben schließlich keine grüne Wiese oder ein freies Feld, sondern nur einen »Kriegsschauplatz«, auf dem alle Positionen durch einen feindlichen Gegner besetzt sind. Ein Fallbeispiel mag diese Schwierigkeit veranschaulichen:

»Ein sechsundzwanzigjähriger Ingenieur, der symptomatisch an ›panischer Angst‹, Pollakisurie und Durchfällen leidet, bietet als Charakterstruktur ausgesprochen zwanghafte Elemente. Seine Absicherung vor emotionaler Zuwendung zu anderen beschreibt er so: ›Wenn jemand mir Zuneigung entgegenbringt, dann sehe ich sofort eine Absicht dahinter und bin auf der Hut.‹ Die Leistungen, die er erbringt, dienen nicht seiner Zufriedenheit. Er sagt: ›Ich fühle mich dauernd gezwungen, Leistungen zu erbringen.‹ Noch deutlicher: ›Ich stehe unter einem Muß-Zwang.‹ – Dieser ›Muß-Zwang‹ läßt einen schon von der Wortwahl her an das infantile ›ich muß mal‹ denken. ›Ich muß mal‹ sagt ja schon deutlich, daß diese Art von Leistung nicht freiwillig, sondern unter Druck von innen (Triebdruck) oder von außen (Erziehung) erfolgt. Dieser Patient hatte die organische Komponente noch voll erhalten: Wenn er sich ›unter Druck‹ fühlte, etwas zu leisten, zu schaffen, dann ging es ihm besser, wenn er urinierte. Er beschreibt den Vorgang: ›Das ist mein Ventil. Wenn ich das Ventil vorne zumache, dann geht der Durchfall los. Ich darf nie beide Ventile zumachen.‹ – Der gleiche Patient demonstrierte auch eindrucksvoll die Vermeidung autonomer Entscheidungen. Er war von Beruf Statiker. Statik war für ihn *die* Wissenschaft, denn: ›1. brauche ich *nie Entscheidungen* zu treffen, sondern führe Berechnungen durch, 2. erfolgen alle Berechnungen nach festen, *vorgegebenen Regeln*. Da gibt es keine Abweichungen. Und 3. sind die Sicherheitsspielräume auch sehr groß, so daß jedes *Risiko entfällt.*‹ Das ist die Basis der Zufriedenheit für den zwanghaften Menschen oder der Grund seiner Unzufriedenheit.«[1]

Das Beispiel zeigt besonders eindrucksvoll, wie dieser Patient mit »Leib und Seele« (in Form seiner psychosomatischen Reaktionen und in Gestalt seiner seelischen Schwierigkeiten) in seine Zwänge verstrickt ist. Ein anderer Abwehrmechanismus den Gefühlen gegenüber sind die Denkzwänge.

---

[1] S. O. Hoffmann und G. Hochapfel, Einführung in die Neurosenlehre und Psychosomatische Medizin, Stuttgart 1979, S. 103

Denkzwänge versus Emotionalität

Die Zwanghaften versuchen mit Hilfe ihres Denkens, ihre Gefühle zu bezwingen. Doch es ist kein normales, sondern ein zwangsneurotisches Denken. Die Denkstörungen werden vor allem durch die verdrängten Gefühle verursacht. Etwas vereinfacht und allgemeinverständlich läßt sich diese Schwierigkeit wie folgt beschreiben: Während ein normaler Mensch mit klarem Kopf denken kann und seine Gefühle im seelischen Bereich Raum haben, steigen dem Zwanghaften die Emotionen in den Kopf und verursachen Störungen im Denken. Ein besonderer Ausdruck dieser Denkstörung ist das sogenannte magische Denken: Für die Zwanghaften haben die Dinge und Objekte nicht die reale Bedeutung, die ihnen eigen ist, sondern durch das gestörte Denken erhalten sie eine magische Bedeutung. Wie einst in der Zeit des Kinderglaubens vieles an der Welt als rätselhaft und geheimnisvoll erschien, so betrachtet der zwanghaft Strukturierte die Welt argwöhnisch und abergläubisch. Wie im »Erlkönig« von Goethe dem fiebernden Knaben die Bäume gespenstisch erscheinen, so sieht der Zwangsneurotiker viele Schreckgespenster.

Nach v. Gebsattel hat die Welt des Zwangskranken folgenden Grundcharakter: »Sie ist die Verwandlung von allem in Bedrohung, Schrecken, Gestaltlosigkeit, Unreinheit, Verwesung und Tod. Sie ist dieses aber nur durch einen magischen Sinn, der der negativ werdende Gehalt des Zwangsphänomens als solchem ist: eine bezwingende, wenn auch als absurd begriffene Magie.«[1]

Eine andere Form des zwanghaften Denkens ist das sogenannte abstrakte Denken. Alle Dinge werden in ein konstruiertes System gepreßt. Auf diese Weise vermeint man, sich von der Begegnung mit dem Leben und der Welt distanzieren und isolieren zu können. In dem abstrakten Denken des Zwanghaften geschieht ein Rückzug vom Fühlen. Oft dreht sich bei dem Zwanghaften das Denken im Kreise. Es sind immer wieder dieselben Gedanken, die gedacht werden müssen. Insbesondere sind es abstrakte Vorstellungen, wie zum Beispiel die Idee

[1] zitiert bei S. O. Hoffmann, Charakter und Neurose, S. 799

der Gerechtigkeit. Mit Zunahme der neurotischen Erkrankung werden derartige Denkprozesse autonomer und laufen schließlich wie ein Computerprogramm ab. Während ein normaler Mensch seine Denkabläufe steuern und beenden kann, kann der Zwanghafte einfach nicht abschalten. Sein Denken wird zu einem »Teufelskreis«. Die Denkstörung äußert sich schließlich in einem tiefen Zweifel, denn der Zwanghafte muß sogleich bezweifeln, was er soeben gedacht hat. Er erlebt keine Befriedigung im Gedachten.

Zwiespältigkeit versus Ganzheit

Der zwanghaft Strukturierte ist ein zutiefst zwiespältiger Mensch. Er reibt sich und seine seelischen Kräfte auf durch seine Zweifel und Ambivalenzkonflikte. Das bedeutet, daß er bei seinen Entscheidungen ständig hin- und hergerissen wird. Demzufolge ist das ganzheitliche Erleben, Denken und Glauben der Zwanghaften gestört. So wie ein Zwanghafter an sich zweifelt, zweifelt er auch an seinem Gott. Er ist nicht vertrauensfähig und kann daher selbst Gott nicht vertrauen. Es fehlt die Basis für das Vertrauen, es mangelt an Selbstwertgefühl.

Die Störung des ganzheitlichen Lebens zeigt sich besonders im Gefühlbereich und in der Sexualität. Statt einer weiteren Beschreibung mag dies durch ein Fallbeispiel von F. Riemann verdeutlicht werden: »Ein junges Mädchen verlobte sich auf das Drängen ihres Freundes nach langem Zögern widerstrebend mit ihm. Nach der Verlobung, die auf ihren Wunsch noch geheim gehalten werden sollte – auch den Ring wollte sie noch nicht öffentlich tragen – schrieb sie ihm, zuhaus angekommen, einen Brief, in welchem sie die Verlobung wieder zurücknahm – einen Brief, den sie schon entworfen hatte, bevor sie zu ihm ging. Dies zweifelnde Zögern und Hin und Her wird um etwas verständlicher, wenn man weiß, daß für den zwanghaften Menschen einmal gefaßte Entschlüsse etwas Endgültiges und Unwiderrufliches haben. Dadurch werden für ihn auch relativ belanglose Entscheidungen schon zu einem schweren Problem – er muß ja die richtige Lösung finden, die absolut richtige.«[1]

[1] Riemann, Grundformen der Angst, S. 84

Schließlich soll noch das zwiespältige Verhältnis des Zwanghaften zur Zeit erwähnt werden. Die Zukunft erscheint ihm verschlossen. Er kann nicht auf die Zukunft hoffen. Nur was in der Vergangenheit Schutz bot, erscheint gesichert. Und Sicherheit sowie alle möglichen Absicherungen sind diesen Menschen wichtig. Doch damit werden zugleich bruchsichere Glasscheiben errichtet, die jede lebendige Beziehung unterbrechen. Bei den Zwanghaften ist der Fluß des Lebens und Erlebens ins Stocken geraten und der Strom zwischen den Zeiten erstarrt oder zugefroren.

Rechthaberei versus Gerechtigkeit

Viele zwanghaft Strukturierte sind besonders rechthaberisch. Sie zwingen anderen ihren Willen und ihre Meinung auf. Es soll nach ihrem Kopf gehen. Dickköpfig und unnachgiebig setzen sie sich und ihre oft widersinnigen Ideen durch. Es läßt sich leicht vorstellen, wie ein zwanghafter Ehepartner den anderen zu beherrschen oder gar zu drangsalieren trachtet. Für ein gegenseitiges Geben und Nehmen bleibt da wenig Raum. Die neurotische Rechthaberei dient der Selbstsicherung und der Selbstbewahrung. Die meisten Zwanghaften sind seelische Selbstversorger. Sie brauchen angeblich niemand. In unserer Patienten-Gruppe glaubten am meisten diejenigen mit einer zwanghaften Struktur (44,8 Prozent), daß sie am besten mit sich selber klarkommen. Der Wunsch nach Zärtlichkeit und Nähe wird stark verdrängt. Das Bedürfnis nach Beziehungen wird ins Gegenteil verkehrt, so daß sie nach dem Glauben leben, niemanden zu brauchen und mit sich selber am besten zurechtzukommen. Eine motivierende Kraft dafür ist oft verkappte Selbstgerechtigkeit und Eigensinnigkeit.

Eigensinn, Ordentlichkeit und Sparsamkeit (Freud nennt sie Geiz, Pedanterie und Eigensinn) sind die drei Charaktereigenschaften, die bei den Zwanghaften zu einem Frongesetz werden. Weil Zwangsneurotiker nicht »sinnlich« und gefühlvoll sein können, werden sie eigensinnig. Weil sie von sich weder etwas hergeben können noch wollen, sind sie übertrieben sparsam. Und das beängstigende Chaos ihrer Seele bezwingen sie mit Hilfe der zwanghaften Ordnungen.

Die Eigensinnigkeit und die Rechthaberei stören die Balance von Geben und Nehmen, von Hingabe und Empfangen (und manchmal sogar die »Empfängnis«). Doch nicht nur die Balance in den mitmenschlichen Beziehungen wird gestört, sondern vor allem auch die Beziehung zu sich selbst. Es wurde schon gesagt, daß bei den Zwanghaften vor allem die Balance zwischen dem Denken und dem Fühlen, zwischen dem Empfinden und der Imagination (als kreative Phantasietätigkeit) gestört ist. Sie denken nur, wo sie etwas fühlen sollten, und sie phantasieren, ohne etwas zu empfinden. So schwierig das Ungleichgewicht in diesen Bereichen bereits sein mag, im Glaubensleben und in der Frömmigkeit wird es durch den Gegensatz von Gesetz und Evangelium noch schwieriger.

Gesetzlichkeit versus Evangelium

Die seelischen Frongesetze der Zwangsneurose erhalten nicht selten durch die Frömmigkeit und den Glauben eine Verstärkung. Während das Evangelium durch die Liebe Gottes dem Menschen Befreiung bringt, wird es in der Hand des Zwanghaften zu einer »Gesetzesreligion«. Da die Beziehung von Gesetz und Evangelium sowie deren Dialektik in der christlichen Glaubenslehre eine wichtige Bedeutung hat, soll darauf kurz eingegangen werden. Dies kann hier nicht derart differenziert und ausführlich wie in einem theologischen Fachbuch geschehen. Mit Gesetz und Evangelium wird in der christlichen Dogmatik die Glaubensbeziehung zwischen Mensch und Gott gekennzeichnet. Gesetz ist alles, was Gott fordert, und Evangelium alles, was er schenkt. Wenn Menschen glauben, aus eigener Kraft die Gebote Gottes halten zu können, ohne das Vertrauen auf Gottes Gnade, kann aus dem Evangelium eine Gesetzesreligion werden. Während das Evangelium zum freien Glaubensleben führt, treibt das Gesetz mit seinem: Du mußt! oder: Du sollst! in die Unfreiheit.

Das Leben aus der geschenkten Freiheit des Evangeliums oder eine zwanghafte Gesetzesreligion bestimmt bei religiös orientierten Menschen häufig auch deren Lebensmuster. So können manche Patienten nicht glauben, daß sie von anderen wirklich so akzeptiert werden, wie sie sind. Viele meinen, sich

Liebe und Zuneigung durch Leistungen verdienen zu müssen. Trotz Anstrengung und Bemühung gelangt man aber nicht zu dem Gefühl, genug getan zu haben. Man steigert sich immer weiter in die selbst festgesetzten Forderungen hinein und kann sie schließlich nicht mehr erfüllen. Diese Einstellung kann auch auf das Glaubensleben und das Gottesbild übertragen werden. Gott sitzt den Menschen mit einer zwanghaften Gesetzesreligion wie ein imaginärer Aufpasser im Nacken und kontrolliert alles.

Derart neurotisierte Gottesbilder hat Jolande Jacobi anhand der Malereien von seelisch Leidenden aufgezeigt. Zwanghafte stellen häufig die Gestalt eines pedantischen Buchhalter-Gottes oder einen starren Gesetzesgott dar. Die Autorin beschreibt das gemalte Gottesbild eines Zwangsneurotikers wie folgt: »Auf dem Bild eines vierunddreißigjährigen Studenten aus England hält ein solches ›Gottesbild‹ einen Rechnungsausweis in der Hand, dessen Einzelposten auf eine rötlich-violette Papierrolle notiert sind. Sein totenblasser, kahler Kopf verrät, daß sein Pochen auf das Schuldkonto todbringend ist. Sein zwergartiger, buckliger Körperbau, der Gott als Krüppel veranschaulicht, und das Dunkelblau seiner Kleidung, die Farbe der Unterwelt, heben ebenfalls den lebensfeindlichen Aspekt dieser Gottesfigur hervor. Der lange, gleichfarbige Stab in seiner linken Hand, die allgemein als die sinistre angesehen wird, weist auf eine anscheinend besonders zu beachtende Zeile hin. Überall fliegen blaue Fetzen herum, als ob unbezahlte Rechnungen alles bedecken wollten. Wer in seinem Innern von Gott ein solches Bild beherbergt, dessen Leben wird von einer bleiernen Last bedrückt, der wird in einem Gewirr von Verboten und Geboten zum Fronknecht, aber niemals frei, um unbeschwert seine täglichen Pflichten erfüllen zu können.«[1]

Zahlreiche weitere Zeichnungen von zwanghaften Patienten zeigen erschreckend neurotisierte Gottesbider. So malt zum Beispiel eine achtunddreißigjährige belgische Klosterfrau eine Art Buchstaben- und Rachegott mit dämonischen Fratzen. Eine andere Frau stellt ihre sexuellen Probleme in Gestalt eines großen roten Kreuzes dar, das ihr Leben zu erdrücken droht.

---

[1] J. Jacobi, Das Religiöse in den Malereien von seelisch Leidenden

Im folgenden werden einige Schwierigkeiten von Patienten aus meiner Praxis genannt.

Untersuchungsergebnisse über Zwanghafte

Aus den Tabellen S. 280 ff. zur psychischen Struktur ist zu ersehen, daß die Zwanghaften von allen Patienten am stärksten religiös erzogen worden sind und bekunden, wiederum auch ihre Kinder religiös erziehen zu wollen. Während von den anderen Patienten etwa zwei Drittel sagen, daß ihre Eltern sie religiös erzogen hätten, bekunden dies 75,9 Prozent der zwanghaft Strukturierten. Trotz der Zwänge, die mit der religiösen Erziehung verbunden waren, bedeutet den Zwanghaften die Religiosität ganz offensichtlich eine große Hilfe für das Leben. Im Unterschied zu den anderen Patienten, die zu etwa zwei Drittel sagen, daß sie sich als Kinder benachteiligt gefühlt hätten, wird dies nur von 37,9 Prozent der zwanghaften Patienten angegeben. Vermutlich nehmen die Zwanghaften am wenigsten wahr, was ihnen in der Vergangenheit am Leben gefehlt hat und was ihnen gegenwärtig fehlt. Sie sind offensichtlich am ehesten damit zufrieden, so wie es ist. Die Zwanghaften haben ferner die wenigsten Schuldgefühle. Während die anderen Patienten wesentlich höhere Prozentzahlen bei den Schuldgefühlen zu verzeichnen haben, geben nur 44,8 Prozent der Zwanghaften an, häufig Schuldgefühle zu haben. Dieser Tatbestand hängt sicher damit zusammen, daß die Zwanghaften besonders stark dazu neigen, ihre Gefühle zu verdrängen, und folglich auch ihre Schuldgefühle weniger zuzulassen.

Die Zwanghaften vertreten von allen Patienten am stärksten die Meinung (79,3 Prozent), man solle möglichst bescheiden und friedfertig sein. Doch diese fragwürdige Friedfertigkeit wird erkauft durch die Verdrängung der Aggressionen und die Unterdrückung von anderen Lebensimpulsen. Bei der hohen Wertschätzung des ethisch-moralischen Verhaltens bleibt es dennoch fragwürdig, ob diese Tugenden nicht das ganzheitliche Erleben wesentlich beeinträchtigen. Die zwanghaft Strukturierten sind am ehesten emotionale Selbstversorger. Sie glauben zu 44,8 Prozent, daß sie mit sich selber am besten klarkommen. Obwohl ihnen damit einerseits viele Beziehungsschwierigkeiten mit anderen Menschen erspart bleiben, fühlen sie sich andererseits häufig isoliert und kapseln sich von den anderen Menschen ab. In diesen Zusammenhang gehört auch, daß die Zwanghaften sich am schlechtesten an ihre Träume erinnern können. Ähnlich wie die hysterisch Strukturierten leben auch die Zwanghaften wesentlich weniger in Tagträumen als die anderen Patienten. Diese wenigen Befunde können bereits zeigen, daß sich die Zwanghaften nicht nur von den Emotionen distanzieren, sondern sich auch weitgehend von ihren Phantasien und von der Bilderwelt abschirmen.

Nach dem bisher Gesagten ist es sicher nicht mehr verwunderlich, daß die Zwanghaften von allen Patienten die stärksten Ritualisten sind. Dies zeigt sich darin, daß sie zu 86,2 Prozent sagen, man solle sich kirchlich trauen lassen, und daß sie am allerwenigsten auf Weihnachten verzichten können. Das rituelle Verhalten ist ähnlich wie die Zwangsrituale eine wichtige Hilfe, die andrängenden Emotionen, Triebe und Phantasien zu strukturieren und damit die innere Welt zu ordnen. Dazu dient manchen Zwanghaften auch die religiöse Orientierung.

Seelsorge und Psychotherapie bei Zwanghaften

Aufgrund der häufig recht starken religiösen Orientierung wenden sich zwanghaft Strukturierte nicht selten an ihre Seelsorger. Der Anlaß können Glaubenszweifel, Versündigungsideen oder andere Glaubensnöte sein. In der Beichtpraxis werden insbesondere katholische Seelsorger nicht selten mit Beichtzwängen konfrontiert. Von Beichte zu Beichte werden dieselben Sünden gebeichtet, ohne daß es durch den Zuspruch der Vergebung zur Lösung und Befreiung käme. Diese Tragik liegt in der Zwangsstruktur begründet. Sie verhindert wie ein Schutzpanzer das Eindringen des lösenden Wortes.

Ähnlich wie bei den Beichtzwängen verhält es sich im Gebetsleben der Zwanghaften. Aufgrund der emotionalen Blockade können diese Menschen nicht von Herzen beten, sondern verrichten zwanghaft bestimmte Gebetsrituale. Da alles Formelhafte den zwanghaft Strukturierten sehr entgegenkommt, werden diese Menschen durch vorgegebene kirchliche Gebetsformeln nahezu zum zwanghaften Beten »verführt«. Seelsorgern, denen nicht nur das Heil der Gläubigen, sondern auch ihr Wohl am Herzen liegt, sollten die Beicht- und Betzwänge nicht noch durch weitere Auflagen verstärken. Solche religiösen Zwangsrituale sind geradezu »Gift« für das Seelenleben. Seelsorger, die mit zwanghaften Menschen oder gar mit Zwangsneurotikern zu tun bekommen, sollten diese zum Psychotherapeuten schicken.

Die Psychotherapie bei Zwängen ist eine langwierige und schwierige Behandlung. Die Auflockerung der zwanghaften Persönlichkeit und deren »Umstrukturierung« läßt sich nur langsam und behutsam durchführen. Die Hemmungen und das Sicherungsbedürfnis des Zwanghaften erschweren das Zulassen von Gefühlen. Weil die Zwanghaftigkeit die Gelassenheit verhindert, können sich diese Menschen nur schwer auf die Erprobung von neuen Lebenserfahrungen einlassen. Die tiefliegenden Verlustängste, die mit Hilfe des zwanghaften Schutzpanzers unterdrückt werden müssen, können nur langsam durch die Stiftung von Vertrauen und Liebe abgebaut werden.

Der erfahrene Psychoanalytiker O. Fenichel gibt folgende Behandlungsempfehlung, an die sich auch Seelsorger in ihren Gesprächen mit zwanghaft Strukturierten halten sollten: »Die Einsicht in die Natur des zwanghaften Brütens und Zweifelns liefert eine einfache technische Regel. Man darf mit Zwangsneurotikern niemals ihre Zwangsprobleme erörtern. Tut der Analytiker es, so bestätigt er nur den Mechanismus der Isolierung beim Patienten. Solange nämlich dessen Gedanken von seinen Gefühlen isoliert sind, darf nur die Isolierung selbst und nicht ihr Inhalt zum Gegenstand der Analyse gemacht werden.«[1]

Die narzißtisch-schizoide Persönlichkeitsstruktur

Bei dieser Struktur handelt es sich um eine Grundstörung in der Person. Eine tiefe Kontaktstörung zu sich selbst, zur Welt und zu den Mitmenschen bestimmt die schizoid Strukturierten. Ihre Beziehungen sind vage und zum Teil diffus. Aus Angst vor emotionaler Nähe bleiben ihre Kontakte meist unverbindlich und zwiespältig. Die Grenze zwischen Innenwelt und Außenwelt ist für sie meist unklar und fließend. Menschen mit dieser Struktur wissen nie genau, ob das, was sie sehen und denken, reine Innenwelterlebnisse sind oder Spiegelungen der Realität. Schultz-Hencke verdeutlicht die Innensituation dieser Menschen mit folgendem Bild, das wir alle aus dem Alltagsleben kennen: Man sitzt auf dem Bahnhof im Zug, auf dem Nachbargleis steht ebenfalls ein Zug. Plötzlich bemerkt man, daß einer der beiden Züge fährt. Da die Züge heute sehr sanft und fast unmerklich anfahren, hat man keine Erschütterung, keinen Ruck verspürt, so daß nur der optische Eindruck der Bewegung festgestellt wird. Man vermag sich nun nicht gleich zu orientieren, welcher der beiden Züge wirklich fährt, bis man an einem anderen optischen Punkt realisieren kann, ob der eigene Zug noch steht und der Nachbarzug sich in Bewegung

---

[1] Fenichel, Psychoanalytische Neurosenlehre Bd. 2, S. 150

gesetzt hat oder umgekehrt. Da die Spiegelungen der Realität von Schizoiden besonders stark wahrgenommen werden, führt dies zu einer Belebung der Phantasietätigkeit. Dies wiederum belebt die Projektionen aus den eigenen Innenerlebnissen. Infolge der brüchigen Kontakte zur Außenwelt erleben viele Schizoide sich in einem beständigen Zwiespalt zwischen innen und außen. Der aus der altgriechischen Sprache stammende Begriff »schizoid« beschreibt diesen Zwiespalt zwischen innen und außen, zwischen Ich und Selbst.

Die Kontaktstörung führt dazu, daß narzißtisch-schizoid strukturierte Menschen sich schließlich sehr stark aus der Realität zurückziehen und in einer starken Selbstbezogenheit leben. In bezug auf sich selber fühlen sie sich relativ sicher. Doch diese Selbstbewahrung verstärkt wiederum die Kontaktschwierigkeiten mit anderen. Schizoide neigen dazu, sich in ihre eigene Phantasiewelt einzuspinnen. Die starke Selbstbezogenheit wird allzuleicht als Streben nach Selbstverwirklichung mißverstanden.

Aus der Tabelle 13 Seite 283 zur psychischen Struktur ist zu ersehen, daß 88,2 Prozent der Schizoiden nach Selbstverwirklichung streben und damit im Vergleich zu den anderen Strukturen die absolut höchste Prozentzahl zu verzeichnen haben. Mit der Eigenaktivität und dem Selbstwertgefühl dagegen haben sie größte Schwierigkeiten. Nur 38,2 Prozent unserer schizoiden Patienten leben nach dem Grundsatz: Hilf dir selbst, dann hilft dir Gott. Obgleich es die Depressiven und die Zwanghaften mit sich selber ebenfalls recht schwer haben, leben sie mehr nach diesem Grundsatz. 58,8 Prozent unserer schizoiden Patienten gaben an, daß sie häufig in Tagträumen leben. Im Vergleich zu der zwanghaften und hysterischen Struktur ist dieser Befund sehr signifikant. 94,1 Prozent geben an, daß sie bestimmte Ideale hätten. Von unserer gesamten Patientengruppe können sich die Schizoiden mit 44,1 Prozent am meisten an einen Traum mit religiösem Inhalt erinnern. Diese wenigen Fakten und Befunde zeigen an, wie stark Menschen mit dieser Persönlichkeitsstruktur den vielschichtigen positiven und negativen Erfahrungen der inneren Welt ausgeliefert sind.

Am Schicksal des Malers Vincent van Gogh (1853–1890) möchte ich die Tragik und die Kreativität der schizoiden Struktur verdeutlichen. Bei Schizoiden liegen Genie und Wahnsinn besonders nahe beieinander oder bilden einen fließenden Übergang. Van Gogh stammte aus einer holländischen Pastorenfamilie, der es zunehmend schwerer wurde, die Mißerfolge des immer wieder im Leben und im Beruf scheiternden Sohnes zu verstehen und zu akzeptieren. Einzig der um einige Jahre jüngere Bruder Theo blieb Vincent van Gogh herzlich verbunden und hat ihn zeit seines Lebens, vor allem auch finanziell, unterstützt. Über die Entfremdung vom Elternhaus schreibt Vincent am 12. April 1882: »Es ist mir seit dem Sommer recht deutlich, daß die Disharmonie zwischen Vater und Mutter und mir ein Leiden von chronischer Art geworden ist, und zwar deshalb, weil viel zu lange tiefes Mißverständnis und Entfremdung zwischen uns herrschten, so daß wir, da es nun einmal soweit ist, auf beiden Seiten darunter leiden müssen.«[1] Einige Jahre später schreibt Vincent an seinen Bruder aus Arles, daß seine Neurose ein Familienerbe sei: »... unsere Neurose rührt wohl auch von unserer etwas zu künstlerischen Lebensweise her, sie ist aber auch ein unseliges Erbstück ... wir gehören zur Unzahl derer, die unter einer Neurose leiden, die schon von weit her datiert.«[2] Das Künstlertum und sein Familienerbe macht Vincent verantwortlich für seine psychoneurotischen Schwierigkeiten. Als van Gogh später infolge seiner psychotischen Anfälle im Irrenhaus in San Remy untergebracht werden mußte, nennt er als weitere Ursache für seine seelische Spaltung die sengende Sonne des Südens und gewisse religiöse Wahnvorstellungen, die für ihn durch die Nonnen in der Irrenanstalt verstärkt wurden. Infolge seiner Psychose fühlte sich Vincent von religiösen Wahnideen bedroht, die durch das Glaubensleben der Nonnen für ihn in krankmachender Weise gegenwärtig wurden. Er schreibt dazu, daß er sich keinesfalls in die Lebensführung der Nonnen einmischen oder ihr Glaubensleben kritisieren wolle, »aber wenn ich noch einmal einen Anfall religiöser Schwärmerei haben werde, dann gibt's kein Erbarmen, dann möchte ich, ohne einen Grund anzugeben, sofort abreisen«[3].

In der Psychiatrie und in der Praxis der Psychotherapie ist nicht selten zu beobachten, daß sich die entfesselten seelischen Leidenschaften in religiösen Wahnbildungen äußern. In Vin-

---

[1] Von Feuer zu Feuer, S. 34
[2] Louis Piérard, Das tragische Schicksal des Vincent van Gogh, 1948, S. 7
[3] zitiert in: A. Kuhn-Foelix, Vincent van Gogh, Eine Psychotherapie, 1958, S. 174

cent van Gogh war bereits in seinen besseren Lebensjahren eine tiefe religiöse Leidenschaft aufgebrochen. Nach dem mehrfachen Scheitern im Berufsleben als Kunsthändler, nach mehreren Enttäuschungen in der Liebe fühlte er sich zutiefst verunsichert und auf sich selbst zurückgeworfen. Als Dreiundzwanzigjähriger versuchte Vincent erneut sein Glück als Hauslehrer in England. In dieser Zeit besuchte er viele Gottesdienste, vertiefte sich in das Bibelstudium und schrieb seine ersten Predigten nieder. Schließlich bekam er eine Art von Prädikantentätigkeit bei dem Methodistenpfarrer Jones. Unter den Arbeitern in den Londoner Vororten betätigt Vincent sich als Missionar. Er opfert sich ganz in diesem Dienst des Evangeliums auf bis zur totalen Erschöpfung und alsbaldigen Erkrankung. Aus der methodistischen Frömmigkeit hebt er für sich insbesondere die düsteren und negativen Seiten des Evangeliums hervor, indem er in jener Zeit etwa schreibt: »Kummer ist besser denn Freude!« In dieser Zeit verfaßt er auch eine Lobrede auf die Krankheit, indem er schreibt: »Kranksein, von Gottes Arm gestützt, während der Tage der Krankheit andere Gedanken empfangen, andere Wünsche haben als wir im normalen Zustand zu fassen vermögen, und in diesen Tagen im Glauben bestärkt und in der Zuversicht gefestigt zu werden, das ist nicht schlecht.« Und fügt dann hinzu: »Kummer ist besser denn Lachen!«[1] In dieser Zeit wird die Grundlage gelegt für die spätere freiwillige Predigertätigkeit im Bergwerksgebiet der Bourinage, wo er die ersten Jahre seiner Armut erlebt. Insbesondere in dieser Zeit erwacht in dem Prediger der unwiderstehliche Drang zum Malen. Doch noch besteht die Not des werdenden Genies darin, daß die Hände nicht kunstfertig genug sind, das Geschaute ins Bild zu setzen. Im Vorstadium der Psychose jedoch, bevor sich das Bewußtsein vom Unbewußten abspaltete, lösten sich seine Hemmungen, und seine Hände wurden frei zur genialen Malerei. Zunehmend vermag van Gogh mit der Farbe seine Phantasien und Ideen sichtbar zu machen.

Vincent versucht in seinen Bildern, das Urbildhafte in den Dingen zu zeigen. Die Bäume, die Landschaft, die Zypressen

[1] zitiert bei: L. Piérard, S. 19

und der Raum werden durchsichtig für das Unsichtbare. Aus der Irrenanstalt schreibt Vincent im Dezember 1889, daß »ein Maler als Mensch zu sehr absorbiert wird durch das, was seine Augen schauen, und er deshalb die übrigen Kräfte nicht genug meistert«. Die zunehmende seelische Gespaltenheit des Malers spiegelt sich in seinen Bildern wider. Seinen Selbstbildnissen der letzten Jahre steht die Angst vor dem Wahnsinn ins Gesicht geschrieben. Auch die anderen Porträts spiegeln zumeist seine Melancholie wider. Mit der feurigen Dynamik in den Bildern der letzten Schaffensphase versucht van Gogh mit letzter Kraft, seine krankhafte Erregung und seine vibrierenden Nerven vor dem Verbrennen zu retten. Malend suchte Vincent Zuflucht in den Bildern. Je mehr er im Bilde war, um so eher schien er seine Balance zurückgewonnen zu haben. Die gespaltene Ganzheit seines Lebens wurde in seinen Bildern wieder ganz. Sein Leben wurde zum Opfer, um ganz im Bilde zu sein.

Mit diesen Ausführungen sollten keineswegs die Kreativität und die Malerei des großen Meisters einzig aus seiner Seelenkrankheit erklärt werden. Es sollte vielmehr angedeutet werden, daß sich die psychische Persönlichkeitsstruktur und die tiefste Motivation in den Bildern bei van Gogh ähnlich widerspiegeln wie im Glauben und im Leben eines jeden anderen Menschen.

Empfindlichkeit ohne Empfinden

Menschen mit einer narzißtisch-schizoiden Persönlichkeitsstruktur sind in der Regel sehr empfindlich und verletzlich. Weil sie in der frühesten Kindheit sehr verletzt worden sind, müssen viele mit unvernarbten seelischen Wunden leben. Wie Menschen mit nicht heilenden Wunden in vielem wie »rohe Eier« behandelt werden müssen, so sind viele Schizoide mimosenhaft. Es ist eine Sensibilität besonderer Art, in die sich normale Menschen nur schwer einfühlen können. Etwas vereinfachend könnte man sagen, es ist eine Empfindlichkeit ohne Empfinden. Die sinnliche Wahrnehmung und die Sinnlichkeit sind gestört. Die Gefühle fließen beim Schizoiden nicht zwischen ihm und dem Gegenüber hin und her, sondern schlagen wie die Brandung des Meeres ständig nur auf ihn selbst zurück. Was dem Normalen zu Herzen geht, brennt bei schizoid-narzißtisch Strukturierten wie ein Giftpfeil in den seelichen Wunden.

Mehr als weitere Worte und Beschreibungen der seelischen Schwierigkeiten mag die folgende Fallskizze von J. Herzog-Dürck schildern, was sich innerlich bei einem Schizoiden abspielt. Herr K., ein fünfunddreißigjähriger Geistlicher, sucht therapeutische Hilfe wegen seiner Ängste und seiner existentiellen Krise. Er klagt ferner über nervöse Herzbeschwerden und Schlafstörungen. Herr K. fühlt sich wie tot und leer. Er existiere nur als Maske, aus der es zwar töne, aber in der nichts schwinge. Auch in seinem geistlichen Amt müsse er sich hinter einer Maske verbergen und spiele nur eine Rolle. In seiner Erstarrung erstickt und verkümmert das Leben. Er habe keinen Kern, keine Mitte, keine Substanz. Als Geistlicher fühlt sich Herr K. durch die spießbürgerlichen Erwartungen der Gemeinde und durch deren gefühllose engherzige Frömmigkeit zusätzlich bedrängt. Die seelischen Schwierigkeiten werden durch geistliche Nöte noch verstärkt. Aus seiner Familiengeschichte sei noch kurz erwähnt, daß die Eltern ihm keine Liebe und Geborgenheit geschenkt haben. Der Vater war ein erfolgreicher Industrieller, der nur auf Geld und Machtausübung versessen war. Im Dritten Reich war er ein fanatischer Parteigenosse Hitlers. Die Mutter wurde als gefühlskalt, genußsüchtig und leichtsinnig erlebt. Ihr waren die sportlichen Leistungen wichtiger als die Familie. Als der Patient dreieinhalb Jahre alt war, starb die einjährige Schwester. Damals brach für die Eltern die glänzende Scheinwelt zusammen. Herr K. entwickelte eine merkwürdige Vorliebe für alles, was mit dem Tod zusammenhing. Der kleine Leichnam der Schwester, der Kindersarg, die Blumen und das Grab blieben ihm in lebendiger Erinnerung. Die Welt des Todes bestimmte fortan sein Weltbild und spiegelt sich auch in folgendem grauenhaften Traum wider:

»Ein Schinderkarren wird durch eine öde Vorstadtstraße gezogen. Eine zerlumpte Gestalt, nicht zu erkennen ob Mann oder Weib, geht vor dem Karren her. Es ist wie in der Französischen Revolution. Ein Paar, wahrscheinlich Aristokraten, wird zur Hinrichtung gefahren. Johlende Gassenjungen springen herum. Das Wesen, das den Karren zieht, stößt drohend in regelmäßigen Abständen immer wieder die Worte hervor: schlimmer als töten. Damit soll gesagt sein, daß die Verurteilten auf besonders grausame Weise erledigt werden sollen.«

Es können hier nicht die Einfälle und einzelne Deutungen zu diesem Traum wiedergegeben, sondern es soll nur die Gesamtstimmung hervorgehoben werden. Herr K. fühlt sich in seinen Schwierigkeiten geschunden wie die zerlumpte Gestalt, die den Schinderkarren zog. Er fühlt sich vor einen Karren gespannt, auf dem das »aristokratische Paar« (= die Eltern) sitzt. Was der Patient im Leben mit den Eltern erfuhr, war für ihn »schlimmer als töten«, wie es im Traum heißt. Die Hinrichtung auf besonders grausame Weise stellt das tragische Leiden von Herrn K. dar.

Konfrontation mit dem dunklen Gottesbild

Im Verlauf der weiteren Behandlung wurde das ganze Ausmaß der Todesbedrohung durch Selbstmord und die Angst vor dem Wahnsinn immer deutlicher. So träumt Herr K., daß er einen schmalen Holzsteg betrete, der ins Moor führe. Er verliert den Boden unter den Füßen und fängt an zu sinken. Als er um Hilfe schreien will, bringt er keinen Ton hervor. Auf der anderen Seite sieht er eine riesige Gestalt mit einer Sense. – Das Bild des Versinkens im Moor zeigt die Ängste und die bedrohliche Situation von Herrn K. Eine ähnliche Situation beschreibt auch Martin Luther in seinem Lied »Nun freut euch, lieben Christen g'mein«, wenn er sagt: »Die Angst mich zu verzweifeln trieb, daß nichts denn Sterben bei mir blieb, zur Höllen mußt ich sinken.« In dem Sensenmann sah der Träumer den Tod auf sich zukommen. Die existentielle Krise wurde für ihn derart bedrohlich, daß er eine Zeitlang wegen seiner körperlichen Symptome (vegetative Dystonie mit nervösen Herzbeschwerden) ins Krankenhaus gehen mußte. In dieser Zeit hatte er den folgenden erschreckenden Traum:

»Ich gehe durch leere Gänge und Kellerräume im Souterrain einer Anstalt. Alles ist still. Kein Mensch ist auf dem Weg. Ich öffne eine Türe, die sich lautlos hinter mir schließt, und bemerke, daß ich in die Leichenhalle geraten bin. In Reihen stehen da lauter mit Tüchern zugedeckte Särge. Bleiernes Licht dringt von irgendwoher ein. Plötzlich richten sich zwei Leichen in ihren Särgen auf. Sie stehen auf und fangen an, sich wie im Tanze zu drehen. Der Tanz wird immer rascher, wilder, ein ekstatischer Wirbel, in den sich auch die anderen Toten hineinmischen. Auf einmal öffnet sich im Hintergrund des Raumes irgendwo eine Türe, eine Falltür oder Klappe, und in einem heftigen Luftzug fährt ein sonderbares Wesen herein, ein Unwesen vielmehr. Es ist das greulichste Unwesen, das ich je gesehen habe, halb Tier, halb Mensch, mit zottigem Fell bedeckt. Es fährt mit äußerster Schnelligkeit wie suchend am Boden umher, wobei es einen zischenden Laut von sich gibt. Wenn ich jetzt fliehe, springt es mir in den Rücken. Ich halte aus. Da schlägt es seine Hauer in eine Leiche.«

In diesem Traum erlebt Herr K. seine »seelische Höllenfahrt«. Was die Christenheit in ihrem Glaubensbekenntnis mit dem Satz »hinabgestiegen in das Reich des Todes« ausdrückt, bedrückt in ähnlichen Bildern viele Träumer in ihren tiefen seelischen Nöten. Die seelische Verwundung und seine Todesangst spiegeln sich in der Seelenwüste der Traumlandschaft. Im Verlaufe der etwa 200 Stunden umfassenden Analyse hatte er sich intensiv mit den verinnerlichten Elternbildern auseinandersetzen können und sich zunehmend davon gelöst. Das »aristokratische Elternbild« aus dem ersten Traum war inzwischen zwar in die Leichenhalle (= ins Unbewußte) verlagert oder verdrängt worden, doch ersteht es in dem letzten Traum im Bilde des »Totentanzes«. Der wilde, ekstatische Wirbel zeigt auch die außerordentlich starke seelische Bewegtheit im Träumer an.

Ohne hier auf die derzeitige Situation von Herrn K. einzugehen, möchte ich abschließend auf den Zusammenhang zwischen Elternbild und Gottesbild im Traum hinweisen. In der analytischen Arbeit mit Träumen ist gelegentlich in sehr eindrucksvoller Weise zu sehen, wie das Gottesbild eines Menschen von den Elternbildern mitgeprägt wird. Ein sogenanntes dunkles Gottesbild entsteht in der Seele durch die negativen Eindrücke und Erfahrungen mit den Eltern sowie anderen Autoritätspersonen (Lehrer, Pfarrer, Verwandte) und den Gottesvorstellungen, die durch die religiöse Erziehung vermittelt werden. Durch die Vermischung von Elternbildern und Gottesbildern entsteht im Traum von Herrn K. jenes grauenhafte Unwesen, das halb Tier und halb Mensch ist. Wer in seinen eigenen Träumen gelegentlich ähnliche Höllenqualen durchlitten hat, kann nachempfinden und verstehen, was ihm widerfährt. Er kehrt diesem dunklen Bild nicht den Rücken, sondern bietet ihm die Stirn. Der Träumer weiß: »Wenn ich jetzt fliehe, springt es mir in den Rücken. Ich halte aus.«[1]

Ähnlich wie in den Märchen geschieht es auch in den Träumen, daß die bedrohliche Macht einem nichts anhaben kann, wenn man nicht flieht, sondern sich der Auseinandersetzung stellt. Für diesen »Seelenkampf«, ähnlich wie bei Jakob am Jabbok (1. Mose 32), sollten auch die Seelsorge und die Psychotherapie Hilfe geben.

Seelsorge und Therapie bei Schizoiden

Die Ansätze für die Seelsorge und die Therapie bei narzißtisch-schizoid strukturierten Menschen ergeben sich aus den beschriebenen Schwierigkeiten. Ohne hier im einzelnen darauf eingehen zu können, sei einleitend vermerkt, daß die wenigsten Seelsorger und Theologen diese Schwierigkeiten zu erkennen vermögen. Während es noch zur seelsorgerlichen Allgemeinbildung gehört, von Depressionen etwas gehört zu haben oder von den verschiedenen Formen der seelischen Zwänge, hört die Kenntnis bei der narzißtisch-schizoiden Struktur zumeist auf. Doch auch diese Menschen sitzen gelegentlich in der Kirche und erhoffen sich Trost und Hilfe. Sie haben es in der Regel mit dem Glauben besonders schwer, weil sie zu wenig Urvertrauen oder Geborgenheit erlebt haben. Seelsorger sollten wissen, daß sie mit ihrer Forderung nach Nächstenliebe, nach Aufopferung und Selbsthingabe die schizoid strukturierten Menschen in besonderer Weise überfordern.

Schizoide Menschen brauchen vor allem Nähe, Kontakt und Liebe. Ihnen hilft wenig der Verweis auf Gottesliebe, sondern allein die konkrete Erfahrung von menschlicher Liebe. So be-

---

[1] Die ausführliche Fallschilderung findet sich bei J. Herzog-Dürck, Menschsein als Wagnis, Stuttgart 1960, S. 191 ff.

richtete mir ein Seelsorger, der eine schizoid strukturierte Frau in seelsorgerlicher Absicht auf Gott verwiesen hatte, von deren Enttäuschung und vehementer Ablehnung. Diese Frau war stark genug, dem Seelsorger ihre Haltung zu erklären, daß sie vor allem menschliche Nähe und Kontakt brauche. Der Seelsorger jedoch widerstand diesem Wunsch der Frau mit der an der Universität gelernten Begründung, man dürfe keinen Menschen an sich binden, sondern wichtig sei einzig die Bindung an Gott. Um dem Seelsorger die seelischen Hintergründe dieser Struktur einsichtiger zu machen, konfrontierte ich ihn darauf mit dem etwas drastischen Beispiel, ob er von einem Nichtschwimmer fordern würde, daß er gleich ins tiefe Wasser springen solle. Durch weitere tiefenpsychologische Erklärungen konnte ich dem Seelsorger einsichtig machen, daß es für die schizoiden Menschen wichtig ist, durch persönliche Kontakte und Beziehungen die Brücke zu Gott zu finden.

Pfarrer und Seelsorger sollten sich hüten, die Weltfremdheit und Distanz zum Leben bei den Schizoiden durch eine weltfremde Verkündigung noch zu verstärken. Diese Menschen neigen ohnehin dazu, bestimmte Bibelstellen, die von einer frommen Weltflucht reden, für sich persönlich mißzuverstehen. Sie neigen besonders zur Verabsolutierung von Gegensätzen, wie alter und neuer Mensch, seelischer und geistlicher Mensch, sündige Welt und Reich Gottes, Christus und Satan.

Bei jungen Menschen der Nachkriegsgeneration sind besonders viele narzißtisch-schizoide Persönlichkeiten zu finden. Sie haben keinen Boden unter den Füßen und »flippen daher aus«. Sie suchen ihre Zuflucht in sogenannten Jugendsekten oder in östlicher Philosophie und Religion. Doch bei kritischer Betrachtung ist es mehr ein Ausweichen ins Scheinphilosophieren. Es ist eine besondere Versuchung dieser Menschen, die es mit der Realität so schwer haben, in eine Scheinwelt und auch in eine religiöse Phantasiewelt auszuweichen. Es versteht sich von selbst, daß mit dieser Kritik nichts gegen die wahre Religiosität und die östliche Frömmigkeit gesagt ist.

Wenn es bei den narzißtisch-schizoiden Persönlichkeiten zu krankhaften Störungen kommt, ist fachärztliche oder psychotherapeutische Hilfe geboten. Im geschützten Raum der Therapie ist es in einer zumeist langen Behandlung möglich, an der

Behebung oder Besserung der Schwierigkeiten zu arbeiten. Wegen der Basisstörung und der gravierenden Kontaktstörung in allen Beziehungen sollte in der Therapie eine zu kühle Distanz vermieden werden. Durch die sogenannte Ich-Stärkung können die Ängste schließlich besser beherrscht und die bedrohlich-wahnhaften Phantasien zurückgedrängt werden. Die weiteren Fragen einer Therapie sollten im persönlichen Gespräch mit einem Therapeuten abgeklärt werden.

Die depressive Persönlichkeitsstruktur

Das Glaubensleben und das seelische Erleben sind bei Menschen mit depressiver Persönlichkeitsstruktur in ganz besonderer Weise voneinander abhängig. So hat G. Hole in einer wissenschaftlichen Untersuchung gefunden, daß es in der Depression zu einer »emotionalen Entleerung des Glaubens« komme[1]. Durch die Depression werden die seelischen Kräfte derart stark aufgezehrt, daß für das Glaubensleben kaum noch Energie übrigbleibt. Ein kraftloses Glaubensleben bildet für die persönliche Frömmigkeit aber keinen tragenden Grund. Wenn in der Depression einem Menschen der Boden unter den Füßen weggezogen wird, kann selbst der Glaube kein tragender Grund mehr sein. Auch der gläubige Mensch fällt in der Depression in eine bodenlose Tiefe. Der Depressive aber kann nicht mehr glauben. Der besondere Nachdruck liegt auf dem Nicht-Können. Weil das seelische Erleben in der Depression gehemmt ist, ist auch das Glaubensleben stark beeinträchtigt.

Schuldgefühle versus Schuldigbleiben

Die Schuldgefühle gehören zu den häufigsten Leidenserfahrungen der Depression. Es gibt kaum einen Kranken, der nicht über seine Schuldgefühle klagt. Ihre Entstehung kann vielfältige Ursachen haben. So können Versagungserlebnisse und die Selbstanklage: »Ich bin ein Versager!« zu Schuldgefühlen führen. Auch innere Hemmungen und die Unfähigkeit, mit dem

---

[1] G. Hole, Der Glaube bei Depressiven, S. 216

Leben fertig zu werden, können zu Schuldgefühlen führen. In der Tiefenpsychologie wird gelegentlich auch von »unbewußten Schuldgefühlen« gesprochen, um anzudeuten, daß die Ursache dieser Empfindungen in dunklen Tiefen der Persönlichkeit wurzelt. Andererseits kann das Schulderleben auch verschiedenen Verfehlungsbereichen zugeordnet werden. So hat G. Hole in der bereits genannten Untersuchung eine Aufteilung und Häufigkeit der Schuldthemen bei 110 depressiven Patienten ermitteln können. Die familiären Verfehlungen stehen mit 34,6 Prozent an der Spitze der Schuldthemen. Auch in anderen Untersuchungen steht die Selbstbeschuldigung, den Angehörigen oder sonst einem geliebten Menschen gegenüber versagt oder ihm Schaden oder Leid zugefügt zu haben, unter den Schuldinhalten an erster Stelle. Dann folgen mit jeweils 12,7 Prozent berufliche und allgemein-ethische Verfehlungen. Religiöse Verfehlungen und damit Schuldgefühle im engeren theologischen Sinne werden nur zu 3,6 Prozent angegeben. 21,9 Prozent der Patienten geben sogar an, keine Schuldgefühle zu kennen. Die starke Verbindung der Schuldgefühle mit dem familiären Bereich dokumentiert recht eindrucksvoll, daß die Bindungen an die Familie für die Schuldgefühle von größter Bedeutung sind. Vermutlich sind die Schuldgefühle den Familienangehörigen gegenüber deswegen so stark, weil die Depressiven spüren, das Liebesgebot nicht erfüllt zu haben. Wenn es heißt: »Du sollst deinen Nächsten lieben wie dich selbst!«, dann sind doch die Angehörigen zunächst die Allernächsten. Das in dem Gebot geforderte »Sollen« steht sprachlich in engstem Zusammenhang mit dem Wort »Schuld«. Mit dem Wort »sollen« wird eine bestimmte Schuldigkeit den Angehörigen gegenüber ausgedrückt.

Schuldgefühle haben bei Depressiven und allen anderen Menschen aber auch eine positive Bedeutung. Sie erinnern beständig daran, daß man sich und dem Leben etwas schuldig bleibt. Unter diesem positiven Gesichtspunkt werden die Aufmerksamkeit und die seelischen Kräfte von der negativen Selbstzerstörung zur positiven Selbstverwirklichung hingelenkt. Ebenso wie der Schmerz kein Selbstzweck ist, sondern spüren läßt, daß im Körper etwas nicht in Ordnung ist, so wollen seelische Schwierigkeiten dazu animieren, sein Leben zu ändern.

Obgleich dieser Zusammenhang jedem recht einleuchtend erscheinen mag, ist die Verwirklichung im Leben dennoch schwer. Die kurze Entfernung vom Kopf zum Herzen wird durch die Beengung im Halse für viele zu einem langen Weg. Die Einsicht und Erkenntnis, die man mit dem Kopf über diese Zusammenhänge gewonnen hat, kann infolge der unzähligen Hemmungen nur langsam in die Tat umgesetzt werden.

Selbstzerstörung versus Selbstverwirklichung

Die depressiv Strukturierten neigen besonders stark zu Selbstvorwürfen und Selbstanklagen, die sich nicht selten bis zu einer gewissen Selbstzerstörung steigern können. Diese Selbstdestruktivität wird seit S. Freud von vielen Autoren als eine nach innen, gegen sich selbst gewendete Form der Aggression verstanden. Da die Depressiven sich schwer durchsetzen können und ihre Aggressionen kaum nach außen zu zeigen vermögen, richten sie diese Kräfte gegen sich selber.

Sie können auch schwer Forderungen und Wünsche an die Mitmenschen artikulieren. Statt dessen stellen sie sehr hohe Anforderungen an sich selbst. Die Selbsthingabe kann gelegentlich bis zur Ruinierung der Gesundheit für andere führen. Und diese Selbstaufopferung kann durch die Frömmigkeit oder durch bestimmte Glaubensideale noch besonders verstärkt werden. Die Psychotherapeutin Frau Froboese-Thiele berichtet von einer Patientin:

»Die etwa 32 Jahre alte Kranke stammte aus pietistischen Kreisen und hatte mit 18 Jahren eine Bibelschule besucht (vorher hatte sie die Bibel schon fünfmal von Anfang bis zu Ende durchgelesen und steckte mit ihrer Kenntnis von Bibelstellen und theologischem Wissen wohl manchen Pfarrer in die Tasche). Im Verlauf der weiteren Arbeit und Entwicklung hatte sie sich mehr dem Luthertum und der dialektischen Theologie des frühen Karl Barth zugewandt. Sie war von bemerkenswerter Intelligenz, wachen und lebhaften Geistes und hatte in den letzten vier Jahren, ehe sie zu mir kam, als Wanderlehrerin der evangelischen Frauenhilfe in den verschiedensten Orten Bibelkurse abgehalten, wobei sie etwa jede Woche in einem anderen Pfarrhause zu Gaste war.

Als die Patientin zur Behandlung kam, befand sie sich in einem Zustand völliger Arbeitsunfähigkeit: Schwere Depressionen hatten schon zu einem ernsthaften Selbstmordversuch geführt. Heftige Gallenkoliken hatten weder durch wiederholte Kuren noch auch durch eine dann durchgeführte Operation behoben werden können. Sehr unangenehm und störend waren die häufigen heftigen Migräneanfälle, die besonders während der sonntäglichen Gottesdienste auftraten und gelegentlich mit Bewußtseinstrübungen, sogenannten Dämmerzuständen, einhergingen. Da für sie selbst die immer wieder andrängenden Selbstmordzwänge im Vordergrund standen, hatte sie gehofft, durch Stärkung ihres Glaubens Heilung zu finden. Aber seelsorgerliche Hilfe war umsonst gewesen – sie geriet nur immer tiefer hinein in ihre Verzweiflung.«[1]

Verlustangst versus Geborgenheit

Depressive Menschen leiden unter einer starken Verlustangst. Sie befürchten ständig, einen lieben Menschen oder eine für sie wichtige Person zu verlieren. Daher passen sie sich auffällig stark an ihre Umgebung an. In großer Selbstlosigkeit und Verzichtbereitschaft opfern sie sich nahezu auf. Sie verleugnen ihre persönlichen Bedürfnisse, um sich durch Anpassung die Liebe und das Wohlwollen der anderen zu erkaufen. Diese übertriebene Anpassung steigert sich nicht selten bis zur »Anklammerung« an für sie wichtige Menschen. Ähnlich wie sich ein Kind an die Mutter hängt, so klammern sich Depressive an andere, um Geborgenheit zu finden.

Depressiv strukturierte Menschen haben große Schwierigkeiten mit ihrer Verselbständigung. Sie haben Angst, nein zu sagen. Daher handeln sie scheinbar selbstlos, um andere nicht zu enttäuschen, und sind am Ende oft selber enttäuscht. Mehr als weitere Worte mag diesen »Teufelskreis« das folgende Beispiel verdeutlichen:

»Eine junge Amerikanerin, Ballettänzerin, wohnte in Untermiete bei einer ›Gluckenmutter‹. Wenn sie vom Training heimkam und in ihr Zimmer schlüpfen wollte, erwischte diese Wir-

---

[1] Froboese-Thiele, Träume eine Quelle religiöser Erfahrung

tin sie regelmäßig und zog sie zu einem ›kleinen Plausch‹ in die Küche. Obwohl sie müde war und vor dem abendlichen Auftritt noch ausruhen wollte, konnte sie nicht nein sagen. Weil es den Deutschen nach dem Krieg noch schlecht ging, ›mußte‹ sie nun die ganze Familie – Hausfrau, etwas ältliche Tochter, Sohn und Schwiegertochter, die nicht recht angenommen war in der Familie und sich durch Grande-Dame-Haltung dafür rächte – zum Kaffee einladen. Die Tochter bewunderte mit deutlichem Neid das schöne Kleid der Patientin, bis diese ihr eines schenkte, das sie selbst noch gerne getragen hätte; der Sohn kokettierte mit ihr, und obwohl sie sich aus ihm nichts machte, ›mußte‹ sie hier und da ihm einen Blick zurückgeben, um ihn nicht zu enttäuschen. Schließlich ›mußte‹ sie noch die Schwiegertochter ins Gespräch ziehen, um die spürbaren intrafamiliären Spannungen auszugleichen. Nach fast zwei Stunden vertaner Zeit ging sie völlig erschöpft in ihr Zimmer und begann geradezu süchtig zu essen. Dieser Freßzwang, der zeitweise bis zum Stehlen ging, hatte sie in die Analyse geführt.«[1]

Hoffnungslosigkeit versus Zukunftsoffenheit

Die Depressiven sind oft von tiefer Hoffnungslosigkeit erfüllt. Für die Zukunft sehen sie nur schwarz. Die gestörte Zukunftsbezogenheit wird von v. Gebsattel als »Störung des Werdens« bezeichnet. Die tiefe Hoffnungslosigkeit führt bei den Depressiven dazu, daß sie nicht mehr glauben können. So wie das seelische Erleben »leer« geworden ist, ist auch das Glaubensleben versiegt. Obgleich viele Depressive religiöse Menschen sind, können sie nicht mehr hoffen. Trefflich beschreibt Riemann, was die Depressiven besonders am Christentum anspricht: »Der Depressive ist meist ein religiöser Mensch, und in der Religion zieht ihn die Erlösungsidee am stärksten an. Er hat oft eine Beziehung zu den östlichen Religionen, zum Buddhismus, aber auch zur Mystik, zu allen Religionsformen, die Selbstvergessenheit, die Lösung vom Ich vertreten. Er leidet ja am tiefsten am Leben, und da er hier nicht hoffen und

---

[1] F. Riemann, zitiert in: W. Bräutigam, Reaktionen – Neurosen – abnorme Persönlichkeiten, S. 177

zugreifen kann, stehen alle Erlösungsreligionen und die, die ein besseres Jenseits versprechen, ihm nahe. Auch im Religiösen neigt er zur Identifikation mit dem Göttlichen, zu mystischer Verschmelzung, zu großer Innigkeit und Tiefe.«[1] Obgleich die Identifikation mit religiösen Vorstellungen und Inhalten einerseits für die Frömmigkeit sehr wesentlich ist, ist sie andererseits aber bei den Depressiven deswegen eine Gefahr, weil sie zur Selbstentfremdung und Selbstentäußerung beiträgt. Statt daß diese Menschen endlich einmal zu sich selber kommen und ihr Ich-Bewußtsein gestärkt wird, können sie gerade durch die Religion dazu verführt werden, wiederum von sich selber abzusehen.

Aus der Hoffnungslosigkeit heraus ziehen sich viele Depressive in eine illusionäre Wunschwelt zurück. Viel Zeit wird vertan mit sogenannten Tagträumereien. Man überläßt sich in der Hoffnungslosigkeit gern seinen wehmütigen Stimmungen. Von vielen Depressiven wird berichtet, daß sie gerne Unterhaltungsmusik und Schlager hören, die Sehnsucht und Heimweh ausdrücken. Anstelle einer Zukunftshoffnung beflügelt sie die Phantasie vom Schlaraffenland. Den Traum von einem Wirtschaftswunder haben viele Depressive immer noch nicht zu Ende geträumt. Während bei den relativ Gesunden nach der Verzweiflung und der Niedergeschlagenheit dennoch die Zukunft wieder offen ist, kann der Depressive nicht mehr glauben, daß hinter den Wolken die Sonne scheint.

Depressive sind in ihrer Hoffnungslosigkeit in ganz besonderer Weise auf menschliche Nähe angewiesen. Mehr als gute Worte kann oft ein Arm ausdrücken, der liebevoll und mutmachend um die Schultern gelegt wird. Leibliche Wärme schenkt oft mehr Trost als die Vertröstung auf einen Gott, der für die Depressiven verborgen ist.

Eigene Ohnmacht und Gottes Allmacht

Depressive Menschen leiden besonders unter ihrer eigenen Ohnmacht. Sie können oft in beeindruckender Weise ihr Nicht-Können zum Ausdruck bringen. Körperliche Begleitsymptome

---

[1] Riemann, Grundformen der Angst, S. 72 ff.

unterstreichen die Kraftlosigkeit. Es wird häufig über Müdigkeit und Trägheit geklagt. Appetitlosigkeit und eine gestörte Verdauungsfunktion können weitere Begleitumstände der Depression sein. Oft wird auch über Schlaflosigkeit, Einschlaf- und Durchschlaf-Störungen berichtet und über die typische Morgenmüdigkeit. Weitere Allgemeinsymptome sind: schnell eintretende Erschöpfbarkeit, Schwindelgefühle, Unruhe, Ängste, Schwitzen und mancherlei Überempfindlichkeiten. Nicht jedes der genannten Symptome steht zwangsläufig in Zusammenhang mit der Depression, sondern kann in abgeschwächter Form auch Ausdruck des gestörten Allgemeinbefindens sein. Die genaue Diagnose sollte ein Facharzt stellen.

In den Zuständen der eigenen Ohnmacht hilft auch der Glaube an Gottes Allmacht nicht weiter. In der Depression verliert der Glaube seinen Glanz und seine Kraft. Mehr als beschreibende Worte kann der Erfahrungsbericht von Ingrid Weber-Gast, einer Krankenhausseelsorgerin, die Verzweiflung und Ohnmacht aufzeigen, wenn sie schreibt: »Denn es scheint ja gerade das Tückische jener Krankheit zu sein, daß sie die Hoffnungskraft eines Menschen von innen aushöhlt. Wer an einer Depression erkrankt, den erreicht eben der Trost des Glaubens nicht mehr, anders als bei jeder anderen Krankheit, und gerade diese Unerreichbarkeit macht das Verzweifelnde des Leidens aus. Wer immer sonst krank wird, kann versuchen, seinen Glauben als Wegbegleiter mit in die Krankheit zu nehmen, aber der Schwermütige wird dieses Wegbegleiters von Anfang an beraubt. Manchmal denke ich darum, daß wir für diese Kranken ganz besonders beten müssen, aber vor allem, daß wir uns ihrer ganz besonders annehmen müßten. Weil auch Gott für sie kein Wegbegleiter mehr ist, dürfte man sie eigentlich keinen Augenblick mehr allein lassen, denn menschliche Nähe ist wohl das einzige, was sie noch erreicht.«[1]

---

[1] Weber-Gast, Weil du nicht geflohen bist vor meiner Angst, S. 36 f.

Befunde und Interpretationen bei den Depressiven

Die bisher geschilderten Aspekte und Merkmale der depressiven Persönlichkeitsstruktur kommen auch in den Tabellen S. 280 ff. zum Ausdruck. So haben beispielsweise 49 Prozent meiner Patienten mit depressiver Struktur die Glaubensvorstellung, daß im Leben alles vorherbestimmt sei. Mit dieser Überzeugung unterscheiden sie sich sehr signifikant von den drei anderen Persönlichkeitsstrukturen. Wenn für die Hälfte der Depressiven im Leben alles vorherbestimmt ist, erscheint damit die Zukunft vorprogrammiert. Die Zukunft, die den normalen Menschen Freiheit und Spielräume für persönliche Entscheidungen läßt, ist den depressiv Strukturierten weitgehend verschlossen.

Die Depressiven unserer Patienten-Gruppe haben nächst den Zwanghaften (79,3 Prozent) zu 72,5 Prozent die Einstellung, man sollte möglichst bescheiden und friedfertig sein. Die depressiv Strukturierten befürchten, die Zuwendung und die Liebe eines Menschen zu verlieren, wenn sie nicht bescheiden und friedfertig sind. Durch ihre Selbstlosigkeit und Verzichtbereitschaft versuchen sie, sich die Zuwendung zu erhalten. Mit ihrer großen Fügsamkeit und Anpassungsbereitschaft stellen diese Patienten hohe Anforderungen an sich selbst. Durch die Verleugnung der eigenen Wünsche und die Verdrängung der persönlichen Bedürfnisse kommt es zu den seelischen Schwierigkeiten. Diese können durch die christlichen Tugenden der Friedfertigkeit und Bescheidenheit noch verstärkt werden, so daß Menschen immer mehr in einen »Teufelskreis« kommen.

Das Glaubensleben und die konfessionelle Identität sind in einigen Bereichen besonders stark gestört. So beten die Depressiven am wenigsten und gehen auch am wenigsten in die Kirche. Das ist offensichtlich eine Folge des abgestorbenen Seelen- und Glaubenslebens. Ohne seelische Antriebskraft treibt es einen Menschen kaum in die Kirche. So bleiben viele Depressive in ihren eigenen vier Wänden und fühlen sich zunehmend isolierter. Aus der Tabelle 14 über den Psychoneurotizismus S. 284 ist im einzelnen zu ersehen, daß die depressiv Strukturierten die stärksten Ambivalenzkonflikte haben und unter Beziehungsschwierigkeiten leiden. Infolge ihrer Abkapselung und Isolation ziehen sie sich am häufigsten in ihre Tagträumereien zurück. Es besteht hier mit 70,6 Prozent ein sehr signifikanter Unterschied zu den drei anderen Persönlichkeitsstrukturen.

Eine besonders quälende Erfahrung sind die Gewissensbisse und die Schuldgefühle. Von unseren Patienten haben die Depressiven die häufigsten Schuldgefühle (72,5 Prozent). Die verschiedenen seelischen Schwierigkeiten führen schließlich dazu, daß die depressiv Strukturierten am wenigsten glauben können, daß sie ihr Leben sinnvoll leben.

Während dies noch rund zwei Drittel unserer untersuchten Patienten glauben können, bejahen die Depressiven diese Frage nur noch mit 37,3 Prozent. Das von vielen Menschen beklagte Gefühl der Sinnlosigkeit wird insbesondere bei den Depressiven durch Schuldgefühle und die anderen Schwierigkeiten verstärkt.

Seelsorge und Therapie bei Depressiven

Seelsorger sollten in ihren Gesprächen und in der Verkündigung mit den Schuldgefühlen sehr vorsichtig umgehen. Sie sollten wissen, daß Schuldgefühle häufig mit Depressionen zusammenhängen. Die Unterscheidung und Differenzierung der Schuldgefühle nach ihrer theologischen und psychoneurotischen Dimension wäre für Seelsorger wichtig. Wenn sich Seelsorger künftig nicht viel mehr als bisher um diese Differenzierungen bemühen, werden sie künftig bei Sorgen der Seele noch weniger befragt werden. Ohne Qualifikation in seelischen Erfahrungen ist Seelsorge kaum denkbar.

Bei der Klage der Depressiven, nicht zu können und sich ohnmächtig zu fühlen, sollten Seelsorger und Pfarrer besonders auf der Hut sein, nicht als Heilmittel Gottes Allmacht anzupreisen. Mit dieser guten Absicht bestärken sie die Depressiven in der Regel nur darin, an dem eigenen Nicht-Können festzuhalten. Die Depressiven stehen wie dem Leben so auch der Therapie zumeist ambivalent gegenüber. Einerseits wollen sie ihre Schwierigkeiten loswerden, und andererseits können sie nicht so, wie sie wollen. Sie befolgen zumeist »gehorsam« die Spielregeln der Therapie, ohne jedoch letztlich mit dem Herzen »hören« zu können. Daher mangelt es ihnen an Entschlußkraft und Durchsetzungsvermögen, das bereitwillig Eingesehene in die Tat umzusetzen. Es braucht viel Geduld und Zeit, um aus Depressiven Tatmenschen zu machen. Im allgemeinen sind sie nur langsam entwicklungsfähig. Dennoch haben sie wie jeder die Möglichkeit zur Nachreifung.

Angehörige, Berater und Therapeuten können den Depressiven Mut machen zum Leben. In immer neuer Weise sollte versucht werden, die Krise als Chance zur Wandlung zu verstehen. Auch wenn Depressive zumeist Angst vor der Wandlung haben, weil sie Hingabe an das Leben voraussetzt, können verständnisvolle und mutmachende Worte dazu beitragen, das Leben zu wagen.

Es ist besonders wichtig, Menschen mit depressiver Persönlichkeitsstruktur an die Selbsthilfe zu erinnern. Wie dargelegt, klammern sie sich stark an andere und erwarten die Hilfe von anderen. Diese Erwartungshaltung hängt mit der sonstigen Lebenseinstellung zusammen. Die Ermutigung und Motivation zur Selbsthilfe wäre daher ein erster wesentlicher Schritt zur Hilfe und Heilung. Der durch die Depression gelähmte Wille wäre zu stärken, um die Selbstheilungskräfte der Seele freizustellen.

Die hysterische Persönlichkeitsstruktur

Bei vielen Menschen verbindet sich mit dem Wort »hysterisch« die Vorstellung von Unechtheit und Übertreibung. Hysterisch strukturierte Menschen haben die besondere Begabung, eine »Schau« abzuziehen. Sie können sich besonders gut verstellen und schauspielern. Dies kann sich bis zur sogenannten »hysterischen Dramatisierung« (I.H. Schultz) steigern. Bestimmte Ereignisse und Erlebnisse können mit Hilfe der Phantasie stark ausgemalt und dramatisiert werden. Auch das Glaubensleben kann aufgrund dieser Struktur verzerrt und entstellt sein. Solche Menschen geben sich gern »einen frommen Anschein, aber die Kraft wirklicher Frömmigkeit kennen sie nicht«. Diese treffliche Diagnose stammt nicht aus einem tiefenpsychologischen oder religionspsychologischen Lehrbuch der Gegenwart, sondern aus dem 2. Brief des Apostels Paulus an Timotheus im 3. Kapitel. Der gesamte Textzusammenhang lautet in der Übersetzung »Die Gute Nachricht«: »Denke daran: Wenn das Ende dieser Welt vor der Tür steht, wird es schwere Zeiten geben. Dann werden die Menschen selbstsüchtig, geldgierig, prahlerisch und eingebildet sein. Sie werden ihre Mitmenschen beleidigen und ihren Eltern nicht gehorchen. Es wird nichts Heiliges für sie geben; sie werden undankbar sein, lieblos und unversöhnlich, verleumderisch, unbeherrscht und gewalttätig, Menschen, die das Gute hassen, die untreu und unzuverlässig sind, aber aufgeblasen und stolz. Solche Menschen lieben das Vergnügen mehr als Gott. Sie geben sich zwar einen frommen Anschein, aber die Kraft wirklicher Frömmigkeit kennen sie nicht. Halte dich von diesen Menschen fern!«

Was von Paulus als Erkennungszeichen für die neutestamentliche Endzeiterwartung gedacht war, kann nach meiner Auffassung auch als eine Aufzählung von psychoneurotischen Schwierigkeiten und als Merkmal der ekklesiogenen Neurose gelten. Wenn Menschen in ihrem persönlichen Selbstwertgefühl gestört sind, werden sie »selbstsüchtig«, wie es im Text heißt. Narzißtische Selbstliebe kann die Nächstenliebe und die Beziehungen zu den Mitmenschen und den Dingen »vergiften« und beeinträchtigen. Lieblosigkeit und Unversöhnlichkeit, Unbeherrschtheit und Gewalttätigkeit beschreiben einen neurotisch gestörten Menschen. Durch diese Schwierigkeiten wird auch das Glaubensleben neurotisiert. Der Text beschreibt diese Störungen mit den Worten: blasphemisch, unheilig, gottlos und ohne Liebe zu Gott. Nach der Vorstellung des Paulus stehen Vergnügungssucht und Lebensgenuß derart stark im Vordergrund, daß die Gottesliebe keinen Raum hat. Wohl nicht zufällig wird der Katalog von Schwierigkeiten durch die Selbstliebe eingeleitet und durch die Gottesliebe beendet. Sie bilden die zentralen Pole bei jedem Menschen, vergleichbar den Brennpunkten einer Ellipse. Bei hysterisch strukturierten Menschen sind die genannten Pole besonders auffällig gestört.

Die Konversion vom Seelischen ins Körperliche

Ein besonderes Wesensmerkmal der hysterischen Struktur ist, daß unbewußte seelische Schwierigkeiten in körperlichen Symptomen zum Ausdruck gebracht werden. Was der Hysteriker nicht sagen kann, zeigt er mit seinem Körper. Bei ihm wird der Körper zum Konfliktpartner. Das zeigt sich in hysterischen Lähmungen, Schmerzzuständen oder Anfällen. Hysterische Lähmungen sind seelisch bedingte Gehstörungen, Armlähmungen oder Lähmungen der Sinnesorgane. Bei den hysterischen Symptomen muß auf jeden Fall von einem Arzt die Diagnose gestellt werden, um eine körperliche Erkrankung von psychosomatischen Symptomen zu differenzieren. Die Umwandlung unbewältigter Erlebnisse in ein hysterisches Anfallsleiden macht das folgende Fallbeispiel deutlich:
»Bei der einundzwanzigjährigen kaufmännischen Angestellten kommt im Laufe einer stationär eingeleiteten, zwei Jahre ambulant fortgeführten Therapie hinter der Abwehr und scheinbaren Problemlosigkeit eine familiäre Konfliktsituation mit einer identifikatorischen Bindung an einen schwierigen Va-

ter als Konfliktursache zur Sprache: Die Familie wird durch den Vater beherrscht, der ein starrer Mann ist, nicht nachgeben und nicht von sich sprechen kann, immer recht haben muß. Die Mutter hat immer zu allem ja und amen gesagt. Die älteste Tochter hat sich schon früh vom Vater frei gemacht, sich später durch Heirat aus dem familiären Konfliktfeld lösen können, ebenso die jüngste Tochter durch eine frühe Verlobung. Die Patientin sollte als zweites Kind eigentlich ein Junge sein, jungenhaftes Verhalten wurde bei ihr ermutigt. Sie wuchs im Interessenkreis des Vaters und seiner Neigungen auf. Wenn der Vater sich tagelang in ein trotziges Schweigen zurückzog, wurde sie von der Familie delegiert, mit ihm zu sprechen und wieder Einverständnis mit ihm herzustellen. Die Familie zitterte allgemein vor den Zornausbrüchen des Vaters, nur sie, vor allem wenn sie einen Anfall bekam, konnte ihn besänftigen und zur Ruhe bringen. In der Familie wird die Geschichte erzählt, daß der Vater, als er einmal verunglückte und bewußtlos lag, nur den Namen der Patientin gerufen haben soll.

Den ersten Ohnmachtsanfall erlitt die Patientin mit zehn Jahren in der Kirche. Bei der Wiederholung dürfte ein sekundärer Krankheitsgewinn Bedeutung haben. Sie gewinnt als die Kranke an Aufmerksamkeit und Zuwendung. In der familiären Konfliktsituation hat der Anfall die Funktion, daß dadurch Spannungen zwischen Vater und Mutter ausgeglichen werden und Macht über den sonst bedrohlichen und unberechenbaren Vater ausgeübt werden kann. Ein weiterer sekundärer Krankheitsgewinn liegt in der Häufung von Anfällen bei bevorstehenden Reifungsanforderungen, bei Verlobungen und Heiratswünschen von Freunden. Eine reife Partnerbeziehung mit Heirat ist eine Lebensform, der sie sich im Grund doch nicht gewachsen fühlt. Auf der psychosexuellen Ebene bringt der Anfalll eine Befriedigung als Affektabfuhr auf einer vorsprachlichen Ausdrucksebene.«[1]

Die Umwandlung von seelischen Komplexen in körperliche Symptome (Konversion) wird auch in biblischen Krankengeschichten erkennbar. Bei den Krankenheilungen Jesu und der Apostel handelt es sich häufig um hysterische Symptome und

[1] W. Bräutigam, Reaktionen - Neurosen, S. 121 f.

seelisch bedingte Leiden. Jesus und die Apostel heilen, indem sie mit Vollmacht das lösende Wort zusprechen. Die Therapie Jesu hat manche Ähnlichkeiten mit der heutigen Psychotherapie. So motiviert Jesus die eigene Aktivität und den Gesundungswillen des Kranken durch die Frage: »Was willst du, das ich dir tun soll?« Den 38 Jahre lang Kranken am Teich Bethesda fragt er als erstes: »Willst du gesund werden?« (Johannes 5,6). Die Ansprache des Genesungswillens allein bewirkt noch keine Wunderheilung. Doch es werden das durch die Krankheit zerstreute Denken und die chaotischen Seelenkräfte geordnet und auf das therapeutische Ziel ausgerichtet.

Zur neurotischen Verzerrung und Zerstreuung der Sinne gehört ferner das ungenaue Hinsehen. Neurotische Menschen, insbesondere hysterisch Strukturierte sehen nicht klar und realistisch. Daher ist es verständlich, daß die Apostel Petrus und Johannes zu dem Gelähmten sagen: »Sieh uns an! Und er sah sie an, wartete, daß er etwas von ihnen empfinge. Petrus aber sprach: Silber und Gold habe ich nicht; was ich aber habe, das gebe ich dir: im Namen Jesu Christi von Nazareth, stehe auf und wandle! Und griff ihn bei der rechten Hand und richtete ihn auf. Alsobald standen seine Schenkel und Knöchel fest; er sprang auf, konnte gehen und stehen und ging mit ihnen in den Tempel, wandelte und sprang und lobte Gott« (Apostelgeschichte 3,4ff.). Das therapeutische Sehen ist mehr als ein bloßer Blickkontakt. Das Ansehen wird zu einem Durchblick in die seelischen Zusammenhänge der Neurose. In diesem Zusammenhang hat auch der Zuspruch der Sündenvergebung nicht nur eine theologische Dimension, sondern auch eine therapeutische Funktion. Das vergebende und lösende Wort verhilft zur Auflösung der psychoneurotischen Symptome. Das stumme Leiden kann sich in Worte kleiden.

Nachahmung statt Nachfolge

Die beschriebene Übertragung der Probleme und Schwierigkeiten vom Seelischen ins Körperliche ist zugleich ein Beispiel und Modell dafür, wie Menschen mit einer hysterischen Struktur auch mit ihrer Frömmigkeit und Religion umgehen. Sie sind einerseits relativ leicht für Glaubensdinge zu begeistern, doch fehlt ihnen andererseits eine auf Dauer angelegte religiöse Bindung. In mancher Hinsicht gleichen sie den Dornen im biblischen Gleichnis vom vierfachen Ackerfeld, unter die der Samen fiel. Wie dort die aufgehende Saat von dem wuchernden Gestrüpp erstickt wird, so verdecken die lebhaften Phantasien der Hysteriker die klaren Glaubensvorstellungen. Bei diesen Menschen besteht die Gefahr, daß aus der Nachfolge Christi eine Nachahmung wird.

Die Phantasietätigkeit wird dabei besonders stark von sexuellen Phantasien begleitet. Wenn zum Beispiel von der »Liebe Gottes« die Rede ist, denken sie in der Regel mehr an sexuelle und erotische Formen der Liebe als an die »göttliche Liebe«. Die sogenannte christliche Nächstenliebe entartet bei den Hysterikern nicht selten zu einer »Liebedienerei«. Damit soll ausgedrückt werden, daß andere Menschen diese Art von christlicher Nächstenliebe nicht als echt und herzlich erleben können. Ähnlich wie mit dem vielschichtigen Reizwort »Liebe« geht es bei vielen mit dem christlichen Begriff der »Hingabe«. Wenn in frommen Kreisen in schwärmerischer Begeisterung von der Hingabe im Glauben die Rede ist, werden zumindest bei den Hysterikern auch andere Hingabewünsche geweckt. So könnten an zahlreichen Begriffen aus dem religiösen Wortschatz die fließenden Übergänge und Beziehungen zwischen dem Religiösen und dem Erotischen sowie dem Sexuellen aufgezeigt werden.

Diese lebendige und fließende Ganzheit hat positive und negative Seiten für die Frömmigkeit. Während der zwanghaft strukturierte Christ seine Glaubensvorstellungen relativ gut von emotionalen Beimischungen freihalten kann, ist der Hysteriker viel stärker seinen Gefühlen und Affekten ausgeliefert. Dies hat zur Folge, daß auch sein Glaubensleben viel gefühlvoller ist. Bei der heutigen Gefühlsarmut im Leben und Glauben ist eine Frömmigkeit mit Gefühl sicher zu begrüßen. Andererseits besteht die Gefahr, daß die Phantasien und das Gefühlsleben das Glaubensleben überwuchern oder ersticken wie die Dornen den Samen im Gleichnis vom vierfachen Ackerfeld.

Die Lösung der angesprochenen Probleme scheint mir in einer Balance von Glaubensleben und seelischem Erleben zu liegen. Das rechte Maß zu finden scheint die Kunst des Lebens und ebenso des Glaubens zu sein. Die hysterisch Strukturierten stehen mehr als andere in der Gefahr, den Glauben mit ihren seelischen Phantasien zu ersticken. Die immer aufs neue anzustrebende Balance sollte darin bestehen, einen phantasievollen Glauben zu haben, die häufig verschwommene seelische Welt mit Hilfe der Religion zu strukturieren.

Hysterische Dramatisierung und Selbstverwirklichung

Hysterisch strukturierte Menschen vermögen besonders ausdrucksvoll ihre Schwierigkeiten und Erfahrungen darzustellen. Ludwig Klages hat daher bei diesen Menschen von einer »Ausdruckssucht« gesprochen. Hinter dieser Sucht steht eine starke seelische Einbildungskraft, die sich häufig in dramatischen Aktionen äußert. Wie Schauspieler auf der Bühne können Hysteriker ihre inneren Erlebnisse darstellen. Das alles geschieht in der Regel nicht absichtlich und bewußt, sondern durch unbewußte treibende Kräfte. Das »hysterische Gehabe«, wie I. H. Schultz diese Dramatisierungen und Inszenierungen nennt, hat dennoch einen verborgenen Sinn und dient einem bestimmten Zweck. Es soll ein Kompromiß gefunden werden, der halbwegs die verdrängten Triebwünsche befriedigt und andererseits auch die Forderung des Gewissens erfüllt.

Die Tragik und die Gefahr der hysterischen Menschen ist, daß sie an sich und den Mitmenschen weitgehend vorbeileben. Durch die leichte Erregbarkeit und Reizbarkeit sind sie für alles Neue und Besondere zu interessieren, ohne daß sie jedoch einen eigenen festen Standpunkt haben. Die mangelnde Selbsterkenntnis und Selbsteinsicht führt auch in der Frömmigkeit und im Glaubensleben zu mancherlei Verirrungen, die Riemann wie folgt beschreibt: »Religion wird ihnen leicht zu einem unverbindlichen Zeremoniell, bei welchem man durch Beichte und Buße alle Schuld loswerden und wieder wie neugeboren anfangen kann in aller Unschuld. Sie halten an der Vorstellung eines persönlichen Gottes im Sinne des ›guten Vaters‹ fest, der natürlich sie besonders liebt und das schon irgendwann zeigen wird. So bleiben sie in vielem kindlich-unreif, naiv und wundergläubig, sind verführbar durch alle Angebote, die zu helfen versprechen ohne eigene Anstrengung, seien es Heilsversprechungen, Hypnose oder sonstige Methoden und irgendwelche Präparate. In der Ethik haben sie ähnlich naiv-unverbindliche Haltungen. Die Möglichkeit, alles zu relativieren, und den ›Sündenbock‹, das ›schwarze Schaf‹ immer draußen und nicht bei sich selbst zu suchen, wird breitest ausgenutzt. Sie bleiben auch hierin wie die Kinder, die ihr schlechtes Gewissen damit beruhigen, daß sie die Schuld auf einen anderen zu schieben versuchen. Sie projizieren alles Belastende, Schuldgefühle und Selbstvorwürfe als Vorwurf nach außen, was ihnen die Selbsteinsicht und Reifung erschwert oder unmöglich macht.«[1]

Meine Untersuchung zeigt, daß hysterisch strukturierte Personen auch Glaubensvorstellungen in ihre Projektionen einbeziehen. Im Vergleich zu den drei anderen Persönlichkeitsstrukturen glauben sie am stärksten an die Unsterblichkeit der Seele (Tabelle 10, Frage 15). Die Hysteriker halten sich zuallermeist für religiöse Menschen (Tabelle 11, Frage 44), können am wenigsten auf Gott verzichten (Frage 49) und gehen regelmäßig in die Kirche (Frage 40). Statistisch signifikant ist, daß sie vorgeben, ein besonderes Gespür für die Scheinheiligkeit anderer Menschen zu haben (Tabelle 14, Frage 35). In diesem Befund kommt jedoch auch die starke Neigung zur Projektion zum Ausdruck. Die Hysteriker sehen bei anderen, was sie bei sich selber kaum wahrnehmen. Am stärksten von allen Patienten spüren sie die Wut im Bauch (Tabelle 14, Frage 38). Dies ist sicher ein Ausdruck der starken Neigung zur Konversion der seelischen Empfindungen in den körperlichen Bereich. Abschließend sei erwähnt, daß die Hysteriker nächst den Schizoiden besonders stark um ihre Selbstverwirklichung bemüht sind (Tabelle 13, Frage 50). Trotz der Gefahr einer Selbstentäußerung, die sich gerade bei den Hysterikern bis zur Selbstentfremdung steigern kann, kommt in diesem Befund auch ihr starkes Streben nach Selbstverwirklichung zum Ausdruck.

Selbstverwirklichung wird von vielen Theologen und den meisten Christen weitgehend mißverstanden. Oft wird sie als eine gewisse »Selbsterlösung« des Menschen angesehen. Man meint, daß in diesem Streben kein Raum sei für Gottes Gnade und sein Heil. Ganz anders dagegen versteht der Psychotherapeut K. G. Rey dieses psychologische Schlagwort. Ich teile mit diesem Autor die Überzeugung, daß der Mensch, der sich selbst verwirklicht, wirklich ein ganzer Christ werden kann. Rey beschreibt das Ineinander von Menschsein und Christsein wie folgt: »Mancher ist ein Christ statt ein Mensch. Mancher ist kein Christ, weil er ein Mensch sein möchte. Mancher ist we-

---

[1] Riemann, Grundformen der Angst, S. 115

der ein Christ noch ein Mensch, weil er sich mit dem einen das andere immerzu unmöglich macht. So unvereinbar ist für viele von uns Christliches und Menschliches. Diese scheinbar unüberbrückbare Kluft ließe sich schließen, wenn wir uns auf jenen Auftrag besinnen würden, der wie ein 11. Gebot Gottes zwischen den Zeilen des Evangeliums steht: Du sollst dich selbst verwirklichen! Es ist der Auftrag, ganz Christ zu sein, um ganz Mensch zu werden; der Auftrag, voll Mensch zu sein, um wirklich ein Christ zu werden. Es kommt also darauf an, daß wir uns selbst verwirklichen!«[1]

Abschließend möchte ich mit einem besonders eindrucksvollen Fallbeispiel aus der analytischen Praxis von Rey zeigen, wie die Selbstverwirklichung in ein Gebet münden kann. Ein Student bezeugt nach einer längeren Zeit von Arbeitsstörungen und psychoneurotischen Blockierungen: »In letzter Zeit war ich äußerst angespannt durch die Prüfungen. Ich arbeitete wie ein Wilder. Noch nie habe ich mich so konzentrieren können, so daß ich mich ganz vergaß. Ich war ganz hingegeben an meine Arbeit. Das strömte eine große Ruhe und Befriedigung über mich aus. Ich hatte am Abend das Gefühl, wirklich etwas geleistet zu haben. Ich war zufrieden. Ich glaube auch immer mehr, ein Absolutes in mir zu verspüren. Ich versuche, ein Verhältnis zu ihm zu finden. Ich möchte in ihm einen Gesprächspartner haben. So redete ich mit ihm einfach so dahin. Ich betete. Es drängte mich, dieses Gebet aufzuschreiben, einfach wie es gerade kam. Ich betete so schnell, wie ich gerade schreiben konnte. Ich schrieb: ›Zeige mir den neuen Weg, den Weg der Wahrheit und des Lebens! Ich danke Dir für den heutigen Tag, daß Du mich hast zur Ruhe kommen lassen. Gott, ich preise Dich! Nicht ich bin der, der das Leben führt, nein, es ist einer da, der es mit Macht in mir führt. Bald ist Frühling. Ich freue mich, wenn alles zu blühen beginnt. Oh, ihr Blumen, wie schön, wie rein, wie vollendet ihr sein werdet! Ihr Wesen alle, erfüllet meine Seele. Füllt sie auf mit all dem Guten, Schönen und Edlen! Füllet mich und lasset mich meinen Weg gehen, meinen einzigen, einmaligen Weg, den nur ich gehen muß. Kein anderer war ihn vorher gegangen und wird ihn jemals gehen!

[1] K. G. Rey, Darauf kommt es an, S. 7

Laß mich nicht fragen, weshalb und wozu, sondern laß mich erkennen, was Du in meine Seele gelegt hast. Mach, daß ich mich ganz in Deine Hände geben kann! Über das andere laß mich keine Sorge machen, denn es ist nichtig. Ich will das Meinige tun und fröhlich sein, denn nichts kann mich zermürben, wenn ich auf meinem Weg bin. Da bin ich, da bist Du, da sind die anderen. Ich will und hoffe, daß alles gut wird. Du weißt es. Du weißt alles. Was soll ich da noch lange nachdenken? Was kann ich da tun und ändern außer das Meinige? Ich will das Gute tun, ohne gleich die Welt verändern zu wollen. Herr, laß mich noch mehr erkennen und fühlen, welches mein Weg ist!«[1]

Die unbewußten Verführungen

Die geheime Beeinflußbarkeit und die Fremdbestimmung sind bei den hysterisch strukturierten Menschen eine besondere Gefahr. Weil sie in der Regel keinen festen Standpunkt haben, neigen sie besonders stark dazu, sich an anderen und an deren Meinung zu orientieren. Hysteriker sind beständig auf der Suche nach etwas Neuem, ständig werden neue Reize und Eindrücke gesucht. Weite Bereiche unserer Konsumgesellschft und die Unterhaltungsindustrie wissen diese Bedürfnisse zu nutzen oder gar auszunutzen. Der Reizhunger der Hysteriker wird durch die Reizangebote der genannten Branchen ein Stück weit befriedigt und andererseits immer neu »angeheizt«. Gelegentlich kann sich das Wechselspiel von Angebot und Nachfrage zu einer gewissen Massenhysterie steigern. Diese nur kurz angedeuteten Zusammenhänge stellen uns das Problem der Verführbarkeit vor Augen. Ein tragisches und trauriges Beispiel dafür ist Hitlers Beeinflussung und Verführung der Massen. Ähnlich wie im politischen Bereich ist es auch im religiösen. Die Massenflucht vieler junger Menschen aus den christlichen Kirchen des Abendlandes hin zu östlichen Religionen und Meditationsformen beruht weitgehend auf ähnlichen seelischen Mechanismen.

[1] Rey, Darauf kommt es an

Die hier angesprochenen Aspekte der geheimen Verführbarkeit sind seit dem Urchristentum eine beständige Bedrohung für das Glaubensleben und die Einheit der Kirche. So ermahnt beispielsweise der Apostel Paulus die Christen in Ephesus zur Einigkeit im Geist und in der Liebe mit den Worten: »Wir sollen nicht mehr Unmündige sein, wie auf Wellen hin und her geworfen und umhergetrieben von jedem Wind der Lehre durch das trügerische Spiel der Menschen, durch Schlauheit zu Verführung in Irrtum. Wir sollen vielmehr, die Wahrheit in Liebe festhaltend, in allen Stücken hinanwachsen zu ihm, der das Haupt ist, Christus. Und von ihm aus vollbringt der ganze Leib, durch alle sich unterstützenden Gelenke zusammengefügt und zusammengehalten, nach der jedem einzelnen Gliede zugemessenen Wirksamkeit das Wachstum des Leibes zu seiner eigenen Auferbauung in Liebe« (Epheser 4,14 ff. nach Zürcher Bibel). In recht anschaulicher Weise wird hier ein Problem diagnostiziert und eine Therapieempfehlung ausgesprochen, die auch für Hysteriker hilfreich sein dürfte. Sie werden nicht nur in den allgemeinen Orientierungsschwierigkeiten »wie auf Wellen hin und her geworfen und umhergetrieben«, sondern auch im Glaubensleben leicht von Irrlehren verführt. Infolge ihrer Leichtgläubigkeit oder Gutgläubigkeit sind sie auch leicht verführbar. Als Abhilfe und Therapie empfiehlt der Apostel, die Wahrheit in Liebe festzuhalten und zu Christus als dem Haupt hinanzuwachsen.

Versuchen wir, die verwendeten Begriffe und Bilder in tiefenpsychologische Vorstellungen zu übertragen, könnte von der Entwicklung und Selbstverwirklichung der Persönlichkeit gesprochen werden. Dabei sollte verstanden werden, daß bei der Selbstverwirklichung nicht irgendein Egoismus bestimmend ist, sondern das Selbst als jene Instanz im Menschen, die Christus heißt.

Seelsorge und Therapie bei Hysterikern

Die Seelsorge bei hysterisch strukturierten Menschen, insbesondere bei Frauen, ist ein schwieriges Unterfangen. Da diese Menschen ein schauspielerisches Naturtalent besitzen, merken manche Seelsorger nicht, wie sie aufs Glatteis geführt werden.

So erging es auch Pfarrer X., der von Frau L. nach den Gottesdiensten in der Sakristei zu Gesprächen über Glaubensfragen aufgesucht wurde. Im Laufe der Monate wurden die Seelsorgegespräche immer persönlicher und intimer. In der Gemeinde kam das Gerücht auf, daß Frau L. ein Verhältnis zum Pfarrer habe. Mit viel Phantasie vermochte sie die aufgebauschten Schwierigkeiten dramatisch mit Tränen zu untermalen und begehrte, daß der Pfarrer sie zum Troste streichle oder in den Arm nehme. Eines Tages stellte sich Frau L. krank und bat den immer noch ahnungslosen Pfarrer zu einem Hausbesuch, der schließlich in einer dramatischen »Bettgeschichte« endete. Diese verkürzt wiedergegebene Fallgeschichte zeigt, welchen seelischen Verführungen ein Gottesmann verfallen kann, wenn er keine Ahnung hat von seelischen Kräften und psychischen Strukturen.

Hysterisch strukturierte Menschen sind wie sonst im Leben relativ schnell zu begeistern, aber ihnen fehlt die geistig-seelische Kraft, die guten Einsichten in ihrem Leben zu verwirklichen. Sie können aufgrund ihrer seelischen Bewegtheit Seelsorger und Therapeuten anstecken und eine Zeitlang eine gute Zusammenarbeit zeigen. Doch oft erweist sie sich als Strohfeuer.

Es ist für Hysteriker besonders schwierig und schmerzlich, den unbewußten »faulen Kompromiß« in ihren Symptomen zu erkennen und etwas zu ändern. Die hysterische Schein- und Wunschwelt ist derart faszinierend, daß sie sich nur schwer vom Schein zum Sein und zur Realität durchringen können. Trefflich formuliert Riemann die Schritte der Therapie: »Die Hilfe kann nur liegen im Annehmen der Realität, im Erlebnis des Könnens und echter Leistung sowie im Anerkennen eigener Grenzen, in der Echtheit im Vollziehen notwendiger Verzichte. Nur dann zeigt einem die Wirklichkeit auch ihre positiven Seiten und gibt einem das Stück an Befriedigung und Erfülltheit, das für uns möglich ist.«[1]

---

[1] Riemann, Grundformen der Angst, S. 109

Sich selber auf die Schliche kommen

Wenn die psychoneurotischen Schwierigkeiten nicht zu tief oder gar »eingefleischt« sind (als körperliche Symptome), können auch hysterisch Strukturierte versuchen, sich selber auf die Schliche zu kommen. Wenn jemand zum Beispiel in bestimmten Situationen Kopfschmerzen bekommt oder mit plötzlichem Durchfall reagiert, sollte er in sich hineinhorchen und die Botschaft seines Symptoms erspüren. Auf diese Weise kam eine Lehrerin darauf, daß sie nahezu regelmäßig Kopfschmerzen bekam, wenn sie sich im Kollegenkreis furchtbar ärgerte und dies nicht zeigen wollte. Während sie sich im Erspüren der Zusammenhänge zwischen ihrem seelischen Erleben und den körperlichen Schmerzen übte, las sie eines Tages in einem Gesundheitsmagazin den Satz, daß Kopfschmerzen auch »geronnene Aggressionen« sein können. Diese Botschaft wurde zu einem besonderen Aha-Erlebnis. Fortan bemühte sie sich, mit aufkommenden Aggressionen anders umzugehen.

Ich habe die Erfahrung gemacht, daß besonders hysterisch strukturierte Menschen ein Gespür für ihre Körpersprache entwickeln können. Das erfuhr ich auch bei Herrn G., der unter heftigen Herzschmerzen zu leiden hatte. Die ärztliche Untersuchung erbrachte keinen krankhaften Befund. So begann er schließlich, selber auf die Stimme seines Herzens zu hören. Er fand im Laufe der Zeit heraus, daß sein Herz dann schmerzte, wenn die Konflikte mit seiner Frau zu stark wurden. Er drückte das einmal so aus: »Die Herzschmerzen signalisieren meinen Liebeskummer.« Herr G. verstand die Sprache seines Herzens zusehends besser und arbeitete an der Verbesserung seiner Partnerbeziehung. Im Laufe der Zeit verschwanden die hysterisch und seelisch bedingten Beschwerden.

Sicher ist es nicht jedermann möglich, sich so erfolgreich mit seinen Schwierigkeiten auseinanderzusetzen. Die Beispiele und die Ausführungen sollten vor allem Mut zur Selbsthilfe machen und zur Selbstverantwortung sowie zur Selbstverwirklichung aufrufen.

Wissenschaftliche Konzepte über Neurose und Religion

Die in diesem Buch behandelte Problematik der religiösen Neurose zeigt sich nicht nur in einzelnen Lebensschicksalen, sondern berührt zahlreiche Glaubensfragen und Lebenserfahrungen. Um etwas von der Vielfalt religiöser Orientierungen und seelischer Schwierigkeiten wissenschaftlich zu erfassen, habe ich eigens einen Fragebogen dazu entwickelt. 139 Patienten und eine Kontrollgruppe von 243 Personen gaben Auskunft darüber, wie sie religiös erzogen worden sind, wie ihr Gottesbild und die Glaubensvorstellungen aussehen, die ihr Denken und Handeln beeinflussen. Die Befunde zeigen im einzelnen, wo das praktizierte Glaubensleben von den Glaubensvorstellungen abweicht. Auch die verschiedenen seelischen Schwierigkeiten wurden angesprochen, so daß der Leser einen Überblick erhält über das weite Feld von Neurose und Religion.

Die vielschichtigen Beziehungen zwischen Neurose und Religion, zwischen seelischen Schwierigkeiten und religiösem Erleben gilt es noch etwas ausführlicher zu beschreiben. Das Glaubensleben ist unlöslich verbunden und verwoben mit dem seelischen Erleben und dem körperlichen Befinden. Jeder weiß aus der alltäglichen Erfahrung, wie stark die seelischen Stimmungen von dem körperlichen Wohlbefinden oder von Mißbehagen beeinflußt werden. Diese Empfindungen beeinflussen auch das Glaubensleben. Dieser Begriff wurde absichtlich gewählt, um die vielschichtigen Beziehungen zwischen Glaube und Leben anzuzeigen. Der Glaube sollte mit Leben erfüllt sein und andererseits dem Leben Sinn verleihen. Die Glaubensfähigkeit und der persönliche Glaubensvollzug können durch die verschiedenen seelischen Erkrankungen wie Depressionen, Zwänge oder Angstneurosen stark beeinträchtigt oder nahezu gänzlich unmöglich gemacht werden. So kann dem Glauben in einer tiefen Depression der Boden, die Grundlage entzogen werden. So wie das Glaubensleben durch seelische Stimmungen und das seelische Befinden beeinträchtigt wird, kann umgekehrt auch das seelische Erleben durch eine lebensfeindliche Religiosität beeinträchtigt und gestört werden. Insbesondere eine gesetzliche Frömmigkeit kann das Seelenleben verhärten und die kreativen Phantasien abtöten. Während der wahre Glaube das Leben befreit und heilende Kräfte freisetzt, macht eine erstarrte Frömmigkeit krank.

Bevor ich über meine wissenschaftliche Untersuchung dieser Zusammenhänge berichte, möchte ich kurz die Konzeption beschreiben, nach der ich die Zusammenhänge zwischen seelischen Schwierigkeiten und religiöser Lebensgestaltung betrachte und deute. Ich möchte dem Leser sozusagen meine »Brille« beschreiben, durch die ich die Beziehungen zwischen Neurose und Religion sehe und verstehe. Konzeption meint hier die klar umrissenen Grundvorstellungen und die Leitgedanken, die meine Untersuchung begleiteten. Hierzu habe ich wichtige Verstehensmöglichkeiten durch Freuds Anschauungen über die Religion empfangen. Als Psychotherapeut der Jungschen Schulrichtung wurde mir das Verständnis der religiösen Funktion der Seele besonders wichtig. Nach Jung hat insbesondere in der zweiten Lebenshälfte der Mensch religiöse Bedürfnisse. Für das Verständnis der geistigen Not der Menschen wurde mir die Logotherapie von V. E. Frankl hilfreich. Schließlich werden noch einige Gesichtspunkte aus der sogenannten Systemtheorie der Familientherapie referiert. So wie die Lebensmuster und Vermächtnisse der Familie prägend auf uns wirken, werden auch die religiösen Vorstellungen und ethischen Verhaltensweisen als wichtiges und heiliges Vermächtnis von Generation zu Generation weitergegeben. Da ich, wie gesagt, durch diese vier Schulrichtungen grundlegende Verstehensmöglichkeiten gefunden habe, möchte ich diese in allgemein verständlicher Form darstellen.

Religion als universelle Zwangsneurose
(S. Freud)

Der Begründer der Psychoanalyse, Sigmund Freud, hat mit einem genialen Forscherblick den Zusammenhang zwischen Neurose und Religion gesehen. Besonders fiel ihm bei seinen Patienten die Ähnlichkeit zwischen Zwangsneurose und religiösen Ritualen auf. Dazu schrieb Freud im Jahre 1907: »Ich bin gewiß nicht der erste, dem die Ähnlichkeit der sogenannten Zwangshandlungen Nervöser mit den Verrichtungen aufgefallen ist, durch welche der Gläubige seine Frömmigkeit bezeugt. Der Name ›Zeremoniell‹ bürgt mir dafür, mit dem man gewisse dieser Zwangsvorstellungen belegt hat. Doch scheint mir diese Ähnlichkeit eine mehr als oberflächliche zu ein, so daß man aus einer Einsicht in die Entstehung des neurotischen Zeremoniells Analogieschlüsse auf die seelischen Vorgänge des religiösen Lebens wagen dürfte ... Das neurotische Zeremoniell besteht in kleinen Verrichtungen, Zutaten, Einschränkungen, Anordnungen, die bei gewissen Handlungen des täglichen Lebens in immer gleicher oder gesetzmäßig abgeänderter Weise vollzogen werden. Diese Tätigkeiten machen uns den Eindruck von bloßen ›Formalitäten‹; sie erscheinen uns völlig bedeutungslos. Nicht anders erscheinen sie dem Kranken selbst, und doch ist er unfähig, sie zu unterlassen, denn jede Abweichung von dem Zeremoniell straft sich durch unerklärliche Angst, die sofort die Nachholung des Unterlassenen erzwingt.«[1] Recht anschaulich beschreibt Freud, worin das zwangsneurotische Zeremoniell besteht und welchen Sinn es trotz der scheinbaren Sinnlosigkeit hat. Es dient der Abwehr der Angst. Hinter den Zwangshandlungen stehen unbewußte Motive und Vorstellungen, die mit Hilfe der Zwangsrituale ein Stück weit strukturiert werden.

In seinen weiteren Ausführungen kommt Freud auf die Gewissensangst zu sprechen, die einen zwanghaften Menschen bei Unterlassung des Zeremoniells überfällt. In dem folgenden Zitat wird die Zwangsneurose als Zerrbild einer Privatreligion

---

[1] Sigmund Freud, Gesammelte Werke VII, S. 129 f.

bezeichnet und die Sinnhaftigkeit der Zwangshandlungen beschrieben: »Die größere individuelle Mannigfaltigkeit der Zeremoniellhandlungen im Gegensatz zur Stereotypie des Ritus (Gebet, Proskinesis usw.), der Privatcharakter derselben im Gegensatz zur Öffentlichkeit und Gemeinsamkeit der Religionsausübung; vor allem aber der eine Unterschied, daß die kleinen Zutaten des religiösen Zeremoniells sinnvoll und symbolisch gemeint sind, während die des neurotischen läppisch und sinnlos erscheinen. Die Zwangsneurose liefert hier ein halb komisches, halb trauriges Zerrbild einer Privatreligion. Indes wird gerade dieser einschneidendste Unterschied zwischen neurotischem und religiösem Zeremoniell beseitigt, wenn man mit Hilfe der psychoanalytischen Untersuchungstechnik zum Verständnis der Zwangshandlungen durchdringt. Bei dieser Untersuchung wird der Anschein, als ob Zwangshandlungen läppisch und sinnlos wären, gründlich zerstört und die Begründung dieses Scheines aufgedeckt. Man erfährt, daß die Zwangshandlungen durchwegs und in all ihren Einzelheiten sinnvoll sind, im Dienste von bedeutsamen Interessen der Persönlichkeit stehen und fortwirkende Erlebnisse sowie affektbesetzte Gedanken derselben zum Ausdruck bringen. Sie tun dies in zweierlei Art, entweder als direkte oder als symbolische Darstellungen; sie sind demnach entweder historisch oder symbolisch zu deuten.«[1] Die Gewissenhaftigkeit in der Ausführung der Zwangsrituale ist für den Betreffenden insofern sinnvoll, als die Gewissensangst dadurch erträglich gemacht wird. Die unbewußte Motivation und die Triebimpulse werden in den affektbesetzten Gedanken und mit Hilfe der Zwangshandlungen dargestellt.

Im Verlauf der weiteren Ausführungen über Zwangshandlungen und Religionsübungen kommt Freud schließlich zu einem fragwürdigen Analogieschluß und schreibt: »Nach diesen Übereinstimmungen und Analogien könnte man sich getrauen, die Zwangsneurose als pathologisches Gegenstück zur Religionsbildung aufzufassen, die Neurose als eine individuelle Religiosität, die Religion als eine universelle Zwangsneurose zu bezeichnen. Die wesentlichste Übereinstimmung läge in dem zugrunde liegenden Verzicht auf die Betätigung von konstitutionell gege-

---

[1] S. Freud, GW VII, S. 131 f.

benen Trieben; der entscheidendste Unterschied in der Natur der Triebe, die bei der Neurose ausschließlich sexueller, bei der Religion egoistischer Herkunft sind.«[1]

Freuds psychologisch begründetes Urteil über die Religion als eine »universelle Zwangsneurose« hat bei den Theologen und vielen Religionspsychologen dazu geführt, daß die Psychoanalyse insgesamt abgelehnt oder weitgehend ignoriert wurde. Dies ist insofern zu bedauern, als damit zugleich auch die konstruktiven Ansatzpunkte für den Dialog zwischen Praktischer Theologie und Tiefenpsychologie auf lange Zeit nicht zum Tragen kamen. So entschieden wie einerseits Freuds Fehlschlüsse aus den entdeckten Analogien zwischen neurotischem Verhalten und den religiösen Phänomenen abzulehnen sind, möchte ich andererseits seine Beobachtungen würdigen, daß religiöse Symbole und kirchliche Bindungen auch dazu mißbraucht werden können, daß in ihnen psychische Bedürfnisse und/oder psychoneurotische Verhaltensweisen ausagiert werden. Trotz des Mißbrauchs anerkennt Freud die Funktion der religiösen Symbole und kirchlichen Rituale zur Sozialisation der Menschheit und zur Strukturierung des einzelnen.

Bereits vor acht Jahrzehnten artikulierte Freud Gedanken über psychische Prozesse, deren Auswirkungen in der Praxis von Beratung und Seelsorge sowie der Psychotherapie in den letzten Jahrzehnten zunehmend erkannt wurden. Es handelt sich um eine Art von Verschiebung und Konversion des Heiligen und Numinosen aus den religiös-kirchlichen Institutionen in den psychischen Bereich. In der Praxis ist nicht selten zu beobachten, daß die unstrukturierten religiösen Kräfte das seelische Erleben derart stark besetzen oder gar überfrachten, daß es zu religiösen oder sogenannten ekklesiogenen Neurosen kommen kann.

Schließlich soll als dritte Position von Freud noch aus der Schrift »Die Zukunft einer Illusion« der Wert der religiösen Vorstellungen erörtert werden. Die psychologische Bedeutung der religiösen Vorstellungen sieht Freud darin, daß in ihnen die Verbundenheit mit der Tradition zum Tragen kommt. Die religiösen Vorstellungen verdienen Glauben und Anerkennung,

[1] ebenda, S. 138

weil sie auch von den Vorfahren bereits geglaubt wurden. Freud kommt schließlich auf die psychische Genese der religiösen Vorstellung zu sprechen und schreibt: »Diese, die sich als Lehrsätze ausgeben, sind nicht Niederschläge der Erfahrung oder Endresultate des Denkens, es sind Illusionen, Erfüllungen der ältesten, stärksten, dringendsten Wünsche der Menschheit; das Geheimnis ihrer Stärke ist die Stärke ihrer Wünsche . . .« Freud schreibt dann weiter unten: »Wir heißen also einen Glauben Illusion, wenn sich in seiner Motivierung die Wunscherfüllung vordrängt, und sehen dabei von einem Verhältnis zur Wirklichkeit ab, ebenso wie die Illusion selbst auf ihre Beglaubigungen verzichtet . . .«[1]

Freuds Kritik der Religion als einer Illusion hat zahlreiche Mißverständnisse ausgelöst, weil der Begriff Illusion hier in einer anderen Bedeutung verwendet wird als in der allgemein üblichen Form. Für Freud bezeichnet dieser Begriff keinen Irrtum oder eine Täuschung, sondern ist Ausdruck eines starken Wunsches. Dieser kann sich nun der religiösen Vorstellungen derart stark bemächtigen, daß es zu einer Verkennung und Verzerrung der Wirklichkeit kommt.

Was Freud in einer gewissen Vereinseitigung als Illusion, Projektion und bloßes Wunschdenken beschreibt, scheint einem tiefen seelischen Bedürfnis des Menschen zu entsprechen. Die komplexen Prozesse der psychischen Projektion haben nach meiner Beobachtung einen tiefen Sinn, indem sie so etwas wie Lebensentwürfe darstellen. Die von C. G. Jung beschriebene transzendente Funktion und die von Frankl genannte Selbst-Transzendenz werden uns weitere Verstehensmöglichkeiten geben für das komplexe Erleben des Menschen. Dennoch bleibt es Freuds Verdienst, auf die genannten Zusammenhänge aufmerksam gemacht zu haben. Für die Neurosepsychologie im allgemeinen und für die Religionspsychologie im besonderen ist es seit Freud üblich geworden, daß zwischen den neurotischen Phänomenen und den normalen Erscheinungen des seelischen Lebens nur graduelle und nicht essentielle Unterschiede bestehen. Sogenannte neurotoide Charakterzüge trägt jeder Mensch und damit auch jeder religiös orientierte

---

[1] Freud, Die Zukunft der Illusion, S. 346 ff.

glaubende Mensch. Diese Anschauung deckt sich mit dem biblischen Menschenbild, daß wir auch den Schatz des Glaubens nur in »irdenen Gefäßen« haben. Den Sinn und den Wert einer Differenzierung zwischen der eigentlichen Religiosität und ihrer neurotischen Entstellung sehe ich darin, daß nicht grundsätzlich alles, was im religiösen Gewande einhergeht, gut und lebensfördernd ist, sondern infolge der Entstellung und Neurotisierung krankmachend wirken kann. Als Kriterium einer Unterscheidung könnte der biblische Grundsatz dienen: »An ihren Früchten sollt ihr sie erkennen!« Während das wahre Evangelium und die normale religiöse Orientierung zum Heile und zur Heilung dienen, können die Fehlformen zu psychoneurotischen Schwierigkeiten führen oder dazu beitragen.

Zusammenfassend ist festzuhalten, daß Freud für unsere empirische Untersuchung der Korrelation zwischen religiöser Orientierung und psychoneurotischen Schwierigkeiten grundlegende Einsichten von bleibendem Wert artikuliert hat. Diese fasse ich wie folgt zusammen:

– Die religiösen Vorstellungen haben nach Freud eine psychische Entstehungsgeschichte und eine psychologische Funktion.

– Die religiösen Vorstellungen verbinden mit der Tradition und übermitteln religiöse Vermächtnisse und ethische Verpflichtungen.

– In der religiösen Vorstellung kann die Motivation zur Wunscherfüllung vorherrschend werden. Die frommen Illusionen sollten durch die Wirklichkeit korrigiert werden.

– Freuds Hypothese von der Neurose als individueller Religiosität und die Bezeichnung der Religion als einer »universellen Zwangsneurose« wäre kritisch zu überprüfen.

Die religiöse Funktion der Seele (C. G. Jung)

Für C. G. Jung gehört die Religion zur Ganzheit der Person. Die Religion ist keine »Illusion« oder nur Ausdruck eines frommen Wunsches, sondern ein dynamischer Faktor in der lebendigen Seele. Der Mensch lebt nach Jung nicht ganzheitlich, wenn er keine Religion hat. Diese Ganzheit ist infolge der seelischen Schwierigkeiten in Unordnung geraten. Durch die Neurose ist die Ganzheit der Person gestört. Um dieses seelische Geschehen für jedermann allgemeinverständlich zu beschreiben, stelle man sich vor, daß in der Neurose sich zwei feindlich gesonnene Kräfte oder Teilpersönlichkeiten bekämpfen. Verursacht und verstärkt wird diese kriegerische Auseinandersetzung in der Seele dadurch, daß die Umwelteinflüsse verkehrt aufgenommen und nicht richtig verarbeitet werden. Was »die Leute« meinen oder erwarten, wird oft wichtiger genommen als die eigene Überzeugung. Die kollektiven Meinungen bilden somit einen Gegensatz zu den persönlichen Anschauungen. Dadurch wird der Zwiespalt im eigenen Ich verstärkt. Ferner kommt es häufig zu einem Widerstreit zwischen einer infantil gebliebenen und einer reiferen Einstellungsweise. So kann sich zum Beispiel die kindliche Seite wünschen, so versorgt oder verwöhnt zu werden wie in der Kindheit, während unser erwachsenes Ich weiß und anerkennt, daß zum reiferen Leben andere Verhaltensweisen gehören. Ein solcher Zwiespalt in der Seele führt zu neurotischen Konflikten. Welche Bedeutung haben in diesem »Seelenkrieg« nun der Glaube und die Religion?

Wenn Jung von Religion oder »Gott« spricht, geht er nicht von einer göttlichen Offenbarung aus. Als empirisch tätiger Seelenarzt geht er jeweils von den religiösen Erfahrungen seiner Patienten aus und anerkennt diese, ohne jedoch auf einen Verursacher zu schließen oder gar Aussagen über Gott zu machen. Jung leitet seinen Begriff der Religion von dem lateinischen religere ab und schreibt dazu: »Religion scheint mir eine besondere Einstellung des menschlichen Geistes zu sein, welche man in Übereinstimmung mit dem ursprünglichen Gebrauch des Begriffes ›religio‹ formulieren könnte als sorgfältige Berücksichtigung und Beobachtung gewisser dynamischer Faktoren, die aufgefaßt werden als ›Mächte‹: Geister, Dämonen, Götter, Gesetze, Ideen, Ideale oder wie immer der Mensch solche Faktoren genannt hat, die er in seiner Welt als mächtig, gefährlich oder hilfreich genug erfahren hat, um ihnen sorgfältige Berücksichtigung angedeihen zu lassen, oder als groß, schön und sinnvoll genug, um sie andächtig anzubeten und zu lieben.«[1] Die Religion ist für Jung also ein dynamischer Faktor,

---

[1] Zur Psychologie westlicher und östlicher Religionen, GW Bd. 11, S. 4

der in der Lebensgestaltung zu berücksichtigen ist. Ähnlich wie andere psychodynamische Prozesse bei ihrer Nichtbeachtung zu einer Neurose führen, kann dies auch bei der religiösen Orientierung geschehen.

Jung vertritt in seinem Aufsatz »Grundfragen der Psychotherapie« (1951) die Auffassung, daß weltanschauliche Faktoren und religiöse Ansprüche der Seele bei der Ätiologie der Neurosen und für den therapeutischen Prozeß eine ausschlaggebende Bedeutung haben, indem er schreibt, »daß soundsoviele Neurosen in aller erster Linie darauf beruhen, daß zum Beispiel die religiösen Ansprüche der Seele infolge des kindischen Aufklärungswahns nicht mehr wahrgenommen werden. Der Psychologe heute sollte es endlich einmal wissen, daß es sich längst nicht mehr um Dogmen und Glaubensbekenntnisse handelt, sondern vielmehr um religiöse Einstellung, die eine psychische Funktion von kaum absehbarer Wichtigkeit ist. Und gerade für die religiöse Funktion ist historische Kontinuität unerläßlich.«[1] In einem Vortrag bei der elsässischen Pastoralkonferenz im Jahre 1932 in Straßburg über Fragen der Psychotherapie und Seelsorge gibt Jung nach seiner dreißigjährigen Praxiserfahrung zu bedenken, daß die religiöse Einstellung das grundlegendste Problem bei Neurotikern in der zweiten Lebenshälfte ist. »Unter allen meinen Patienten jenseits der Lebensmitte, das heißt jenseits 35, ist nicht ein einziger, dessen endgültiges Problem nicht das der religiösen Einstellung wäre. Ja, jeder krankt in letzter Linie daran, daß er das verloren hat, was lebendige Religionen ihren Gläubigen zu allen Zeiten gegeben haben, und keiner ist wirklich geheilt, der seine religiöse Einstellung nicht wieder erreicht hat, was mit Konfession oder Zugehörigkeit zu einer Kirche natürlich nichts zu tun hat.«[2]

Es erscheint mir wichtig, aus diesem Zitat einige Aussagen von Jung noch etwas weiter auszuführen. Jungs Begriff der Religion ist umfassender als die traditionellen theologischen und dogmatischen Definitionen. Die religiöse Orientierung ist für ihn mehr als eine kirchliche Bindung und der Glaube im traditionellen Sinne. Wie schon in den vorangehenden Zitaten

---

[1] Praxis der Psychotherapie, GW Bd. 16, S. 49
[2] Zur Psychologie westlicher und östlicher Religionen, GW Bd. 11, S. 362

anklang, ist Jung durch die psychotherapeutische Praxis zu der Annahme gelangt, daß es in der Psyche die Disposition für eine religiöse Orientierung und für religiöse Bedürfnisse gibt.

Als Beispiel für diese Einsichten von C. G. Jung möchte ich einen Traum berichten, den er aus einer längeren Traumserie ausgewählt hat. Dieser Traum lautet: »Ich komme in ein besonders weihevolles Haus, das ›Haus der Sammlung‹. Im Hintergrund sind viele Kerzen, die in einer besonderen Form mit vier nach oben zulaufenden Spitzen angeordnet sind. Außen an der Türe des Hauses steht ein alter Mann. Es gehen Leute hinein. Sie sprechen nichts und stehen regungslos, um sich innerlich zu sammeln. Der Mann an der Türe sagt von den Besuchern des Hauses: ›Sobald sie wieder heraustreten, sind sie rein.‹ Nun gehe ich selbst in das Haus hinein und kann mich ganz konzentrieren. Da spricht eine Stimme: ›Was du tust, ist gefährlich. Die Religion ist nicht die Steuer, die du bezahlen sollst, um das Bild der Frau entbehren zu können, denn dieses Bild ist unentbehrlich. Wehe denen, welche die Religion als Ersatz für eine andere Seite des Lebens gebrauchen; sie sind im Irrtum und werden verflucht sein. Kein Ersatz ist die Religion, sondern sie soll als letzte Vollendung zur anderen Tätigkeit der Seele hinzukommen. Aus der Fülle des Lebens sollst du deine Religion gebären, nur dann wirst du selig sein!‹ Bei dem besonders laut gesprochenen letzten Satz höre ich ferne Musik, einfache Akkorde auf einer Orgel. Etwas daran erinnert an das Feuerzaubermotiv von Wagner. Als ich nun aus dem Haus trete, da sehe ich einen brennenden Berg, und ich fühle, ›ein Feuer, das nicht gelöscht werden kann, ist ein heiliges Feuer‹.«[1]

Der Patient ist tief beeindruckt von diesem Traum. Er ist für ihn ein feierliches und bedeutsames Erlebnis, eines von mehreren, die eine tiefgreifende Veränderung in seiner Einstellung zum Leben und den Menschen gegenüber zustande brachten. Dazu eine Zusammenfassung des Kommentars von C. G. Jung, der hervorhebt, daß die Vierheits-Symbolik 71mal in den 400 Träumen vorkommt: »Die Vier symbolisiert die Teile, Qualitäten und Aspekte des Einen.« Das Symbol erscheint in anderen Träumen gewöhnlich in der Form eines Kreises, der in vier

---

[1] C. G. Jung, Psychologie und Alchemie, GW Bd. 12, 1972, S. 228 f.

Teile geteilt ist oder vier Hauptteile enthält. In weiteren Träumen derselben Serie nimmt es auch die Form eines ungeteilten Kreises an, einer Blume, eines quadratischen Platzes oder Raumes, eines Vierecks, einer Kugel, einer Uhr, eines symmetrischen Gartens mit einem Springbrunnen in der Mitte, von vier Leuchten in einem Boot, in einem Flugzeug oder an einem Tische, vier Stühlen um einen Tisch herum, vier Farben eines Rades mit acht Speichen, eines achtstrahligen Sternes oder einer Sonne, eines runden Hutes, der in acht Teile geteilt ist, eines Bären mit vier Augen, einer quadratischen Gefängniszelle, der vier Jahreszeiten, einer Schale mit vier Nüssen darin, der Welturh mit einem Zifferblatt, das in $4 \times 8 = 32$ Teile geteilt ist, und so fort. Die Quaternität ist nach C. G. Jung eine Darstellung des in seiner Schöpfung sich manifestierenden Gottes. Es ist der innere Gott im Menschen.

Der andere gewichtige religiöse Gehalt des Traumes kommt in der Stimme zur Sprache. Die Stimme im Traum bringt eine wichtige Einsicht aus dem Unbewußten zur Sprache. Danach ist Religion nicht Lebensersatz, sondern vervollständigt und vollendet das Leben. »Aus der Fülle des Lebens sollst du deine Religion gebären, nur dann wirst du selig sein.«

Jung hat sich in seinen Werken zunehmend mit dem Erscheinen des Gottesbildes in der Psyche beschäftigt und die Erkenntnis gewonnen, daß in den religiösen Erfahrungen der Menschen das Gottesbild und die archetypischen Bilder des Selbst einander sehr ähnlich oder gar identisch sein können. Er schreibt dazu: »Daß die Gottheit auf uns wirkt, können wir nur mittels der Psyche feststellen, wobei wir aber nicht zu unterscheiden vermögen, ob diese Wirkungen von Gott oder vom Unbewußten kommen, das heißt, es kann nicht ausgemacht werden, ob die Gottheit und das Unbewußte zwei verschiedene Größen seien. Beide sind Grenzbegriffe für transzendentale Inhalte. Es läßt sich aber empirisch mit hinreichender Wahrscheinlichkeit feststellen, daß im Unbewußten ein Archetypus der Ganzheit vorkommt, welcher sich spontan in Träumen etc. manifestiert, und daß eine vom bewußten Willen unabhängige Tendenz besteht, andere Archetypen auf dieses Zentrum zu beziehen. Es erscheint daher nicht unwahrscheinlich, daß ersterer auch an sich eine gewisse zentrale Position besitzt, welche ihn dem Gottesbild annähert. Die Ähnlichkeit wird insbesondere noch dadurch unterstützt, daß der Archetypus eine Symbolik hervorbringt, welche von jeher schon die Gottheit charakterisierte und versinnbildlichte ... Das Gottesbild koinzidiert, genau gesprochen, nicht mit dem Unbewußten schlechthin, sondern mit einem besonderen Inhalt desselben, nämlich mit dem Archetypus des Selbst. Dieser ist es, von dem wir empirisch das Gottesbild nicht mehr zu trennen vermögen.«[1]

Den christlich erzogenen Leser, der sich in seiner kirchlichen Tradition geborgen fühlt, mag es erschrecken oder zum Widerspruch reizen, wenn Jung schreibt, daß nicht eindeutig zwischen Gott und dem Unbewußten unterschieden werden könne. Doch meine Schrift wendet sich vor allem an die große Zahl der Menschen, die sich aus vielfältigen Gründen von der Kirche abwenden. Darunter sind auch viele, die unter einer fragwürdigen Religiosität leiden und Verstehenshilfen suchen. Nicht wenige von ihnen haben religiöse Erfahrungen persönlichster Art, die aus ihrer eigenen Seele aufleuchten und daher so einleuchtend wirken. Für sie wurde C. G. Jung zu einem Übersetzer und Deuter der religiösen Symbole aus der eigenen Seelentiefe. Wer erfahren hat, daß der lebendige Gott auch durch die eigene Seele auf uns wirken kann, für den haben die theologischen Fragen, ob Gott und das Unbewußte zwei verschiedene Größen seien, ein anderes Gewicht bekommen. Von der existentiellen Gotteserfahrung her betrachtet läßt sich, wie Jung schreibt, das Gottesbild nicht mehr von dem Archetypus des Selbst trennen oder eindeutig unterscheiden.

Noogene Neurose und Logotherapie (V. E. Frankl)

In dem anthropologischen Konzept Frankls ist die Geistigkeit des Menschen und sein Wertsystem von grundlegender Bedeutung. Wie das Leibliche mit dem Seelischen durch das

---

[1] C. G. Jung, Antwort auf Hiob, GW Bd. 11, S. 502 f.

Geistige zur Ganzheit wird, beschreibt der Autor folgendermaßen: »Damit aber, daß menschliches Sein, als individuiertes, um je eine Person (als geistig-existentielles Zentrum) zentriert ist, damit und erst damit ist menschliches Sein auch integriert; erst die geistige Person stiftet die Einheit und Ganzheit des Wesens Mensch. Sie stiftet diese Ganzheit als eine leiblich-seelisch-geistige. Wobei wir nicht genug betonen können, daß erst diese dreifaltige Ganzheit den Menschen ausmacht. Denn keineswegs ist es berechtigt – wie das so oft geschieht –, vom Menschen als einer ›Leib-Seele-Ganzheit‹ zu sprechen: Leib und Seele mögen eine Einheit bilden – das ›einheitliche‹ Psychophysikum etwa – aber nie und nimmer wäre diese Einheit imstande, die menschliche Ganzheit darzustellen, zu ihr, zum ganzen Menschen, gehört auch das Geistige hinzu, und es gehört zu ihm hinzu sogar als sein Eigentliches. Solange nur von Leib und Seele die Rede ist, kann daher eo ipso nicht von Ganzheit die Rede sein.«[1] Das Geistige ist der Personkern des Menschen. Störungen in dieser geistig-personalen Lebenssphäre führen zu einem Sinnverlust und der sogenannten »noogenen Neurose«. Der Begriff noogen wurde nach dem altgriechischen Wort nous gebildet, das mit Geist, Verstand, Einsicht oder Denken übersetzt wird. Es kann auch Gedanke, Sinn und Gesinnung bedeuten. Bei der noogenen Neurose ist das geistige Leben gestört.

In seiner Neurosentheorie kritisiert Frankl, daß in der Psychosomatischen Medizin das Geistige als Krankheitsursache weitgehend ignoriert wird. Im einseitigen Psychologismus der traditionellen Psychotherapie wird nach Frankl das Noëtische ins Psychische projiziert und darin aufgehoben, während es für ihn neben dem Leiblichen und Psychischen den eigentlichen Personkern bildet. In dieser Geistigkeit wurzelt der Wille zum Sinn: »Wenn man eine Psychotherapie, die das Geistige nicht nur nicht ignoriert, sondern gerade vom Geistigen ausgeht, als Logotherapie bezeichnet, *dann meint Logos das Geistige und darüber hinaus den Sinn, ist aber nicht etwa im geistlichen Sinn gemeint.* Die Psychoanalyse hat uns kennen gelehrt den Willen zur Lust, als welchen wir das Lustprinzip auffassen können,

---

[1] V. E. Frankl, Der unbewußte Gott, S. 27

und die Individualpsychologie hat uns vertraut gemacht mit dem Willen zur Macht in Form des Geltungsstrebens; aber noch viel tiefer verwurzelt ist im Menschen, was wir als den *Willen zum Sinn* bezeichnen: sein Ringen um möglichste Sinnerfüllung seines Daseins.«[1] An diesen Willen zum Sinn appelliert die Logotherapie, um das Sinnlosigkeitsgefühl in den noogenen Neurosen aufzulösen und zu überwinden.

Aus dem Bereich der klinischen Erfahrung hat P. Polak die folgenden sechs Formen der noogenen Neurosen zusammengestellt:

– Es ist einmal das Gefüge der »geistigen Not«, die sich durch einen schicksalhaften Entzug jener Sinn- und Wertmöglichkeiten ergibt, die der spezifischen Eigenart des Menschen entsprechen. Solcher Wertmöglichkeiten kann der Mensch durch ein körperliches Leiden verlustig gehen, doch ist es keineswegs das körperliche Leiden allein, das »geistige Not« erzeugt.

– Aus dem Gefüge der geistigen Not lassen sich die »existentiellen Krisen« aussondern, die dann in Erscheinung treten, wenn der Sinn eines konkreten Daseins fragwürdig geworden ist, wenn ein Mensch sich in seinem bisherigen Sinn ausgeschöpft findet und nicht weiß, was er weiterhin soll. Aus der Vielfalt der Möglichkeiten solcher Krisen seien als typische die drei großen Krisen der Alterswenden herausgegriffen: die Pubertätskrise, die Krise der Wechseljahre und die Alters- bzw. Pensionskrise.

– Die »existentielle Neurose« – eine Begriffsbildung, die wir v. Gebsattel verdanken – läßt sich in diesem Zusammenhang zwanglos als eine Sonderform der noogenen Neurose interpretieren. Von einer existentiellen Neurose wäre immer dann zu sprechen, wenn der Mensch am Sinn der menschlichen Existenz verzweifelt, also an einer fundamentalen Glaubenslosigkeit erkrankt, was sich in der nuancierten Analyse eines Falles nicht selten als der Grund einer Neurose erweist.

– Eine weitere Form der noogenen Neurose stellt die Neurose als Reaktion auf die von Frankl so benannte »existentielle Frustration« dar, die er selbst als die wichtigste und häufigste Ursache der noogenen Neurose ansieht. Unter existentieller Frustra-

[1] V. E. Frankl, Theorie und Therapie der Neurosen, S. 147

tion ist das Brachliegen des »Willens zum Sinn« zu verstehen, das durch wie immer geartete schicksalhafte Konstellationen verursacht wurde.

– Die spezifische Form der noogenen Neurose jedoch ist jene, die Ausdruck und Folge eines sittlichen, rechtlichen oder Gewissenskonfliktes ist und die in unserer Kasuistik auch ausführlich dargestellt wurde.

– Eine eigene Gruppe »noogener Neurosen« stellen schließlich die noogenen Sexualneurosen dar. Daß die Noogenese eines sexuellen Versagens die weitaus häufigste Ursache sexuellen Versagens überhaupt darstellt, das will besagen, daß nicht eigentlich ein Versagen in des Wortes eigentlicher Bedeutung vorliegt, vielmehr eine Versagung, ein Sich-selber-Versagen von seiten des Versagenden[1].

Schließlich sei noch die Selbst-Transzendenz genannt, die nach Frankl ein fundamental-anthropologisches Charakteristikum menschlicher Existenz ist. »Die Selbst-Transzendenz markiert das fundamental-anthropologische Faktum, daß menschliches Dasein immer auf etwas verweist, das nicht wieder es selbst ist, – auf etwas oder auf jemanden, nämlich entweder auf einen Sinn, den zu erfüllen es gilt, oder aber auf mitmenschliches Dasein, dem es begegnet. Wirklich Mensch wird der Mensch also erst dann und ganz er selbst ist er nur dort, wo er in der Hingabe an eine Aufgabe aufgeht, im Dienst an einer Sache oder in der Liebe zu einer anderen Person sich selbst übersieht und vergißt.«[2] Unter Selbst-Transzendenz ist bei Frankl keine Transzendenz im theologischen Sinn zu verstehen, sondern ein Verweisen auf die Notwendigkeit von Beziehungen und menschlicher Kommunikation, um das existentielle Vakuum und das Sinnlosigkeitsgefühl bei vielen zu überwinden.

Zusammenfassend sind folgende Aspekte der »noogenen Neurose« nach Frankl festzuhalten:

– Die noogene Neurose ist eine neurotische Erkrankung »aus dem Geist« mit Störungen in der geistig-personalen Lebenssphäre.

---

[1] zusammengefaßt und zitiert in: H. Hark, Religiöse Traumsymbolik, S. 35

[2] V. E. Frankl: Theorie und Therapie der Neurosen, S. 10

- Der im Menschen verwurzelte Wille zum Sinn verhilft in der Logotherapie zur Überwindung des krankmachenden Sinnlosigkeitsgefühls.

- Die Selbst-Transzendenz des Menschen ist ein fundamentalanthropologisches Charakteristikum. Sie verweist den Menschen auf mitmenschliches Dasein und auf ein sinngebendes Wertsystem.

Religion in der Familientherapie

Es werden jetzt einige familientheoretisch orientierte Autoren referiert, um zu zeigen, wie in diesem Bereich am Thema Religion gearbeitet wird. Da es sich hier um einen weitgehend noch neuen Denkansatz handelt, wird um Nachsicht gebeten, wenn die Dinge nicht so einfach formuliert und dargestellt werden können, wie es vielleicht wünschenswert wäre.

Unter den Familientherapeuten hat vor allem Iwan Boszormenyi-Nagy seine Aufmerksamkeit auf die besondere Funktion der Gerechtigkeit in der Dynamik familiärer Systeme gerichtet. In seinem Buch: »Unsichtbare Bindungen« entfaltet er seine Theorie der Gerechtigkeit als Gesellschaftsdynamik und schreibt: »Was wir brauchen, ist eine Theorie für die Integration der ineinandergreifenden Werte individueller Motive und der Gruppenethik. Die Dialektik des gesellschaftlichen Lebens bewegt sich in einer unablässigen Ebbe und Flut von Konflikt und Lösung im Geben und Nehmen, Loyalität und Illoyalität, Liebe und Haß. Die sozialen Systeme als höhere Organisationsebenen haben ihre eigenen Überlebens- und Stabilitätserfordernisse, die von der Erfüllung der Bedürfnisse aller ihrer Mitglieder abhängen.«[1] Der Autor fährt dann fort: »Gerechtigkeit stellt für uns ein persönliches Prinzip der Gleichwertigkeit wechselseitigen Gebens und Nehmens dar, nach dem sich das Einzelmitglied einer sozialen Gruppe im Hinblick auf die letzten Folgen seiner Beziehung zu anderen richtet. Die Gesamtsumme der subjektiven Korrektheitsbewertungen aller Mitglieder hinsichtlich ihrer Beziehungserfahrungen entschei-

[1] Boszormenyi-Nagy, Unsichtbare Bindungen, S. 96

det über jenes Klima des Vertrauens, das für eine soziale Gruppe charakteristisch ist. Ein solches Klima ist auf die Dauer bedeutsamer für die Qualität der Beziehungen innerhalb der Gruppe als irgend welche besonderen Interaktionsmuster.«[1] In einer Tabelle stellte der Autor die verschiedenen Dimensionen der menschlichen Gerechtigkeitsordnung dar. »Die Bilanz der Verpflichtungen reicht von moralischen Kategorien über quantitative, rechnerische bis zu religiös-ethischen Dimensionen.«[2] Unseres Erachtens ist Boszormenyi-Nagy der erste Therapeut, der in Anlehnung an Martin Buber das Prinzip der Gerechtigkeit in die Psychotherapie, insbesondere die Familientherapie, eingeführt hat.

Rueveni benützt religiöse Elemente für seine Netzwerkarbeit. Im »Netzwerk« wird das soziale Netz einer Familie (Angehörige, Freunde, Arzt, Pfarrer) versammelt, damit gezielte Hilfsmaßnahmen für die Familie in der Krise organisiert werden können. Zu Beginn einer solchen Netzwerksitzung steht eine Phase der »Retribalisierung« (tribe = Stamm; aus indischem Sozialdenken entlehnt): Die Netzwerkgruppe findet sich zusammen und stiftet Gemeinsamkeit durch Singen und Spielen. Sehr häufig wählt dabei die Gruppe sich Lieder aus der gemeinsamen religiösen Tradition. Religion erscheint hier als ein Medium, das zusammenführt, trägt und eine schwer zu beschreibende Form von »heiliger«, verantwortungsbetonter Verbindlichkeit erzeugt: »In einem Netzwerk, das am Freitagabend zuhause in einer jüdischen Familie versammelt wurde, die die Selbstmordversuche ihres Sohnes anzuhalten suchte, da begann die Retribalisierungsphase mit dem Vetter dieses Sohnes, einem jüdischen Theologiestudenten: Von den Teamleitern wurde er gebeten, die Versammlung zu beginnen, indem er die Kerzen anzündete und den Segen spräche; darauf folgte die althergebrachte Melodie, mit der der Sabbat begrüßt wurde, gesungen vom ganzen Netzwerk.«[3]

Um die Aktivität des Netzwerkes zu mobilisieren, wendet Ruevèni neben anderen Techniken religiöse Zeremonien an;

---

[1] ebenda, S. 96
[2] ebenda, S. 98
[3] Rueveni, Networking Families in Crisis, 1979, S. 76. Übersetzung vom Verfasser

besonders das Beerdigungsritual eignet sich, Familien mit selbstmordgefährdeten Mitgliedern in Bewegung zu bringen. Da Rituale handlungsorientiert sind und damit kopflastiges Reden unterbinden, helfen sie, Veränderungen im Familiensystem einzuleiten. Auch die Gruppe um Frau Selvini[1] bedient sich paradoxer Verschreibungen von Ritualen. Familien, die einen Konflikt nicht durch Selbstreflexion lösen können, bekommen ein auf die Situation genau passendes Ritual verschrieben, das das pathogene rituelle Verhalten der Familie auf gutartige Weise unmöglich macht. Rueveni und Selvini betonen allerdings, daß sie die Rituale genau auf die Familie zuschneiden, wenn diese wirken sollen. Der systematische Hintergrund (religiöser) Rituale ist vielleicht Konfliktbewältigung; wirken können sie aber nur, wenn sie spezifisch auf die Situation bezogen formuliert werden. Wirken sie nicht mehr, erhalten sie zwanghaften Charakter. Vielleicht ist dies eine wegweisende Kritik an kirchlichen Ritualen.

Mehr auf der systematischen Ebene hat Bateson[2] sich mit der Welt der Religion beschäftigt. Zusammen mit Mythen, Träumen und Kunst sieht Bateson Religion als ein Korrektiv an zu den linearen Denkformen unseres Bewußtseins. Der digitale Teil unseres Bewußtseins ist nur ein Teil des menschlichen Systems »Geist«, und zwar nur der absichtsorientierte, zweckorientierte Teil. Die Regeln des ganzen Systems sind daher auch diesem Bewußtsein unbekannt. Statt sich als Teil eines Ganzen zu verstehen, hält das Bewußtsein sich für das alleinsteuernde Prinzip des Systems »Geist«. Obwohl »Geist« aus dem Unterschied, dem Vergleich zwischen Elementen herrührt, glaubt das Bewußtsein, es sei Urheber von »Geist«, obwohl es nur ein Element ist in einem bipolaren Informationssystem. Obwohl dem Ganzen unterworfen, versucht das Bewußtsein, mit Hilfe von Zielorientierung und Zweckdenken sich die Natur zu unterwerfen und inzwischen zu zerstören, weil es sich aus der Balance herausnimmt. Der »Sündenfall« in 1. Mose 3 ist nach Bateson nichts anderes als der Aufstand des Bewußtseins gegen eine systematische Ökologie: Beherrschen statt Teil-

---

[1] Selvini u. a., Paradoxon und Gegenparadoxon, 1975
[2] Bateson, Ökologie des Geistes

sein. Religion könnte zu dieser Inflation des zweckorientierten Denkens eine Korrektur bilden. Denn sie beschäftigt sich mit Bezogenheit, mit der reziproken Abhängigkeit in Beziehungen und mit der Tatsache, daß der Mensch sich übergeordneten Prinzipien (Gott) unterordnen muß und nur Teil des Ganzen ist. Religion lehrt Demut; man kann kein System kontrollieren, von dem man als Teil abhängt. Tiere halten sich an diese Weisheit und beginnen deshalb keine Kriege.

Im Anschluß an Bateson können wir unser religiöses Traditionsgut verstehen als einen Schatz »systemischer Weisheit«, der uns anleiten könnte, ökologische Verhaltensweisen zu gewinnen. Eine Pathologie im religiösen Bereich andererseits können wir erwarten, sobald wir diese systemische religiöse Tradition zu irgendwelchen linearen Zwecken gebrauchen, zum Beispiel zur Ausübung von Macht, zur Manipulation von anderen. Freuds Gleichsetzung der Religion mit der Zwangsneurose (1907) und der infantilen Illusion (1927) kann auf dieser systemischen Ebene widerlegt werden.

Besonders kritisch hat sich mit Fragen der Religion und des Christentums Helm Stierlin in einem Essay im »Spiegel«[1] auseinandergesetzt. Stierlin hat durch die Brille des Familientherapeuten das Neue Testament gelesen und dabei Konturen und Motive eines explosiven Konfliktes entdeckt. Das wird verdeutlicht an Aussagen Jesu, der von seinen Nachfolgern eine vorbehaltlose und absolute Loyalität ihm selbst gegenüber und Gott gegenüber erwartet. Andererseits soll die Beziehung zur Herkunftsfamilie radikal gelöst werden, indem Jesus fordert: »Denn ich bin gekommen, um den Sohn mit seinem Vater zu entzweien und die Tochter mit ihrer Mutter und die Schwiegertochter mit ihrer Schwiegermutter, und die Hausgenossen eines Menschen werden seine Feinde sein. Wer Vater oder Mutter mehr liebt als mich, ist meiner nicht würdig, und wer Sohn oder Tochter mehr liebt als mich, ist meiner nicht würdig« (Matthäus 10,35–37). Als Familientherapeut weist Stierlin mit tiefer Sorge darauf hin, daß solche radikalen Forderungen bei den Menschen tiefe Ängste und Schuld erwecken müssen und daher weder dem Frieden mit Gott noch dem Frieden auf der

[1] Der Spiegel, Nr. 35, 1982

Erde dienen können. Nach Stierlin kommen die Christen in unzählige Loyalitätskonflikte, wenn sie dem Ruf Jesu folgen, weil sie einerseits die Bindungen an ihre Herkunftsfamilien nicht leugnen können und auch das weltliche Leben lieben, wie alle Menschen, und zugleich dem himmlischen Vater einen absoluten Gehorsam schulden. Jesus gibt seinen Nachfolgern das Bewußtsein, zu einer Elite zu gehören, nämlich »Salz der Erde« und »Licht der Welt« zu sein. Andererseits wird ihnen gesagt, daß sie sich vor den Menschen und der bösen Welt in acht nehmen sollen. Stierlin fragt: »Wie aber soll diese Art von Binnenliebe, Binnenwärme und Binnensolidarität mit ihrer Abwehrhaltung gegen Außengruppen einer ganzen Welt ungezählter Gruppen Frieden bescheren?

Auf die Frage, ob Christen auserwählt seien zur Friedensstiftung, gibt Stierlin schließlich die Antwort: »Solange die Christen selbst in die Rivalitäten der Geschwister und Geschwistergruppen der Weltfamilie verstrickt sind und ihr Heil der Auserwählung gegen andere Gruppen verwirklichen und solange sie dabei grundlegende Lebensregeln, Rechte und Pflichten dieser Weltfamilie in ihrem schrumpfenden, übervölkerten Lebensbereich nicht anzuerkennen vermögen, sind sie ungeeignet für die Rolle eines Supertherapeuten.«

Trotz dieser Kritik am Christentum konnten an den Äußerungen der anderen Familientherapeuten vor allem positive Aspekte an der Religion aufgezeigt werden. Wesentliche Elemente des kontextuellen und systemischen Ansatzes haben ihre Wurzel im Geiste des Judentums und des Christentums. Eine der Wurzeln des Therapeutischen ist die Religion, die andere Wurzel ist die Medizin. In sogenannten »primitiven« Kulturen werden beide Funktionen durch dieselbe Person erfüllt: Der Medizinmann ist Arzt, Psychotherapeut und Priester zugleich. Religion ist Medizin für den Menschen als Person, als Sozialwesen und für die Gemeinschaft. Die neuzeitliche Trennung der Bereiche brachte auch die Trennung der Religion von der Politik, die Trennung der Religion von der Therapie und die Trennung aller Aspekte von der Dimension des Ethischen. Die Wurzel des Therapeutischen ist Religion, das Ziel der Religion ist Therapie. Religion kommt ohne Therapie nicht aus, Therapie nicht ohne ihre religiöse Wurzel.

Religion als Vermächtnis zu sehen ermöglicht es uns, neue Balancen zu schaffen. Durch eine Wiederanknüpfung an unser religiöses Erbe haben wir die Chance, neue Wege zur Verwirklichung unseres Vermächtnisses zu finden und uns damit Anrechte zu erwerben. Der kontextuelle Ansatz ist eine Neuformulierung des religiösen Erbes unserer Gesellschaft. In der systemischen Betrachtungsweise könnte die Trennung zwischen »religiös« und »säkular« aufgehoben werden.

Gottesbild und Gotteskomplex

Das Gottesbild und der Gotteskomplex sind zentrale Begriffe für das Verständnis der religiös-ekklesiogenen Neurose. Unter dem Gottesbild wird hier nicht ein einziges Bild verstanden, sondern es ist ein Sammelbegriff für alle jene religiösen Vorstellungen, in denen Menschen aus den verschiedenen Kulturen und Religionen ihre Anschauungen über Gott und ihren Glauben an Gott zum Ausdruck bringen. Zum Gottesbild gehört alles, was einem Menschen heilig ist und was ihm zum Heile sowie zur Heilung verhilft. Bei dem Begriff des Gottesbildes denken viele Christen sogleich an Christus und an Gott, wie sie in der Bibel bezeugt werden. Seit Jahrhunderten werden diese Bilder durch die Verkündigung der Kirche und mit Hilfe der Theologie verdeutlicht und den Menschen verständlich gemacht. Unverständlich dagegen bleiben vielen die religiösen Schattenbilder und gewisse heidnische Motive, die Christen in ihren Träumen erscheinen. In meiner psychotherapeutischen Arbeit begegne ich solchen dunklen Gottesbildern, die Menschen erschrecken und ängstigen. Derartige Erfahrungen haben mir ein neues Verständnis von Märchen und dunklen biblischen Geschichten erschlossen. Das werde ich an den Schreckensbildern des Sehers Johannes sowie an dem Märchen vom Teufel mit den drei goldenen Haaren verdeutlichen. In den weiteren Ausführungen werden die »Gottesvergiftung« (Tilman Moser) und der Gotteskomplex behandelt sowie die Symbolik des »Wassermanns« und die Bedeutung der Gralsgeschichte für das persönliche Selbstverständnis erhellt.

Heidnische Motive im Christen

Mit der Entdeckung des Unbewußten ist eine Tiefenschicht in der Seele der Menschen aufgedeckt worden, aus der in den Träumen und Imaginationen verschiedene und vielgestaltige Bilder und Symbole aufsteigen. Neben vertrauten Bildern unseres alltäglichen Lebens tauchen auch kirchliche und christliche Symbole auf. Gelegentlich werden nun christliche Träumer auch von heidnischen Motiven ihrer Seele erschreckt. Als Beispiel dafür berichte ich den Traum eines Theologen, Jahrgang 1927. In der Abschlußphase seiner Analyse träumte er, wie am Altar seiner christlichen Kirche ein heidnisches Ritual vollzogen wurde:

»In meiner ehemaligen Kirche sitze ich anläßlich der Amtseinführung meines Nachfolgers vor dem Altar rechts auf der Kirchenvorsteher-Bank. Beim Betrachten des Altarraumes entdecke ich verwundert, wie mein Kollege in einigen Tagen eine erstaunliche Ausgrabungsarbeit geleistet hat und unter dem Altarraum die vorchristlichen Grundmauern freigelegt hat. Ich entdecke mehrere Gänge mit Nischen und geheimnisvollen Aushöhlungen. Neugierig betrachte ich, welche Urkirche unter der sichtbaren Kirche verborgen war. Ich sehe ein, daß die jetzige Gestalt der Kirche in der Luft hängen würde, wenn sie nicht auf diesen uralten Grundmauern aufgebaut wäre.

Jetzt beginnt ein ›ökumenischer Gottesdienst‹. Die Frau des neuen Pfarrers dolmetscht für die anwesenden Neger. Ein afrikanisches Missions-Ehepaar vollzieht nun einen heidnischen Wasser-Besprengungs-Ritus am Altar. Sie halten zwischen sich ein großes geschnitztes Holzgefäß, das mit Wasser gefüllt ist. Das Gefäß hat die Gestalt eines Kindes. Durch das Schwenken kommt aus der Mundöffnung und dem Penis Wasser zur Besprengung heraus. Auch zu meinem Platz hin wird geschwenkt. Die Gemeinde verfolgt das alles in aufgelockerter Unterhaltung. Irgend etwas in mir vermißt es, daß hier nicht klar das Wort Gottes verkündigt wird.«

Durch die Grabungsarbeiten, sprich Analyse, sind unter dem Altarraum die vorchristlichen Grundmauern freigelegt worden. Das Motiv der Grabungsarbeiten hat einen konkreten Sitz im Leben des Träumers. Vor einiger Zeit sind in der Kirche des

Träumers Ausgrabungsarbeiten durchgeführt worden. Dabei wurden in der Tat vorchristliche Grundmauern freigelegt. Dieses Motiv wurde für den Analysanden zu einem wichtigen Symbol, in dem sich Heidnisches und Christliches miteinander verbanden. Bereits im Traum und später als bewußte Einsicht gelangt der Träumer zu der Erkenntnis, daß die jetzige Gestalt der Kirche in der Luft hängen würde, wenn sie nicht auf diesen uralten heidnischen Grundmauern aufgebaut wäre. In dieser Botschaft des Traumes spiegelt sich eine Erkenntnis wider, die für unsere Thematik aktuell ist.

Hängt das Christentum für viele Menschen nicht buchstäblich in der Luft, in dem Sinne, daß es die Lebensprobleme und die Glaubensschwierigkeiten der Menschen viel zu unrealistisch zu lösen versucht? Das Christentum hat mit der Entfaltung der christlichen Lehre und Dogmatik zwar den Weg zum Himmel gewiesen, aber die Erde und das Irdische wurden den Naturwissenschaften überlassen und das Seelische den Psychologen. Da nun die akademische Psychologie wenig Erfahrungen und Erkenntnisse über den Umgang mit der lebendigen Seele vermittelt, stehen am Ende viele Psychologen und erst recht unzählige Träumer allein da mit ihren oft ergreifenden und archetypischen Traumsymbolen. Doch kehren wir zu dem Motiv des heidnischen Rituals in unserem Traum zurück.

Ein afrikanisches Ehepaar vollzieht einen heidnischen Wasser-Besprengungs-Ritus am christlichen Altar. In den Motiven dieses Traumteiles sind mehrere gegensätzliche Bilder zu einem Symbol vereint. Für unseren weißhäutigen christlichen Träumer stellt das schwarzhäutige Ehepaar ein Schattenbild dar. Der Analysand hat solche geschnitzten Holzgefäße gelegentlich in Museen gesehen. Er erinnert sich jedoch nicht, jemals so einen Ritus im Film gesehen oder in einer Geschichte gelesen zu haben. Das christliche Bewußtsein unseres Analysanden vermißt es, daß hier nicht das Wort Gottes verkündigt wird. Wie so oft in der Geschichte des Christentums das sogenannte christliche kollektive Bewußtsein gegen alles Heidnische und Unchristliche opponiert, so auch in diesem Traum.

Die Gemeinde dagegen verfolgt diesen heidnischen Ritus in aufgelockerter Unterhaltung und mit Gelassenheit. Dies ist ein Bild dafür, daß das kollektive Bewußtsein der Masse längst nicht mehr so engstirnig und rechtgläubig ist, wie Theologen und Professoren es gerne hätten. In den letzten Jahrzehnten hat eine große Zahl der Menschen, die der Kirche kritisch und distanziert gegenüberstehen, eine große Freiheit den östlichen Symbolen und der östlichen Religiosität gegenüber gewonnen. Ähnlich wie im Traum ein sogenannter ökumenischer Gottesdienst zelebriert wird, könnte man sagen, daß diese große Freiheit und Offenheit für die seelische Entwicklung zur Ganzheit und für eine ganzheitliche Religiosität günstig ist. Andererseits ist es für viele auch gefährlich, sich unvorbereitet und ungeschützt in fremden Symbolen und nichtchristlichen Ritualen zu bewegen. Die Bibel mahnt, »sich nicht von jedem Wind der Lehre durch das Trugspiel der Menschen, die mit Arglist auf Irreführung ausgehen, wie Meereswogen hin und her werfen und umhertreiben zu lassen« (Epheser 4,14). Die Überflutung des sogenannten christlichen Abendlandes durch östliche Religionen und heidnische Rituale macht die biblische Mahnung wieder aktuell.

Unser christlicher Glaube wurzelt in den dunklen Tiefen der Seele, in der auch heidnische Symbole aufgehoben sind und daher zu gegebener Zeit aufscheinen können. Wie ein Baum oder eine Pflanze ihre Lebenskraft aus der dunklen Tiefe des Erdreiches ziehen, so empfängt der christliche Glaube seinen Lebenssaft aus der Tiefe der Seele. In dogmatischen Lehrbüchern und in christlichen Zeitschriften kann wohl ein rechter und gereinigter Glaube in Worte gekleidet werden. Doch im Bereich der lebendigen Erfahrung und bei seelischen Tiefenerfahrungen kommt nicht nur das lautere Evangelium zutage, sondern auch andere Motive und Symbole, die Menschen ergreifen und unbedingt angehen. Weil die Begegnung mit dunklen Gottesbildern auch angst macht und erschüttert, hält sich das gläubige Ich verständlicherweise an das, was in der Bibel steht und in der Kirche gelehrt wird. Wie die meisten wissen, sind die niedergeschriebenen Glaubenszeugnisse der Niederschlag eines langen geistigen und religiösen Läuterungsprozesses. Oft haben Generationen daran gearbeitet. Wenn wir nun darin einig werden, daß das Evangelium und das sogenannte Wort Gottes nicht als plötzliche Offenbarung vom Himmel gefallen sind, sondern daß Gott durch heilige und unheilige

Menschen und deren Seele geredet hat, dann anerkennen wir zugleich, daß die Bibel geschichtlich gewachsen ist und in ihr helle Gottesbilder und deren dunkle Schattenbilder überliefert sind. Ein Beispiel dafür sind die heidnischen Gottesbilder bei dem christlichen Seher Johannes.

Dunkle Gottesbilder in der Johannes-Apokalypse

Das Problem, daß das, was Menschen heilig ist und was sie unbedingt angeht, nicht nur in anerkannten Symbolen erscheint, sondern auch in ganz anderen, gibt es wohl in jeder Religion. Während der in ein Glaubensbekenntnis gefaßte Glaube relativ eindeutig zu sein scheint, erscheinen die religiösen Symbole im allgemeinen mehrdeutiger. Sobald eine Religion sich nicht nur an das Worthafte hält, sondern den Bildersaal der Seele öffnet, steht auch die Auseinandersetzung mit den Schattenbildern des anerkannten Gottesbildes an. Als Beispiel für diesen Prozeß möchte ich den christlichen Seher Johannes in Erinnerung rufen, in dessen Seele auch heidnische Gottesbilder erscheinen.

Johannes sagt am Anfang seiner Offenbarung: »Ich bin Johannes, euer Bruder, der mit Jesus verbunden ist wie ihr. Ich lebe bedrängt wie ihr. Wie ihr habe ich teil am Gottesreich. Ich warte mit euch. Ich wurde auf die Insel Patmos verbannt, weil ich Gottes Wort und die Wahrheit, die Jesus ans Licht gebracht hat, öffentlich weitergesagt habe. An einem Sonntag nahm der göttliche Geist von mir besitz. Ich hörte hinter mir eine laute Stimme, die wie eine Trompete klang. Sie sagte: Schreib das, was du siehst, in ein Buch und schicke es an die sieben Gemeinden« (Offenbarung 1 nach der Übersetzung Gute Nachricht). Johannes lebt in der Verbannung auf der Insel Patmos. Gerade in solcher Einengung und Konzentration bekommt die Seele häufig Flügel, indem kosmische und archetypische Bilder in ihr aufsteigen. Ähnlich ergeht es häufig Gefängnisinsassen, deren Seele wie in einem psychotischen Schub aufgewühlt werden kann. Die Ängste und die Bedrängnis finden dann einen Ausdruck in gewaltigen Bildern. Insbesondere bei Christen tauchen dann neben den religiösen Vorstellungen der bewußten christlichen Orientierung verstärkt auch Urbilder aus der vorchristlichen Symbolwelt auf.

Bevor ich solche Schattenbilder aus der Offenbarung zitiere und erläutere, möchte ich einige Gesichtspunkte für das allgemeine Verständnis hervorheben:

– An den Visionen und Schattenbildern des Johannes können wir studieren, daß in der Seele der Christen vor 2000 Jahren, wie bei uns, die Auseinandersetzung mit Schattenbildern eine wichtige Frage der Existenz und des Glaubens ist.

– Die Seele läßt sich für die grundlegenden und existentiellen Probleme keine christlichen Symbole vorschreiben, sondern wählt nach Belieben auch andere, vorchristliche und archetypische Bilder.

– Diese dunklen Gottesbilder werden häufig in dem Sinne »verchristlicht«, daß die Schattenbilder buchstäblich »verteufelt« werden. Das will sagen, daß die dunklen Gottesbilder aus der Seele einer kollektiven christlichen Vorstellung angepaßt werden. Bei Johannes geschieht dies in der Weise, daß die dunklen Gottesbilder aus dem Seelengrund als Teufel interpretiert werden. Die Verteufelung von dunklen Gottesbildern oder die Verchristlichung derselben ist ein seelischer Prozeß, der sich vielfach beobachten läßt. Unter anderem hat C. G. Jung an den Visionen von Niklaus von Flüe und Ignatius von Loyola ähnliche Tendenzen zur Verchristlichung von dunklen Gottesbildern nachgewiesen. Es gibt offensichtlich ein starkes Bedürfnis des Ich-Bewußtseins, die Schattenbilder und dunklen Gottesbilder den allgemeinen kollektiven und christlichen Anschauungen anzupassen, um nicht aus dem Rahmen zu fallen.

Der Seher Johannes schaut: »Der fünfte Engel blies seine Posaune. Ich sah einen Stern, der vom Himmel auf die Erde gestürzt war. Er erhielt die Schlüssel zum Abgrund. Der Stern öffnete den Abgrund, und Rauch quoll hervor wie aus einem großen Ofen. Der Rauch aus dem Abgrund verdunkelte die Sonne und die Luft. Aus dem Rauch kamen Heuschrecken, denen die Kraft von Skorpionen gegeben war. Sie durften weder Gras noch Bäume, noch Pflanzen beschädigen. Sie sollten nur die Menschen quälen, die nicht mit dem Siegel Gottes auf der Stirn gekennzeichnet waren. Es war ihnen verboten, diese Menschen zu töten. Sie durften sie nur fünf Monate lang quälen. Die Menschen sollten dieselben Schmerzen leiden, als wenn ein Skorpion sie gestochen hätte. Während dieser fünf Monate werden die Menschen den Tod suchen, ihn aber nicht finden. Sie möchten gerne sterben, aber der Tod wird vor ihnen fliehen. Die Heuschrecken sahen aus wie Pferde, die in die Schlacht ziehen. Auf ihren Köpfen schienen sie goldene Kronen zu tragen, und sie hatten Gesichter wie Menschen. Ihr Haar war wie Frauenhaar und ihre Zähne wie Löwenzähne. Ihre Brust schien mit eisernem Brustschutz bedeckt zu sein. Ihre Flügel machten einen Lärm, als ob sich viele mit Pferden bespannte Wagen in die Schlacht stürzten. Sie hatten Schwänze und Stacheln wie Skorpione. In ihren Schwänzen steckte die Kraft, die Menschen fünf Monate lang zu quälen. Der Engel, der für den Abgrund verantwortlich ist, herrscht als König über sie. Auf hebräisch heißt sein Name: Abbadon, auf griechisch: Apollyon. (Das bedeutet: der Zerstörer.) Diesem Schrecken werden noch zwei weitere folgen« (Offenbarung 9,1–12).

Die Schattenbilder des Grauens zeigen, daß hier buchstäblich die Hölle los ist. Es öffnet sich der »Brunnen des Abgrundes«, ein bisher verschlossener dunkler Schacht. Dieser Brunnen verbindet, wie im Märchen der Frau Holle, die reale Welt der Menschen mit der unbewußten Welt der Seele.

Was hat es nun mit dem gestürzten Stern auf sich, der die Schlüssel zum Abgrund erhielt und denselben öffnet? Uns ist die Symbolik des Sterns, insbesondere im Zusammenhang mit der Weihnachtsgeschichte, wohl vertraut. Auch im alten Israel wird von dem Stern geweissagt, der aus Jakob aufgehen werde. Ich erinnere dazu an den vierten Spruch des nichtisraelitischen Sehers Bileam, wie es im 4. Mose 24,17 überliefert ist. Wenn wir diese Symbolik auf die Geburt Christi übertragen, dann ist damit nicht nur das Licht in die Welt gekommen, sondern zugleich auch die Hölle aufgebrochen. Diesen Zusammenhang und die Wechselbeziehung zwischen Christus und dem Antichristen finden wir auch in einer Traumvision Jesu. Als die ausgesandten 70 Jünger voller Freude zurückkehrten und Jesus berichteten, daß ihnen auch die bösen Geister untertan sind, da antwortete er ihnen: »Ich habe den Satan wie einen Blitz aus dem Himmel herabgestürzt gesehen« (Lukas 10,18). Phantasieren und meditieren wir diese dunkle Stelle ein wenig, so kann man wohl sagen, seitdem im Himmel für den Teufel kein Platz mehr ist, ist auf Erden der Teufel los. Wenn man schon in der himmlischen Welt mit diesem Lucifer, dem Engel des Lichtes, nicht fertig geworden ist, wieviel schwerer haben wir Menschen es dann mit dem Bösen und den Schattenbildern!

Nachdem der Schlund der Hölle aufgerissen ist, quillt der Rauch wie aus einem Hochofen, verdunkelt die Sonne und verpestet die Luft. Wie morgens, wenn der Nebel sich lichtet, langsam Konturen sichtbar werden, so gehen aus dem Rauch unheimliche und dämonische Fabelwesen hervor. Aus dem Kommentar »Neues Testament Deutsch« zitiere ich folgende Auslegung zur Stelle: »Es sind nicht Tiergestalten dieser Erde, sondern dämonische Wunderwesen, unheimlich-großartig, phantastisch-grauenhaft: streitbare, sieggekrönte Ungeheuer mit Pferdeleibern und Menschengesichtern, Mähnen lang wie Frauenhaare, Zähnen stark und scharf wie Löwenzähne, Brustschildern fest wie Panzer von Erz, Schwänzen mit Stacheln heimtückisch wie die des Skorpions, Flügeln, die dumpf rauschen wie ein anrückendes feindliches Kampfwagengeschwader. Daß dieses wilde, plötzlich und unentrinnbar hereinbrechende Heer kein Heuschreckenschwarm ist, wird vollends klar dadurch, daß an seiner Spitze ein dämonisches Geistwesen, der Engel des Abgrundes, steht, dessen Name in zwei Sprachen sagt, was er ist: ›Vernichtung‹, ›Vernichter‹. ›Abaddon‹, eigentlich Bezeichnung der Unterwelt (vgl. Hiob 28,22). ›Apollyon‹ klingt an ›Apollo‹ an; aber daß der griechische Gott hier bewußt als König der Dämonen gebrandmarkt sein sollte, ist kaum anzunehmen. Dämonisches Unheil für Leib und Seele hat die fünfte Posaune über die gottlose Menschheit auf den Plan gerufen.«

Die grauenhaften Mischwesen stellen ein ähnliches archetypisches Schattenbild dar wie die Sphinx. Im griechischen Mythos ist sie die Tochter des Typhon, eines Ungeheuers mit hundert Schlangenköpfen, und der Echidna, einem Ungeheuer, halb Weib und halb Schlange. Eine geflügelte Löwin mit menschlichem Kopf. Dieses Mischwesen frißt die Menschen, die nicht das Rätsel der drei Lebensalter lösen können. Während dieses furchterregende Mischwesen noch einigermaßen klare Konturen hat, sind die dämonischen Gestalten in der Vision des Johannes noch vielgestaltiger. Sie sind in dem Sinne Mischwesen, indem in ihnen außerchristliche Schreckgespenster mit grausamen und quälenden Schattenbildern kombiniert werden. Ebensowenig, wie es keine reinen christlichen Symbole gibt, gibt es auch keine eindeutig heidnischen. In der Kombination von christlichen und unchristlichen bilden sich ganzheitliche Symbole. Während sich in der Offenbarung Christus und Antichristus bekämpfen bis aufs Blut, scheint die Seele stärker auf Versöhnung der Gegensätze eingestellt zu sein.

Doch die Seele des christlichen Sehers Johannes ist selbst ergriffen von dem Kampf zwischen den Mächten der Finsternis, die das göttliche Kind verschlingen wollen. Beispiel dafür ist Offenbarung 12: »Dann stand ein großes Zeichen am Himmel. Eine Frau erschien, die stand auf dem Mond und war von der Sonne umgeben. Auf ihrem Kopf hatte sie eine Krone von zwölf Sternen. Sie stand kurz vor der Geburt, und die Wehen ließen sie vor Schmerz aufschreien. Am Himmel erschien ein anderes Zeichen. Es war ein großer, roter Drache mit sieben Köpfen und zehn Hörnern. Jeder Kopf trug eine Krone. Mit seinem Schwanz fegte er ein Drittel der Sterne vom Himmel und schleuderte sie auf die Erde. Er stand vor der Frau, die ihr Kind bekommen sollte, und wollte es verschlingen, sobald es geboren war. Die Frau brachte einen Sohn zur Welt, der alle Nationen der Erde mit eisernem Besen regieren sollte. Das Kind wurde fortgeholt und zum Thron Gottes gebracht. Die Frau flüchtete in die Wüste. Dort hatte Gott einen Aufenthaltsort vorbereitet, an dem sie zwölfhundertsechzig Tage lang beschützt werden sollte.

Dann brach im Himmel Krieg aus. Michael kämpfte mit seinen Engeln gegen den Drachen. Der wiederum schlug mit seinen Engeln zurück. Aber der Drache wurde besiegt. Er und seine Engel durften nicht länger im Himmel bleiben. Der große Drache wurde hinuntergestürzt! Er ist diese alte Schlange, die auch Teufel und Satan genannt wird und die ganze Welt verwirrt. Mit allen seinen Engeln wurde er auf die Erde hinuntergestürzt.«

Die Mutter, die hier das Kind gebiert, ist die »Himmelskönigin«, die Mutter der himmlischen Stadt, zu der alle Menschen pilgern. Während Lukas uns eine menschliche Maria vor Augen stellt, erscheint in der Vision des Johannes ein kosmisches Weib, ein Urbild des Weiblichen schlechthin. Die Geburt des göttlichen Kindes wird mit Symbolen aus heidnischen Mythen dargestellt. Eine Zusammenfassung der hier verwendeten Mythen und außerchristlichen Symbole bietet das »Neue Testament Deutsch«:

»Gestalten und Handlung in dem Bilde erinnern an mancherlei Mythen der alten Welt. Mehr als eine Religion des Altertums hat sich die göttliche Himmelskönigin im glänzenden Schmuck der Gestirnwelt vorgestellt (Sternbild der Jungfrau im Tierkreis?). Der Glaube an den Drachen, ein phantastisches unförmiges Riesentier, dessen Untaten die Welt von uran mit Schrecken erfüllen, war weithin in der Mythologie, bei Ariern und Semiten gleicherweise, zu Hause. Auch die Feindschaft des Drachen gegen die himmlischen Götter, die Bedrohung und – vergebliche – Verfolgung einer Göttin und ihres Kindes durch den Unhold ist ein bekannter Zug. So stellt im griechischen Mythos (nach der 1. Fabel des Hyginus) der Drache Python der Leto nach, als sie dem Zeus den Apollo gebären soll, von dem ihm der Tod droht; aber Leto wird von Poseidon auf die Insel Ortygia gerettet, wo sie ihr Kind gebiert, das nach vier Tagen den Drachen erschlägt. Ähnlich wird im ägyptischen Mythos Hathor-Isis, die Mutter des jungen Sonnengottes Horus, deren Bild auch wohl über dem Kopf eine Sonne zeigt, von dem roten Drachen Typhon-Seth bedrängt; sie entflieht mit dem eben geborenen Kinde auf einem Papyrus-Nachen auf die schwimmende Insel Chemmis und ›nährt das Kind in der Einsamkeit; und niemand weiß, wo es weilt und wohin sie geht‹. Doch wenn auch mit solchen Mythen vom Ansturm der finsteren Mächte des Bösen gegen die himmlischen Bringer des Lichtes der Stoff des apokalyptischen Bildes in der Wurzel verwandt sein mag – Bedeutung für das Verständnis des Bildes selbst gewinnen die Parallelen erst im Zusammenhang mit der Hoffnung der Spätantike auf den Weltheiland. Alles glänzende und schaurige Beiwerk, mit dem das apokalyptische Bild ausgestattet ist, tritt zurück vor dessen eigentlichem Gegenstand, der Geburt des Kindes, dem die Herrschaft über die Welt gehören soll. Die Geburt eines göttlichen Kindes aber, das Herrscher und Erlöser der Welt sein und ihr die Vollendung in einem goldenen Zeitalter des Friedens und der Überwindung des Bösen bringen werde, war das Ziel sehnsüchtiger Erwartung der ganzen alten Welt von Indien bis Rom (Vergils 4. Ekloge!), ausgemalt nicht nur mit Zügen aus dem Leben idealer Herrschergestalten der Geschichte (Alexander, Cäsar, Augustus, der Kaiser als »Heiland des ganzen Menschengeschlechts«), sondern auch mit Motiven aus dem alter Göttermythos wie dem von dem Sonnenkinde, dessen sieghaften Eintritt ins Leben auch der grimmigste Widersacher der Götter nicht zu hindern vermag.«[1]

Vieles weist darauf hin, daß die christliche Ära der letzten zweitausend Jahre am stärksten durch die Gegensatzproblematik geprägt worden ist. Wie bewegten die Gemüter die Gegensätze zwischen Reich Gottes und Herrschaft dieser Welt, zwischen Gott und Mensch, zwischen Gut und Böse! Trotz des Heilswerkes Christi sind unser Leben und die Welt vom Bösen und Destruktiven bedroht. War das zentrale Anliegen des christlichen Äons die Erlösung des Menschen, so scheint mir die der kommenden Zeit die Erlösung des Bösen und des Dunklen zu sein. Die kämpferische Besiegung des Bösen scheint nicht mehr die angemessene Methode zu sein. Nicht der Kampf zwischen dem Drachen und dem Lamm ist dann das Wichtigste, sondern die Erlösung des Bösen. Wie man das Böse an der Wurzel packt und ihm selber das Geheimnis und die Lösung entlockt, zeigt das folgende Märchen »Der Teufel mit den drei goldenen Haaren«.

Der Umgang mit Schattenbildern

Das Märchen handelt von einem Kind, das mit einer Glückshaut geboren worden ist. Ihm wurde bei der Geburt geweissagt, daß es mit 14 Jahren die Tochter des Königs heiraten werde. Der König, der ein böses Herz hatte und sich über diese Weissagung ärgerte, ging zu den Eltern, tat ganz freundlich und

---

[1] Eduard Lohse, Die Offenbarung des Johannes, Neues Testament Deutsch, S. 63 ff.

sagte: »Ihr armen Leute, überlaßt mir euer Kind, ich will für es sorgen.« Statt für es zu sorgen, sorgte er dafür, daß es aus der Welt geschafft wurde. Es wurde wie Mose in einer Kiste auf dem Wasser ausgesetzt und kam so zu Pflegeeltern, die sich seiner annahmen. Als das Glückskind 14 Jahre alt war und die Weissagung in Erfüllung gehen sollte, traf der König wiederum mit dem Helden zusammen. Der König überredet die Pflegeeltern, das Glückskind mit einem Brief zur Königin zu schikken. In dem Brief stand: »Sobald der Knabe mit diesem Schreiben angelangt ist, soll er getötet und begraben werden, und das alles soll geschehen sein, ehe ich zurückkomme.« Unterwegs verirrte sich der Knabe und übernachtete bei Räubern im Walde. Als die hartherzigen Räuber den Brief gelesen hatten, empfanden sie Mitleid. Der Anführer der Bande schrieb einen neuen Brief. Darin stand, sowie der Knabe bei der Königin ankomme, solle er sogleich mit der Königstochter vermählt werden. So geschah es.

Das Märchen enthält einige Motive, die für zahlreiche Heldengeschichten typisch sind.

Der Held wird mit einer Glückshaut geboren. Die zukünftige Bestimmung ist ihm schon in die Wiege gelegt. Das Motiv von der Glückshaut erinnert an magische Vorstellungen. Vermutlich handelt es sich um eine Verwachsung der eigenen Haut mit Teilen der Gebärmutter. Symbolisch besagt dies, daß der Held mit seiner Herkunft und mit den Ahnen in Kontakt bleibt. So wie unsere Haut ein wichtiges Kontaktorgan zwischen Innenwelt und Außenwelt ist, so ist die Glückshaut ein Symbol der Verbundenheit des Helden mit den Ahnen. Psychologisch ausgedrückt heißt dies, daß Menschen mit einem guten Ahnungsvermögen und mit Intuition eine besondere Bestimmung haben.

Die Aussetzung und wunderbare Rettung des Helden. Dazu wurde bereits schon auf die Aussetzung des Mose verwiesen. Aus vielen Märchen und Mythen ist dieses Motiv bekannt.

Der Held wächst als Kind verschiedener Eltern auf. Zu diesem Motiv erinnere ich daran, daß wir als Christen leibliche Eltern haben und einen himmlischen Vater durch die Taufe bekommen.

Der Held wird von Anfang an in Böses verstrickt. Es sei an die

List des Königs erinnert, wie er sich des Glückskindes bemächtigt. In dem Mitleid der Räuber sehen wir eine positive Seite des Bösen. Der Held hat ein Gespür und ein Gehör für die Nöte der Menschen. Er wagt sich schließlich bis in die Hölle vor, das heißt, er setzt sich mit den dunklen Seiten der Seele und dem Bösen auseinander.

Helden stehen unter einer Bestimmung. Die Weissagung bei ihrer Geburt wird wegweisend für ihr Leben. Bestimmung heißt wortwörtlich, daß sie auf ihre innere Stimme hören. Darüber hinaus haben sie auch, wie gesagt, ein Ohr für die Nöte der anderen. Das vernehmen wir aus dem Fortgang des Märchens.

Als der König bei seiner Heimkehr von der Vertauschung seines Briefes erfuhr, sprach er voll Zorn: »So leicht soll es dir nicht werden. Wer meine Tochter haben will, der muß mir aus der Hölle drei goldene Haare von dem Haupte des Teufels holen. Bringst du mir, was ich verlange, so darfst du meine Tochter behalten!« Damit hoffte der König, ihn auf immer loszuwerden. Darauf machte sich der Held auf den Weg und begann seine Wanderschaft. Der Held lernt auf seinem Weg die Nöte der Menschen kennen. Ihm werden die folgenden drei Rätselfragen vorgelegt:
- Warum ist der Marktbrunnen, aus dem sonst Wein quoll, trocken geworden und gibt nicht einmal mehr Wasser?
- Warum trägt ein bestimmter Baum in der Stadt keine goldenen Äpfel mehr?
- Der Fährmann will erklärt bekommen, warum er immer hin- und herfahren muß und niemals abgelöst wird.

Das Glückskind verspricht allen, dies in Erfahrung zu bringen und die Probleme zu lösen. In der Hölle angelangt, findet er das Mitleid von des Teufels Großmutter. Sie verspricht, ihm zu helfen. Um den Helden vor dem Bösen und Destruktiven zu bewahren, verwandelt die Große Mutter ihn in eine Ameise. Bevor der Teufel heimkommt, möchte der Held von der Großen Mutter gerne noch drei Dinge wissen: warum ein Brunnen, aus dem sonst Wein quillt, trocken geworden ist und jetzt nicht einmal mehr Wasser gibt; warum ein Baum, der sonst goldene Äpfel trug, nicht einmal mehr Laub treibt; und warum ein Fährmann herüber- und hinüberfahren muß und nicht abgelöst wird.

Als der Teufel gegessen und getrunken hatte, war er müde, legte der Großmutter seinen Kopf in den Schoß und sagte, sie solle ihn noch ein wenig streicheln. Im Schlaf wird die teuflische Macht gewandelt und ansprechbar. Wie manche Frauen den Männern im Schlaf ein bestimmtes Geheimnis entlocken, so versteht es auch des Teufels Großmutter. Die Alte reißt dem Teufel nacheinander drei goldene Haare aus. Als der Teufel jedesmal davon wach wird, entschuldigt die Alte ihren Griff in die Haare mit einem Traum. Auf Träume nun ist selbst der Teufel ansprechbar. Hier wird er hellwach und vor allem neugierig und fragt: »Was hat dir denn geträumt?« Die weise alte Frau kleidet die drei Rätselfragen des Helden jeweils in einen Traum, und der Teufel verrät ihr die Lösung der Rätsel, nämlich:

– daß eine Kröte unter einem Stein im Brunnen sitze. Wenn sie getötet würde, dann würde wieder der Wein in dem Brunnen fließen;

– daß an der Wurzel des Apfelbaums eine Maus nage, wenn man die Maus töte, dann trage der Baum wieder goldene Äpfel;

– daß der Fährmann den Übersetzenden das Ruder selber in die Hand geben solle.

Die Kröte im Brunnen und die Maus, die an der Wurzel des Baumes nagt, sind unbewußte Komplexe, die das Seelenleben beeinträchtigen. Der Held, das Glückskind, und letztlich jeder Mensch kann die Ursachen seiner Schwierigkeiten aufspüren und zur Lösung beitragen. Dabei ist es wichtig, daß ein Mensch nicht aus eigener Kraft und Wollen dieses Werk anstrebt, sondern sich der Hilfe der großen Mutter Natur bedient. Wie in dem Märchen des Teufels Großmutter eine Gestalt der sogenannten Großen Mutter ist, so sind in der Natur und im Menschen die Weisheit und die Hilfe so wie der Rat verborgen.

Der Umgang des Märchenhelden mit dem Bösen gibt Hinweise für den Umgang mit Schattenbildern und dem Dunklen in der eigenen Seele:

Helden müssen sich wandeln lassen. Die Große Mutter verwandelt den Helden in eine Ameise, um ihn vor dem Teufel zu bewahren. Teufel haben ein feines Gespür für Menschenfleisch, aber sie übersehen leicht eine kleine Ameise. Wer groß werden will, muß zuvor in die Klugheit und Weisheit des Kleinsten eingeweiht und verwandelt werden. Nach den Sprüchen Salomos (Kapitel 30,24) gehören die Ameisen zu den kleinsten Tieren auf Erden und sind auch unglaublich klug. Die Ameise ist ein Symbol für die Funktion unseres vegetativen Nervensystems. Wenn Menschen die Probleme an die Nerven gehen, träumen sie erfahrungsgemäß häufig von Ameisen. Interessanterweise hält sich die Märchensymbolik an die Spielregeln der Träume.

Der Held in unserem Märchen ist eine Personifikation des menschlichen Selbst. Er muß dem »dämonisch-teuflischen« Selbst die Kostbarkeit entreißen. Wie bei dem alttestamentlichen Simson, dessen Kraft in den Haaren steckte, sind auch die Macht und das Wissen des Teufels in den drei goldenen Haaren enthalten. So wie der Teufel das Wissen hat, der Großmutter die drei Träume zu deuten, so schlummert in jedem Menschen ein natürliches Licht, das zur Selbsterkenntnis führen kann.

Im Unterschied zum Christentum, wo die Erlösung gegen die Natur angestrebt wird, erfolgt die Lösung eines Problems im Märchen mit Hilfe der Natur. Im Märchen werden die Natur und deren Weisheit weder vergöttert noch verteufelt.

Nach dem Menschenbild dieses Märchens kann sich der Held an den eigenen Haaren aus dem Sumpf ziehen. Das will sagen, daß auch Anteile des Teufels und des Dämonischen zu Problemlösungen führen können, ohne daß man sich dem Bösen mit Leib und Seele verschreiben müßte. Es entspräche nicht der Intention der Märchen, wollte man ihre Problemlösungen am christlichen Erlösungsgedanken messen. Danach ist der Mensch radikal, das heißt bis in seine Wurzeln hinein böse und kann sich selber nicht helfen. Christus ist allein der Retter, der den Menschen erlösen kann. In ihm liegen nach biblischer Überlieferung verborgen alle Schätze der Weisheit und der Erkenntnis. Wie verhält sich dazu der dunkle Bruder in unserem Märchen, der der Großen Mutter den rettenden Gedanken und die Lösung des Problems zu sagen vermag? Wir sollten die beiden archetypischen Symbolgestalten nicht gegeneinander ausspielen. Ich glaube, daß die meisten beide Seiten in sich kennen. Wir können manchmal von dem bewegt werden, »was Christum treibet«, und ein andermal können wir buchstäblich vom Teufel getrieben werden. In manchen irrationalen Erfahrungen fühlen wir uns gar von beiden an die Leine genommen.

Der Fährmann ist in unserem Märchen eine verkappte Gestalt des Teufels. Wie jener von dem ewigen Hin- und Herfahrenmüssen abgelöst werden möchte, wird vielleicht auch die Lösung jener dämonischen Dialektik mit dem ewigen Hin und Her, von Diesseits und Jenseits, von Spruch und Widerspruch, endlich einmal gelöst und erlöst werden. Dieses ewige Hin und Her, die Gegensätze, wird mit Hilfe der drei goldenen Haare aufgehoben. Die Zweiheit, die auch im Begriff der Entzweiung und des Zweifels enthalten ist, wird in der Drei überbrückt. So wie im Kind die Liebe von Frau und Mann eine neue Gestalt gewinnt, so löst der Märchenheld die Gegensatzproblematik mit Hilfe der drei goldenen Haare des Teufels. Der Teufel ist wie der Fährmann ein Übersetzer und Dolmetscher für jene verborgenen Probleme, die den Menschen als böse erscheinen.

Ist jeder Mensch ein Glückskind und ein Glückspilz? Vielen ist die Redensart bekannt: Mit Haut und Haar ein Glückspilz sein. Das hört sich gewiß gut an und macht manchen neidisch. Doch bedenken wir die Gefahren und Bedrohungen und vor allem die Bestimmung dieses Glückskindes. Es wurde schon gesagt, daß das Gefühl der Bestimmung von auserwählten Menschen verspürt wird. Aufgrund ihres Ahnungsvermögens und der Intuition lernen sie, auf die Stimme im Inneren zu hören. Diese Stimme ist nicht immer klar und eindeutig. Häufig wird auch der Held in Mißstimmungen, Verstimmungen und Depressionen verstrickt. Die Maus nagt auch an seinem Lebensnerv. Dennoch siegt meistens die Weisheit der Natur über die Verstrickungen und das Böse.

Zusammenfassend möchte ich sagen, daß das Märchen vom Teufel mit den drei goldenen Haaren uns wichtige Einsichten in die Analyse eines archetypischen Gottes- oder Teufelkomplexes geben kann. Wie die Handlung des Märchens zeigt, gibt es auf der Welt Probleme, die sich mit den derzeitigen wissenschaftlichen Methoden nicht lösen lassen. Wir können uns mit der Phantasie ausmalen, wie die Stadtväter im Märchen alles versucht haben, damit aus ihrem Brunnen wieder Wein floß und der Baum wieder goldene Früchte trug. Die Lösung dieser Probleme läßt sich nur mit Hilfe des Träumens durch den Teufel finden. Bibelkundige Leser werden vielleicht auf den Einfall kommen, daß hier der Teufel (sprich: ein Problem in dunkler Tiefe) durch Beelzebub ausgetrieben werde. Doch nach dem Märchen ist der Teufel nicht nur eine lebenzerstörende Macht, wie es das christliche Denken sieht, sondern eine greifbare Instanz, der auf natürlich-empirischem Wege (im Märchenbild dargestellt als des Teufels Großmutter) die Lösung zu entlocken ist. Die Frage ist, ob wir auf dem notwendigen Weg zur Heilung unserer komplexen Schwierigkeiten zur »Höllenfahrt« bereit sind. Dazu gehört, die natürlichen Erkenntnismöglichkeiten und die seelische Einsichtsfähigkeit nicht mehr zu »verteufeln«, sondern sie zur Problemlösung zu nutzen.

Wenn wir die drei goldenen Haare des Teufels mit Hilfe der analytischen Traumpsychologie zu verstehen suchen, möchte ich von einer sogenannten luziden Traumerfahrung sprechen. Luzid heißt in diesem Zusammenhang, daß einem blitzartig klar wird, »wo der Hund begraben liegt«. Es ist eine aus der eigenen Seele aufleuchtende Einsicht, die eine verwandelnde Kraft für das Leben ausstrahlt. Anders als die oft trübe Leuchte unseres Verstandes kann die blitzartige Einsicht aus der Tiefe der Person (im Märchen als Hölle dargestellt) uns frei machen und heilen. Dann wird uns ein Problem verständlich, und wir bekommen einen Durchblick bis zu den Wurzeln des Übels, so wie der Teufel weiß, daß eine Kröte im Brunnen verhindert, daß der Wein wie Wasser fließt, und die Maus an den Wurzeln des Baumes nagt. Diese Einsicht von Luzifer, einem gefallenen Engel des Lichtes, wie die christliche Deutung sagt, wird mit Hilfe des Traumes ans Tageslicht des Bewußtseins unseres Märchenhelden gebracht. Damit kann er schließlich hingehen und die befreiende Botschaft ausrichten. So wie das Gold in der Realität etwas sehr Kostbares ist, ist es in der Bildersprache der Seele ein Bild des Lichtes, der Einsicht und der Erkenntnis. Wer sich darin übt, die archetypischen Symbole so »anzuzapfen«, wie des Teufels Großmutter an den goldenen Haaren zieht und damit die Lösung findet, der erreicht zunehmend eine Kommunikation mit der Bilderwelt und entschlüsselt die Chiffren der Transzendenz. In luziden Träumen erleben wir die erhebende Ganzheitserfahrung, daß wir an der jenseitigen, göttlichen Welt Anteil haben.

Abschließend möchte ich einen luziden Traum des in diesem Kapitel bereits erwähnten Theologen mitteilen, dem das

157

übernatürliche Licht in einem für uns numinos wirkenden
Feuer in einer Kirche aufleuchtete. Der Traum lautet: »Ich bin
in meiner Dorfkirche. Im Traum ist sie tiefer in der Erde gelegen als in Wirklichkeit. Ich entdecke hinter dem Altar einen
Kirchenraum, in dem ich bisher noch nie gewesen bin. Seit
Jahrhunderten ist er nicht betreten und benutzt worden. Er
liegt in der Ostflucht, jenseits des Altars, dort, wo in der Realität die Sakristei angebaut worden ist. Durch diesen wiederent-
deckten Kirchenraum kommt der Altar in der Mitte der beiden
Kirchenschiffe zu stehen. Während ich mich in diesem unbe-
lebten Raum umblicke, entdecke ich gen Osten zwei alte verket-
tete und verriegelte Ausgangstüren. Sie liegen etwa mannshoch
über dem Fußboden. Offenbar wußte der Baumeister dieser
Räume im voraus, daß der Mutterboden um die Kirche in
dieser Höhe im Verlaufe der Jahrhunderte anwachsen würde.
Ich bemühe mich, den altertümlichen Türverschluß zu öffnen
und durch einen Spalt ins Freie zu gelangen. Ich gehe rechts
um dieses neuentdeckte Kirchenschiff herum. Der Kirchhof ist
hier von Brennesseln und Gestrüpp überwuchert. An der Süd-
seite der Kirche entdecke ich eine rundbogene gußeiserne Türe
in der Kirchenwand, wie zu einem Backofen. Solche Platten
mit einem Relief sind mir von alten Kachelöfen bekannt. Ich
denke mir, daß es wohl der Backofen von einem der Amtsvor-
gänger, Pastor Kühnemund, sei, der die Pfarrei von 1859 bis
1865 innehatte. Von Neugier getrieben, öffne ich die seit langem geschlossene Türe. Zu meinem Erstaunen sehe ich in der
Asche ein glühendes Kohlenfeuer. In der Asche sehe ich Menschenschädel. Fasziniert blicke ich in die glimmende Glut. Der
Eindruck ist furchtbar. Mit einem starken Gefühl der Betroffenheit erwache ich.«

Diejenigen Leser, die wenig geübt sind im Umgang mit Träumen, mögen sich fragen, was denn das Außergewöhnliche für
den Träumer gewesen sein mag. Wie können ein glimmendes
Kohlenfeuer und Menschenschädel in der Asche eine derartige
Faszination auslösen? Für den Umgang mit Träumen anderer
Menschen ist es wichtig, die eigenen Fragen und Bedenken
zunächst zurückzustellen und zu hören, was der Träumer selbst
sagt. Der Träumer berichtet, daß für ihn der Eindruck furchtbar
war und er mit einem starken Gefühl der Betroffenheit er-

wachte. Die besondere emotionale Bewegtheit zeigt an, daß es sich hier nicht um alltägliche Bilder handelt, sondern um ein archetypisches Urbild, das eine religiöse Ganzheitserfahrung vermittelt. Der bibelkundige Leser sei zu dem Bild des Kohlenfeuers an die Erscheinung des Auferstandenen bei den Jüngern am See Tiberias erinnert. In Johannes 21 wird berichtet, daß die Jünger nach ihrem Fischfang an Land gingen und ein Kohlenfeuer am Boden sehen und einen Fisch darauf liegen und Brot. Ähnlich wie dort die Fischsymbolik zu dem Feuer hinzukommt und damit die Erscheinung des Auferstandenen ankündigt, sieht unser Analysand ein anderes Selbstsymbol, nämlich Menschenschädel in der Asche. Die Schädelsymbolik, in der in der Subjektsphäre das Selbst erscheint, hat in der Geschichte vielfältige Ausprägungen erfahren. Ich erwähne aus der biblischen Überlieferung die »Schädelstätte«, wo das Kreuz Christi nach legendärer Überlieferung auf dem Schädel Adams errichtet wurde. In der paulinischen Theologie wird Christus als Haupt der Kirche bezeichnet. Ferner sei aus der von C. G. Jung bearbeiteten Symbolik der Alchemie, in der das »vas hermeticum« nach der Form des Schädels nachgebildet wurde, zitiert: »Nach alter Anschauung ist der Kopf, respektive das Gehirn, der Sitz der ›anima intellectualis‹. Daher soll das alchemistische Gefäß rund sein wie der Kopf, damit das, was aus dem Gefäß entsteht, ebenfalls ›rund‹, nämlich einfach und vollkommen sei, wie die ›anima mundi‹. Die Krönung des Werkes ist die Herstellung des ›Runden‹, welches am Anfang . . . und am Ende steht . . .«[1] Durch den Traum und im Traum wird der objektiven Stufe Angehöriges zum Subjektiven und damit erfahrbar. Durch diese Funktion eröffnet der Traum die Möglichkeit einer Ganzheitserfahrung. Man könnte die vielschichtige Symbolik dieses Traumes auch recht schlicht mit Hilfe der Redensart interpretieren, daß sich etwas im religiösen Leben des Träumers »abgerundet« hat und damit ganz geworden ist. Er selbst faßt diese für ihn einleuchtende Erfahrung in einem Gespräch einmal in die Worte, daß seine bisherige »kirchliche Engstirnigkeit« durch die Analysen wesentlich erweitert wurde und er mit Hilfe der Träume einen neuen Zugang zur Kirche gefunden habe.

[1] C. G. Jung, Psychologie und Alchemie

Gottesvergiftung und Gotteskomplex

Es gibt nicht nur die geschilderten positiven Erleuchtungen, sondern auch eine Gottesfinsternis und eine sogenannte »Gottesvergiftung«, die das Seelenleben krank machen kann. Das schildert der Theologe und Psychoanalytiker Tilman Moser in seinen ergreifenden Selbstzeugnissen. Moser macht für seinen Selbsthaß, seine seelische Selbstzerstörung und seine Lebensschwierigkeiten das neurotisierte Gottesbild verantwortlich, das ihm durch die religiöse Erziehung vermittelt wurde. Auch die Schuldgefühle, Ängste und das Gefühl des »Aussätzigseins« wurden durch das fragwürdige Gottesbild in der Kindheit verursacht. Darüber schreibt Moser: »Du (Gott), bist in mich eingezogen wie eine schwer heilbare Krankheit, als mein Körper und meine Seele klein waren. Beide wurden, entgegen einer freieren Bestimmung, zu deiner Wohnung gemacht, und ich war so stolz, daß du auch in mir kleinem Jungen Wohnung nehmen würdest. Es gab Jahre, wo ich dir mein Leben weihen wollte, wo zwischen dir und mir verhandelt wurde über einen Erwählungsvertrag. Du hast schon ganz früh mit meinem Größenwahn gespielt, ihn genährt, ihn an geheiligten Vorbildern gesteigert, die mir in deinem Namen vor Augen gehalten wurden. Ich habe dir so schreckliche Opfer gebracht an Fröhlichkeit, Freude an mir und anderen, und der Lohn war, neben der Steigerung des Erwähltheitsgefühls oder dem Kampf darum, ein Quentchen Geliebtsein vielleicht, vielleicht ein Quentchen weniger Verdammnis.«[1]

Als besonders schmerzlich wird rückschauend von Moser empfunden, daß die Mutter dann Wärme und Herzlichkeit für ihn ausstrahlte, wenn sie mit ihm betete. So fühlte er sich von der Mutter niemals als Kind geliebt, sondern nur um Gottes willen angenommen. Das von den Angehörigen vermittelte Gottesbild wurde zu einer Art »Gottesschrecken«, weil dieser Gott angeblich alles sah und auch noch die kleinen Sünden der Kindheit registrierte, die den Eltern entgangen waren. »Aber weißt du, was das Schlimmste ist, das sie mir über dich erzählt haben? Es ist die tückisch ausgestreute Überzeugung, daß du

---

[1] Tilman Moser, Gottesvergiftung, S. 10

alles hörst und alles siehst und auch die geheimen Gedanken erkennen kannst. Hier hakte es sehr früh aus mit der Menschenwürde; doch dies ist ein Begriff der Erwachsenenwelt. In der Kinderwelt sieht das dann so aus, daß man sich elend fühlt, weil du einem lauernd und ohne Pausen des Erbarmens zusiehst und zuhörst und mit Gedankenlesen beschäftigt bist.«[1]

In der kritischen Auseinandersetzung mit dem Gottesbild in den Kirchenliedern kommt Moser auf die übersteigerten Elternimagines zu sprechen, die mit dem Gottesbild verwoben wurden. Da es erfahrungsgemäß schon schwierig ist, sich mit den Elternimagines auseinanderzusetzen, ist dies bei einem gestaltlosen Gottesbild nahezu unmöglich. Moser schreibt: »Ich habe mich in den Therapien mit den frühen Bildern der Eltern herumgeschlagen, aber nicht mit dir, obwohl oder weil du die weit ungeheuerlichere Person warst. Die frühen Elternfiguren, selbst wenn sie zu Phantomen und Monstren verzerrt erscheinen, haben Konturen, während du konturlos allumfassend bist, unheimlich in der Vielfalt der angemaßten Funktionen: als übatterliche oder übermütterliche Person, liebevoll und bergend; als zorniger Richter, Schöpfer, Abgrund, allesdurchdringende Substanz und totales Objekt, verwirrend und erschreckend.«[2]

Für unsere Untersuchung der religiösen Neurose sind die beispielhaft genannten Selbstzeugnisse Mosers insofern wichtig, als die Psychotherapeuten, bei denen er Hilfe suchte, die sogenannte Gottesvergiftung durch das neurotisierte Gottesbild nicht erkannten. Diese persönliche Feststellung von Moser deckt sich mit meinen kritischen Beobachtungen auf zahlreichen Therapiekongressen, in Seminaren und bei Literaturstudien. Wenn Jungs Überzeugung zutrifft, daß jede Neurose in der zweiten Lebenshälfte im Kern ein religiöses Problem beinhaltet, so lassen Mosers und meine Beobachtungen offenbar werden, daß viele Analysen und Therapien zu diesem Kern nicht durchstoßen. Aus diesem Grunde erweist sich unsere Untersuchung über die Korrelation zwischen psychoneurotischen Schwierigkeiten und religiöser Orientierung nicht nur für

---

[1] Moser, Gottesvergiftung, S. 13
[2] ebenda, S. 80

die beteiligten Patienten und die Religionspsychologie als ein wichtiges Thema, sondern ebenso für praktizierende Psychotherapeuten.

Es kommt fast immer zu einer Kollusion zwischen den Elternimagines und dem Gottesbild, wenn in der religiösen Erziehung die grundlegenden Erfahrungen von Angenommensein, Geborgenheit und Geliebtwerden zu einseitig mit dem Gottesbild verbunden sind. Das Gottesbild und der Gotteskomplex sind die beiden zentralen Begriffe für das Verständnis der religiösen ekklesiogenen Neurose. Während ersteres die bildhaften Vorstellungen ausdrückt, ist der Gotteskomplex ein Ausdruck für die geistigen Kräfte und die seelischen Energien, die dem Gottesbild innewohnen. Obwohl Vergleiche im allgemeinen hinken, könnte man einen Komplex im unbewußten Seelenleben vergleichen mit einem energetischen Feld. So wie es nun einen Vater- und Mutterkomplex, einen Macht- und einen Minderwertigkeitskomplex gibt, um nur einige zu nennen, so konzentrieren sich beim Gotteskomplex in den unbewußten Tiefen der Person die seelischen Energien um das Gottesbild. Zwischen dem Gottesbild und dem Gotteskomplex bestehen vielschichte Wechselbeziehungen und Wechselwirkungen. Wie bei anderen psychischen Komplexen führen zum Beispiel die angsterregenden Emotionen des Gotteskomplexes zu einem furchterregenden Gottesbild. Bei dem Gottesbild und dem Gotteskomplex sind das Bildhafte und das Psychoenergetische eben so miteinander verwoben wie bei den lebendigen Symbolen. Wenn wir tiefenpsychologisch und symbolpsychologisch von Gott reden, so müssen wir beim Gottesbild zugleich auch vom Gotteskomplex reden. Beide Aspekte kommen in den Träumen und Phantasien sowie in den psychoneurotischen Krankheiten zum Ausdruck. Letztere sind eine vorläufige Kompromißlösung, bis eine befriedigendere Lösung im Symbol gefunden wird.

Manche Leser werden vielleicht fragen, ob es in unserer aufgeklärten Zeit überhaupt noch angezeigt ist, von Gottesbild und Gotteskomplex zu reden. Gibt es nicht in der Tiefenpsychologie genug andere Begriffe, so daß auf Gott ganz verzichtet werden kann? Ich bin der Auffassung, daß es bestimmte Überzeugungen gibt, die sich am adäquatesten in religiösen Symbo-

len und damit in einem Gottesbild ausdrücken lassen. Gottesbilder können veralten wie Gewänder oder gar absterben. Ein
Ausdruck dafür sind die aus vielen Kulturen, Kulten und Religionen bekannten Gottesbilder, an die niemand mehr glaubt
und sein Herz hängt. Man könnte die veralteten Gottesbilder
vergleichen mit Gegenständen, die im Museum stehen. Sie
sind aus dem Leben genommen und erinnern nur noch an
einstige glanzvolle Zeiten. Dieser Prozeß spielte sich in unserer
Zeit recht dramatisch in der sogenannten »Gott-ist-tot-Theo-
logie« ab. Während die Gläubigen zu Recht überzeugt sind,
daß Gott nicht sterben könne, würde diese Theologie wesentlich besser verstanden, wenn wir von sterbenden Gottesbildern
sprächen. Dieser Prozeß scheint sinnvoll und notwendig, damit
der lebendige Gott in neuen Symbolen Gestalt gewinne.

Bei dem Begriff »Gotteskomplex« werden von Horst E. Richter in seinem gleichnamigen Buch noch andere Aspekte als die
von mir erwähnten hervorgehoben. Es wird zum einen die
Krise des Glaubens an die Allmacht des Menschen dargestellt.
Der dem Bibelleser vertraute Satz der Schlange: »Ihr werdet
sein wie Gott« wird von Richter im Rahmen der geistesge-
schichtlichen Entwicklung als »Geschichte der Illusion von der
menschlichen Allmacht« beschrieben. Seit dem Ausbruch des
mittelalterlichen Menschen aus der Geborgenheit in Gott
nimmt die egoistische Selbstbezogenheit bis hin zur narzißtischen Selbstverstrickung ihren tragischen Verlauf. Dieser Prozeß wird dadurch verstärkt, daß die Logik des Gehirns (sprich
ein übertriebener Intellektualismus) die Gedanken und Empfindungen des Herzens verdrängt und überspielt. Die Gefühls-
welt wird mehr und mehr abgespalten und damit ein wesentlicher Teil der Menschlichkeit unterdrückt. Zu einem »Gotteskomplex« im Menschen kommt es, wenn sich das Ich in einem
infantilen Größenwahn aufbläht wie ein Luftballon und damit
die menschliche Ohnmacht durch das Gefühl einer göttlichen
Allmacht kompensiert wird.

Der Gotteskomplex führt nach Richter dazu, daß das Mitgefühl und das Mitleiden mit anderen Menschen grundlegend
gestört sind. Infolge der narzißtischen Selbstbezogenheit ist
keine »Sympathie« mit dem Nächsten möglich. Daher kommt
es zu einer psychischen und sozialen Spaltung des Menschen.

Die Sympathie dagegen bedeutet im eigentlichen Sinn des Wortes Mitfühlen und wird »als ein soziales Urphänomen und als die eigentliche Chance zur Begründung eines Zusammenlebens in Solidarität herausgestellt«. Das Mitfühlen jedoch wird durch ein bloßes »Nachfühlen« als eine narzißtische Form einer Gefühlsbeziehung entstellt. Ein nachfühlendes Publikum nimmt keinen echten Anteil an den Leiden der betroffenen Personen. Im echten Mitgefühl dagegen werden die hierarchischen Machtstrukturen aufgehoben durch »das Prinzip der mitfühlenden Gleichsetzung«. Das Sympathieprinzip ermöglicht die gemeinsame Emanzipation aller. »Die mitfühlende Gleichsetzung mit den anderen enthält für den, der sein Selbstverständnis auf mittlerer Höhe zwischen kläglicher Insuffizienz und überkompensatorischer narzißtischer Großartigkeit stabilisiert hat, nichts Bedrohliches mehr. Er kann sich offen dem Bedürfnis nach sympathisierender Verbundenheit überlassen und erfährt auf diese Weise innere Bereicherung durch die anderen, die in gleicher Weise an ihm Anteil nehmen. So fördert das Sympathieprinzip die Chancen einer gemeinsamen Emanzipation.«[1]

Das ganzheitliche Gottesbild

Bei der gemeinsamen Emanzipation von Männern und Frauen sollte man sich auch um ein ganzheitliches Gottesbild bemühen. Das Gottesbild der Zukunft sollte umfassender sein als das männlich-patriarchale und als das weiblich-matriarchale. Diese traditionellen Vorstellungen ermöglichten es zwar, das, was Männern und Frauen heilig ist, annähernd auszudrücken, doch zugleich wurde in den Kampf der Geschlechter auch immer wieder das Gottesbild verstrickt. Wenn die Frauen und Mütter in Epochen des Matriarchates herrschten, legitimierten und sanktionierten sie ihre Herrschaft wohl mit weiblichen Gottesbildern. In der scheinbar zu Ende gehenden Epoche des Patriarchats bestimmten der »Vater« und der »Sohn« das männlich strukturierte Gottesbild. In der immer stärker werdenden

[1] H. E. Richter, Der Gotteskomplex

Emanzipationsbewegung vieler Frauen wird nun wieder »die Weiblichkeit Gottes« (Ch. Mulack) entdeckt. Solche Formulierungen werden von vielen Männern (insbesondere von Geistlichen) abgelehnt. Vielleicht fürchtet man unbewußt, daß eine neue Herrschaftsepoche der Mütter heraufdämmert, die die Herrschaft des Patriarchats und des männlichen Gottesbildes verdrängen könnte.

Diese alten Herrschaftsverhältnisse im Himmel und auf Erden sollen aber keineswegs wieder heraufbeschworen werden. Es geht vielmehr um ein ganzheitliches Menschen- und Gottesbild, in dem das Männliche und das Weibliche verbunden sind wie die beiden Pole in einer Ellipse. Man könnte die Zusammengehörigkeit von Männlichem und Weiblichem auch im Bilde unserer beiden Beine oder der zwei Augen beschreiben. Übertragen auf das Gottesbild will dies sagen, daß sowohl ein einseitiges männlich geprägtes Gottesbild »hinkt« als auch ein matriarchales Gottesbild den ganzen Gott zu »einäugig« sieht. Ein besonders zutreffendes Bild für die Ganzheit scheint mir das chinesische Symbol des Yang und Yin zu sein. Das Symbol drückt aus, daß in allem Männlichen auch weibliche Anteile enthalten sind, daß in allem Dunklen auch Lichtes schlummert und daß in allem Materiellen auch geistige Prozesse walten. Im Sinne des obigen Symbols könnte man daher sagen, daß Himmlisches und Irdisches sich in einem fortwährenden Prozeß durchdringen, wie Yang und Yin.

Eine Entsprechung des östlichen Symbols haben wir in den Jungschen Begriffen von Anima und Animus. Dies will sagen, daß in jedem Manne auch weibliche Seelen- und Persönlichkeitsanteile vorhanden sind und in jeder Frau sogenannte männliche Anteile. In der einen Gestalt wirkt jeweils auch der andere Anteil. Das war auch so bei Jesus. Er war »wahrer Mensch und wahrer Gott« in einer Person. Seine Anima offenbart sich uns in der Wertschätzung des Weiblichen.

Kehren wir zu unserer Frage zurück, wie ein ganzheitliches Gottesbild der Zukunft aussehen könnte. Ich bin der Überzeugung, daß uns das astrologische Symbol des Aquarius, des Wassermanns, einige Hinweise darauf geben kann, zumal wir am Beginn des sogenannten Wassermann-Zeitalters stehen. Damit die emanzipierten Frauen nicht gegen den Wasser*mann* unnötig Sturm laufen und alle, die sich um eine feministische Theologie bemühen, in ihm erneut das Patriarchat heraufziehen sehen, sei das Symbol vorab kurz gedeutet. Das Entscheidende ist nicht die geschlechtsgebundene Person, sondern die dargestellte Funktion. Es geht um das Ausgießen des Wassers, um das Lebenswasser und den »Wasserstoff«. In meiner Phantasie und Glaubensvorstellung verbindet sich mit der Symbolik des Aquarius das Wort Jesu: »Wer an mich glaubt, von dessen Leibe werden Ströme lebendigen Wassers fließen« (Johannes 7,38). Es scheint sich um einen naturhaft gewordenen lebendigen Geist zu handeln, der durch die Leiblichkeit des Menschen zur Welt kommt, wie einst der Gottessohn von Maria geboren wurde. Wenn ich mein Christusbild anschaue, entdecke ich manches Gemeinsame. Beide zeigen kein statisches, festgeschriebenes Gottesbild, sondern ein dynamisch fließendes, für das das ausgegossene Wasser ein Sinnbild ist. Der Wassermann gibt etwas hin, wie Jesus sein Leben hingegeben hat und wie sich Menschen in Liebe verströmen. Der zentrale Sinngehalt des Symbols ist für mich der im Wasser naturhaft erscheinende Geist, der Geistiges und Natürliches im fließenden Strom des Lebens vereint.

Es erscheint mir wichtig, die archetypische Vorstellung vom kommenden Wassermann-Zeitalter zu erläutern. Stellvertretend für viele intuitive Menschen, die sich um das Verständnis des geistig-psychischen Hintergrundes einer Kulturepoche bemühen, sagt C. G. Jung, »daß der Menschheit Ereignisse warten, welche dem Ende eines Äon entsprechen. Wie wir schon aus der altägyptischen Geschichte wissen, sind es psychische Wandlungsphänomene, die jeweils am Ende eines Platonischen Monats und zu Anfang des nachfolgenden auftreten. Es sind, wie es scheint, Veränderungen in der Konstellation der psychischen Dominanten der Archetypen, der ›Götter‹, welche säkulare Wandlungen der kollektiven Psyche verursachen oder begleiten. Diese Wandlung hat innerhalb der geschichtlichen Tradition angehoben und ihre Spuren hinterlassen, zunächst im Übergang des Stierzeitalters zu dem des Aries (Widder), sodann vom Zeitalter des Aries zu dem der Pisces (Fische), dessen Anfang mit der Entstehung des Christentums zusammenfällt. Wir nähern uns jetzt der großen Veränderung, die mit dem Eintritt des Frühlingspunktes in Aquarius (Wassermann) erwartet werden darf.«[1]

Die Zuordnung des Stiersymbols zur Epoche zwischen 4000 und 2000 vor Christi Geburt wird einsichtig, wenn wir uns daran erinnern, welche Bedeutung der Stier als Gottesbild und Opfertier in Ägypten und in anderen Kulturen hatte. Die nachfolgenden zwei Jahrtausende sind durch das Symbol des Widders bestimmt. In Gestalt des Passah-Lammes prägte dieses Symbol die mosaische Religion. Das Symbol der Fische ist Ausdruck des christlichen Äons. Insbesondere im Motiv der zwei entgegengesetzten Fische wird das Gegensatzproblem dargestellt. Wohl wie in keiner anderen Epoche zuvor wurden die Gegensätze von Christus–Antichristus, gut–böse, Materie-Geist, bis hin zur Subjekt-Objekt-Spaltung derart reflektiert und wahrgenommen.

Im Unterschied zu den theriomorphen Tierkreiszeichen (Stier, Widder, Fische) ist der Aquarius ein personales Symbol. Ähnlich wie bei den vier Evangelisten-Symbolen (Löwe, Stier, Adler, Mensch) tritt nach den drei Weltzeitaltern mit einem Tiersymbol schließlich der Mensch als Symbol des Selbst hervor. Während das instinktgesteuerte Tierwesen kein Ich, geschweige denn ein Selbst kennt, kommen diese im gottähnlichen Menschen zur Darstellung.

Das grundlegende Problem im Weltzeitalter des Wassermanns ist nach C. G. Jung die Gegensatzvereinigung. »Wenn der Äon der Fische, wie es allen Anschein hat, hauptsächlich durch das archetypische Motiv der ›feindlichen Brüder‹ regiert ist, dann wird sich, koinzidiert mit der Annäherung des nächsten Platonischen Monats, nämlich des Aquarius, das Problem der Gegensatzvereinigung stellen. Es wird dann nicht mehr angehen, das Böse als bloße privatio boni zu verflüchtigen, sondern dessen wirkliche Existenz muß anerkannt werden.«[2] Jung leitet hier das Problem der Gegensatzvereinigung aus dem sich seinem Ende zuneigenden Äon der Fische ab, in dem die Gegensätze voll ins Bewußtsein der Menschen treten. Sowohl in der Weltpolitik als auch im persönlichen Leben leiden wir an

[1] C. G. Jung, Aion
[2] C. G. Jung, Aion

den Gegensätzen. Jung faßt insbesondere die Auseinandersetzung mit dem Bösen und der Schatten-Problematik ins Auge. Als Arzt und Empiriker bleibt Jung stets eingedenk, daß die Integration und Assimilation des »Schattens« eine schwierige Lebensaufgabe bleibt. Zu diesem Kampf braucht der Mensch den »lebendigen Geist«, den der Wassermann mit seinem Weiheguß spendet.

Wir verbinden diese Symbolik mit der Prophetie des Joel: »Und nach diesem wird es geschehen, daß ich meinen Geist ausgieße über alles Fleisch; und eure Söhne und Töchter werden weissagen, eure Greise werden Träume haben, eure Jünglinge werden Gesichte sehen. Auch über die Knechte und über die Mägde will ich in jenen Tagen meinen Geist ausgießen« (2,28 ff.). Das Ausgießen des Geistes auf alles Fleisch enthält in sich bereits einen die Gegensätze vereinigenden Akt. Wenn der Prophet vom »Ausgießen des Geistes« spricht, hat er offenbar einen »naturhaft« gewordenen Geist im Auge, der eine Verbindung mit der flüssigen Gestalt der Materie eingegangen ist. Wenn wir an die unheimlichen Kräfte im Wasserstoff denken, die sich zum Beispiel in der Wasserstoff-Bombe zerstörerisch auswirken können, so steigt wohl ein archetypisch zu nennendes Symbol aus dem Seelengrund des Joel auf.

Im Symbol des Wassermannes ist der absolute Gegensatz von Natur und Geist zu einer »fließenden« Beziehung geworden. »Wassermann« besagt auch, daß der Mensch das die Gegensätze vereinigende Symbol ist. Das Personale, dargestellt in der Gestalt des Aquarius, und das Funktionale, das im Ausgießen des »Lebenswassers« erscheint, stehen miteinander in Beziehung. Der Mensch hat das Gefäß in die Hand genommen und kann entweder das Maß zum Überlaufen bringen oder die Kraft des Geistes geordnet weiterleiten. Das Symbol des Gefäßes kann sowohl für das Lebensgefühl der Geborgenheit stehen als auch für die Quelle und den »Born« (zum gleichen Wortfeld gehört Ge-borgen-heit), aus dem sich das Lebenswasser ergießt. Im Wassermann-Zeitalter scheint es mehr auf das Sich-Verströmen anzukommen. Damit steht uns wohl wiederum ein Exodus und »Aufbruch« bevor. Wie einst Israel die »Fleischtöpfe Ägyptens« hinter sich lassen mußte, so müssen die nach Selbstverwirklichung Strebenden wohl das schöne Ge-

fäß der Geborgenheit verlassen und im Strom des Lebens und
im Fluß der Zeit ein Sprachrohr des inspirierenden Geistes
sein. Mir scheint, daß die Symbolik des Aquarius dem Menschen die Funktion des Mittlers zuschreibt, zu der er aufgrund
seiner Gottähnlichkeit seit Urzeiten bestimmt ist. Die Apoka-
lyptiker Daniel, Joel u. a. rufen diese Funktion des Menschen in
Er-innerung und weisen auf den lange vergessenen archetypischen Bilderstrom der Träume hin. In apokalyptischen Zeiten
erwacht der Traum vom Selbst. Die Selbst-Verwirklichung, die
in den letzten Jahren stark diskutiert und zunehmend praktiziert wird, könnte in ihren positiven Wirkungen zu mehr
Selbst-Erfahrung und Selbst-Erkenntnis führen. In solchen
Erfahrungen könnte das wahre Selbst Gestalt annehmen.

Aus dem Geiste des Aquarius scheint das folgende Gedicht
von Paul Klee geschaffen zu sein:

»Diesseitig bin ich gar nicht faßbar.
Denn ich wohne grad so gut bei den Toten,
wie bei den Ungeborenen.
Etwas näher am Herzen der Schöpfung als üblich.
Und noch lange nicht nah genug.

Geht Wärme von mir aus? Kühle??
Das ist jenseits aller Glut gar nicht zu erörtern.
Am fernsten bin ich am frömmsten.
Diesseits manchmal etwas schadenfroh.
Das sind Nuancen für die eine Sache.
Die Massen sind nur nicht fromm genug, um es zu sehen.
Und sie nehmen ein klein wenig Ärgernis,
die Schriftgelehrten.«

Selbstverwirklichung und Ganzwerdung

Die Symbolik des Wassermanns lenkt unsere Aufmerksamkeit auf die bewegenden Kräfte im Hintergrund der geistigen Situation unserer Zeit. In engstem Zusammenhang damit sehe ich das Streben nach Selbstverwirklichung und die tiefe Sehnsucht vieler Menschen nach Ganzwerdung und Heilung. Nicht nur in der Lebensberatung und Psychotherapie werden Ratsuchende und Patienten angeleitet, die verlorene Balance des Lebens neu zu suchen, sondern weit darüber hinaus besteht ein Gespür bei unendlich vielen Menschen, daß ihr Leben bruchstückhaft ist und daß viele Probleme und Lebensschwierigkeiten dazu antreiben, nach Heilung zu suchen und nach Ganzwerdung zu streben. Dabei wird oftmals mehr gesucht als körperliche Intaktheit, mehr als Arbeits- und Liebesfähigkeit. Man ist sensibler geworden für die zwischenmenschlichen Beziehungen und offener für die Begegnung mit dem Heiligen.

Nach meinen Erfahrungen verstärkt sich das Suchen und die Sehnsucht nach dem Aufleuchten von Gottesbildern in der eigenen Seele. Man erinnert sich zunehmend an den »Traum als Gottes vergessene Sprache«. Besonders Menschen mit einer guten Intuition und einem ausgeprägten Ahnungsvermögen können ein Gespür entwickeln für die verborgenen seelischen Prozesse. Da die Menschen mit einem guten Realitätssinn und die rationalen Denktypen ihre Schwierigkeiten haben im Umgang mit Symbolen und die Gefühlsmenschen die Fülle ihrer emotionalen Erfahrungen oft nur schwer geistig durchdringen und strukturieren können, könnte am ehesten das bildhafte Denken dazu verhelfen, Symbole der Ganzheit zu erkennen und anzuerkennen.

Das Auftauchen von Ganzheitssymbolen und den Umgang mit ihnen möchte ich mit Hilfe der Bildergeschichte vom heiligen Gral verdeutlichen. Der Inhalt dieses Mythos ist kurzgefaßt folgender: Ein König verwahrt auf einer schwer auffindbaren Burg ein geheimnisvolles Gefäß, vom dem lebenerhaltende und heilende Kräfte ausgehen. Der König selbst ist lahm oder krank, das umliegende Land verödet. Er kann nur geheilt werden, wenn ein besonders vortrefflicher Ritter die Burg findet und beim Anblick dessen, was er sieht, eine bestimmte Frage stellt. Unterläßt er diese, so bleibt alles beim alten, die Burg verschwindet, und der Ritter muß sich von neuem auf die Suche begeben. Gelingt es ihm schließlich, nach vielen Irrfahrten wieder zur Gralsburg zu gelangen, und stellt er nun die Frage, so wird der König gesund, das Land fängt an zu grünen, und der Held wird fortan Hüter des Grals.

Nach meinen Beobachtungen taucht das Gralsymbol zunehmend in den verschiedensten Gestalten eines Gefäßes auf, von dem eine erleuchtende oder gar heilende Wirkung auf das Seelenleben des Träumers ausgeht. Vielen Patienten fällt dazu der Mythos vom heiligen Gral ein, so daß mir wiederholt die Frage gekommen ist, ob wir gegenwärtig eine »Wiederbelebung« jenes Mythos erleben. Die Symbolik des Grals scheint im Seelenleben einzelner und in der Kulturszene der Gegenwart aufzuerstehen. Da die Gralslegende ihren Sitz im Leben in einer Epoche des Übergangs hat, könnte sie uns in der heutigen Übergangszeit zu einem neuen Welt- und Selbstbewußtsein in mancher Hinsicht Wegweisung geben. Wie schon mehrfach angesprochen, kranken heute viele Menschen daran, daß für sie manche christlichen Symbole ihr Leben und ihren Glanz verloren haben. Dieser Verlust führt zur Ungeborgenheit und zum Sinnverlust, die wesentlich zur Seelenkrankheit unserer Zeit beitragen. Ein tieferes Verständnis für diese zumeist verborgenen und unbewußten Probleme könnte uns der alte König aus der Gralsgeschichte eröffnen.

In den verschiedenen Versionen der Gralsüberlieferung ist der König altersschwach und krank. Er leidet an einer unheilbaren Wunde. Nach Wolfram von Eschenbach wird Amfortas durch einen vergifteten Speer eines Heiden verwundet. Auch die Misere des gegenwärtigen Christentums wird oft so erklärt, daß der Unglaube und der Atheismus sowie die allgemeine Säkularisation das Königreich Christi unheilbar verwundet haben. Abgesehen von sonstigen Deutungsmöglichkeiten möchte ich den Gralskönig als einen typischen Christen von heute verstehen. Er leidet an der Auszehrung des Glaubens. Der Zweifel an manchen Zwiespältigkeiten im Gottesbild ist wie eine unheilbare Wunde. Zum anderen verkörpert der leidende König das kollektive christliche Bewußtsein, das wie kaum zuvor mit dem Problem des Bösen und mit der Zerstörung der

Natur konfrontiert ist. Dieses Motiv wiederum taucht in der Gralslegende auf, wenn erzählt wird, daß das Land verödet ist und nichts mehr recht gedeiht.

Neben dem alten König seien ferner Parzival und Merlin als zwei weitere Hauptgestalten in der Gralslegende genannt. Parzival soll das Rätsel des Grals lösen, indem er nach seiner Suchwanderung die richtige Frage stellt. Bei der Deutung dieser Gestalt setze ich dessen vielgestaltige Geschichte als allgemein bekannt voraus. Die Überlieferung hebt an Parzival zunächst dessen Torheit und Kindlichkeit hervor, dann dessen Zweifel an Gott und schließlich seine Vollkommenheit und neugewonnene Geistesgewißheit. Ich deute diese drei Aspekte im Hinblick auf die seelische Entwicklung, die jeder Mensch im Verlaufe seines Lebens durchlaufen muß. Ein erster notwendiger Schritt zur Bewußtwerdung und zur Selbständigkeit ist sowohl bei Parzival als auch bei jedem Menschen das Verlassen der Mutter. Die Überwindung der festhaltenden und verschlingenden »Großen Mutter« (E. Neumann) ist tiefenpsychologisch betrachtet ein notwendiger Schritt auf dem Wege der Bewußtwerdung und Ganzwerdung. Parzivals Suchwanderung auf dem Wege zur Gralsburg könnte für den heutigen Menschen dessen Hinwendung zur inspirierenden Funktion des Unbewußten sein. So wie Parzival beim Erreichen der Gralsburg es nicht vermag, die lösende Frage zu stellen, gelingt es auch vielen heutigen Menschen nicht, die Botschaft der Seele zu verstehen und die heilende Macht des Unbewußten zu erfahren. Dies stürzt sie, wie Parzival, in Selbstzweifel und letztlich in Zweifel an Gott. Im Unterschied zu den Dichtern fragen einige Tiefenpsychologen, ob bei der erreichten christlichen Vollkommenheit Parzivals nicht die menschliche Ganzheit verlorenging.

Der Medizinmann und Prophet Merlin dagegen hat bessere Möglichkeiten für den Umgang mit den unbewußten Kräften der Seele. Nach der Überlieferung hat Merlin eine Christin als Mutter und einen Teufel als Vater. Durch die fromme Mutter hat er die prophetische Gabe, die Zukunft vorauszuschauen, und vom teuflischen Vater die Kenntnis alles Vergangenen. Durch seine Sehergabe, sein Prophetentum und seine Zaubermacht überragt er andere Menschen und ist damit Ausdruck von überpersönlichen Möglichkeiten, die in den meisten Menschen brachliegen. Man könnte sagen, daß Merlin das Ahnungsvermögen der Seele, die sogenannte Intuition, verkörpert. Merlin ist für mich eine Symbolgestalt, die die dunklen und manchmal beängstigenden Kräfte des Unbewußten in das helle Bewußtsein zu integrieren vermag. Von ihm können wir erfahren, wie wir mit Hilfe des bildhaften Denkens und der Bildersprache der Seele die lebendigen Symbole zu unserer Heilung und Ganzwerdung verwenden können. Nach der Wiederentdekkung des Mythos vom heiligen Gral durch Richard Wagner, Rudolf Steiner, C. G. Jung und andere taucht auch die Gestalt des Merlin heute in Filmen und aufsehenerregenden Inszenierungen des Merlin-Stücks von Tankred Dorst und in den Büchern von Sergius Golowin auf.

In den verschiedenen Überlieferungen wird der heilige Gral als ein Gefäß, ein Kelch oder in Gestalt einer Schale dargestellt. Auch in Gestalt eines kostbaren Steines, eines Kruges oder eines anderen Gefäßes mit ganz besonderer Ausstrahlungskraft kann der Gral erscheinen. Auch in der biblischen Überlieferung ist die Symbolik des Gefäßes und des Kelches von zentraler Bedeutung. In der Passionsgeschichte nach Johannes heißt es zum Beispiel, daß da ein Gefäß voll Essig stand. »Sie steckten nun einen mit Essig gefüllten Schwamm auf einen Ysopstengel und hielten ihn Jesus an den Mund« (19,29). Der Kelch ist ein zentrales Symbol bei der Stiftung und Einsetzung des Abendmahls durch Christus. »Das ist der Kelch, das Neue Testament in meinem Blut« (Lukas 22,20). Es kann aber auch im übertragenen Sinn vom Kelch des Leidens gesprochen werden (Johannes 18,11) oder vom »Kelch des Heils« (Psalm 116,13). Ferner spricht der Apostel Paulus davon, daß Menschen Gefäße des göttlichen Erbarmens sein können (Römer 9,23). Der gleiche Apostel sagt: »Wir haben aber diesen Schatz in irdenen Gefäßen, damit die überragende Größe der Kraft Gott angehöre und nicht von uns stamme« (2. Korinther 4,7). Nach dem biblischen Zeugnis ist der Mensch ein Gefäß für den Empfang der göttlichen Gnade. So wie ein Krug das Wasser birgt und der Kelch den Wein, so ist der Mensch ein lebendiges Symbol, dazu ausersehen, das Heil und die Heilung zu suchen. Die übliche Vorstellung von einem passiven Empfangen der göttlichen Gnade und des aktiven Suchens und Fragens nach

Gott ist für mich im Verlaufe der Zeit mehr und mehr zu einem Miteinander und Ineinander geworden.

Welche Bedeutung und Funktion hat das Stellen der richtigen und erlösenden Frage in der Gralsgeschichte? Zunächst ist ganz allgemein festzustellen, daß es sich um ein archetypisches Motiv handelt, das sich in Märchen und Mythen findet und der Aufdeckung eines Geheimnisses dient. Der jüdische Brauch beim Passahmahl verlangt, daß die Kinder fragen:»Was bedeutet denn der heilige Brauch, den ihr da übt?« (2. Mose 12,26). Darauf erzählen die Väter von der Stiftung des Passahmahls und die Geschichte vom Auszug aus Ägypten. In den verschiedenen Überlieferungen der Gralsgeschichte ist die Intention der Fragestellung recht unterschiedlich. Bei Wolfram von Eschenbach und Richard Wagner ist es eine »Mitleidsfrage«, indem »durch Mitleid wissend, ein reiner Tor« zur Quintessenz von Parzivals Charakter wird. In anderen Versionen der Gralsgeschichte ist es nicht das Mitleid, sondern die Erlösung kommt durch die Frage zustande: »Wen bedient man mit dem Gral?« oder: »Wem bringt man denselben?« Der zunächst dunkle Sinn dieser Frage wird erhellt durch ihre Zielrichtung. Es wird nicht gefragt nach der Krankheit des alten Königs, sondern nach der Bedeutung und dem Wesen des Grals. So läßt eine alte Dichtung Parzival sagen:

> »Ich würde gern – ich sag's fürwahr –
> Die Wahrheit von dem Gral gewahr.«

So streift Parzival unaufhörlich durch Wälder, Land und Meer, um die ganze Wahrheit über den Gral zu erfahren und die entscheidende Frage zu stellen.

Bei dem Nachdenken darüber, warum die wesentliche Frage nicht auf die Krankheit zielt, sondern auf den Gral und damit auf ein heilendes Ganzheitssymbol, habe ich für mich folgende Erklärung gefunden: Durch die therapeutische Arbeit habe ich vielfach erfahren, daß die Frage nach der Ursache der Seelenkrankheit diese noch längst nicht heilt, sondern im allgemeinen weitere Fragen heraufbeschwört. Während die Warum-Fragen die Aufmerksamkeit in die Vergangenheit lenken, weist die Wozu-Frage in die Zukunft. Da Neurotiker infolge ihrer Schwierigkeiten ohnehin an die Vergangenheit gebunden sind, können sie vor allem durch zukunftweisende Fragen erlöst und befreit werden. Derartige befreiende und heilende Kräfte sind in den Ganzheitssymbolen und im Gottesbild enthalten. So wie ein neurotisiertes Gottesbild zur Seelenkrankheit beitragen kann, so können ein ganzheitliches Gottesbild und ein Selbstsymbol heilen.

Die Heilung der religiösen Neurose

Die Heilung der ekklesiogenen Neurose ist ein langer Weg und ein schmerzlicher Prozeß. Die oft schon jahrelang angestauten und verdrängten Schwierigkeiten können verständlicherweise nicht in kürzester Frist therapeutisch behoben werden. Es gibt jedoch therapeutische Erfahrungen von allgemeiner Bedeutung, die es jedermann ermöglichen, sich mit seinen Problemen auseinanderzusetzen und Wege zur Heilung zu suchen.

Ein erster Schritt zur Lösung ist, wie bei jedem neurotischen Leiden, die Bewußtmachung derselben. Wer ein Problem klar erkennt und weiß, worunter er leidet, kann am ehesten diese Schwierigkeiten angehen. Wer seine Schmerzen in Worte kleiden kann, ist ihnen nicht mehr so schutzlos ausgeliefert. Um keine Illusionen zu wecken, sei von vornherein aber auch gesagt, daß ein einmaliges oder mehrmaliges Zur-Sprache-Bringen in der Regel noch keine Lösung bewirkt. Die Wunden, die zutiefst unser Leben und unser seelisches Erleben beeinträchtigen, uns sozusagen in Fleisch und Blut übergegangen sind, können nur langsam und mühsam geschlossen werden. Was bisher allgemein über den Umgang mit psychoneurotischen Schwierigkeiten gesagt worden ist, gilt insbesondere auch für die religiösen Neurosen. Ja es muß gesagt werden, daß diese Schwierigkeiten vielleicht besonders mühsam zu beheben sind. Ist es schon schwer, für irdische Probleme eine Lösung zu finden, so dürfte es verständlich sein, daß für himmlische und religiöse Dinge um so schwerer menschliche Lösungen zu finden sind.

Da die religiöse Neurose das traurige Ergebnis einer Auseinandersetzung zwischen der triebhaften und der geistigen Lebenssphäre ist, ist das Problem zunächst »zurückzuspulen«. Dieses Bild will sagen, daß die geistige Not im seelischen Schmerz und im körperlichen Empfinden wahrgenommen werden muß. Da nun Menschen mit einer religiösen Neurose gerade diesem körperlichen Bereich und dem seelischen Erleben dadurch auswichen, daß sie sich unbewußt in den religiösen Bereich flüchteten und schließlich daran erkrankten, dürfte es verständlich sein, daß man nur mit großen Ängsten dahin zurückkehrt, von wo man geflohen ist. Aus Erfahrung muß leider auch gesagt werden, daß manche Menschen lieber in ihren psychoneurotischen Schwierigkeiten oder in ihrer religiösen Neurose verharren, als sich den Notwendigkeiten des Lebens zu stellen und sich damit auseinanderzusetzen. Die Freiheit und die Achtung der Würde eines jeden Menschen gebieten es, auch solche fragwürdigen Entscheidungen zu akzeptieren.

Ein weiterer Schritt zur Heilung ist die Erprobung der neuen Einsichten im Leben. Neue Einsichten und Erkenntnisse wollen im Leben realisiert werden. Dabei sollte man sich vor allzu großen Schritten und vor zu großen Erwartungen hüten. Der Ausweg aus den Schwierigkeiten gelingt am ehesten in kleinen und kleinsten Schritten. So mancher gibt den Kampf mit der Neurose deswegen auf, weil die Schritte einfach zu groß und zunächst nicht zu schaffen waren. Dies führt verständlicherweise zu Enttäuschungen und zu Entmutigungen.

Bei der Therapie von religiösen Neurosen sollten nach Möglichkeit Psychotherapeuten und erfahrene Seelsorger zusammenarbeiten. Da bisher in der klinischen Psychologie und in der Psychotherapie religiöse Probleme weitgehend ausgeklammert werden, sind viele Therapeuten mit dieser Aufgabe überfordert. Am ehesten dürfte der Psychologe oder Therapeut für die Begleitung aus den ekklesiogenen Neurosen geeignet sein, der selber eine gewisse religiöse Identität gefunden hat.

Für die Behandlung und den Umgang mit dem Widerstand bei den religiösen Neurosen gibt es ganz besondere Schwierigkeiten. Die Arbeit und die Auseinandersetzung mit den Widerständen ist in jeder Therapie eine vielschichtige Aufgabe. Auch wenn es für viele Laien paradox erscheint, ist es in der Praxis doch oft so, daß Menschen vor dem, was ihnen Hilfe und Heilung bringen könnte, fliehen und ihm Widerstand leisten. Dennoch hat dieser Widerstand einen wichtigen positiven Sinn. Die seelischen Kräfte zur Auseinandersetzung mit dem Problem wachsen durch ihn.

Der Widerstand bei den ekklesiogenen Neurosen ist nun

insofern ein besonderes Problem, als nach Ludwig Klages »der Geist ein Widersacher der Seele ist«. Auch im Menschenbild der Bibel wird das Widerstreben des geistlichen Menschen (des Pneumatikos) gegen den seelischen Menschen (den Psychikos) zum Ausdruck gebracht. Da Menschen mit einer religiösen Neurose gerade im geistigen und geistlichen Bereich ihre Zuflucht gesucht haben und dennoch daran erkrankt sind, ist es für sie ganz besonders schwierig, sich neu auf das seelische Erleben einzulassen. Oft ist in ihren religiösen Vorstellungen das Vorurteil verwurzelt, daß gerade in diesem seelischen Bereich die Verführung und die Sünde lauern. Für die Heilung und Ganzwerdung des Menschen aber ist die Erdung des Geistes eine entscheidende Notwendigkeit. Es kann sein, daß derjenige, der sich nicht voll und ganz auf diese seine irdische Existenz und sein seelisches Erleben einläßt, nicht von seiner religiösen Neurose geheilt werden kann.

Die Analyse und die Therapie der religiösen Neurose werden nicht selten durch eine ganz besondere Form des seelischen Widerstandes behindert. Es hat den Anschein, als ob die Patienten die vorhandenen und quälenden Schuldgefühle durch eine Art von »Selbstquälerei« abarbeiten oder »abbezahlen« wollten. Die selbstverursachten seelischen Leiden, die sich bis zu Höllenqualen steigern können, bilden so etwas wie ein Fegefeuer im Diesseits. Die starken Schuldgefühle verursachen ein masochistisches Strafbedürfnis. Die tiefgründige Leidenssehnsucht sucht mit allen Mitteln eine seelische Besserung und eine Heilung zu verhindern. Damit die fragwürdige und selbstkonstruierte Balance bestehen bleibt, wird jeder seelische Reifungsschritt und jede Gefühlsentfaltung mit neurotischem Leiden bezahlt. Dieser »Teufelskreis« ist nach meinen bisherigen Erfahrungen weder durch Beichte noch durch Gebete, weder durch Bekehrung noch durch den Zuspruch des Evangeliums aufzubrechen. Viele Patienten mit einer religiösen Neurose wollen oder kommen aus dem Teufelskreis nicht heraus. Manche ziehen sogar eine qualvolle Befriedigung aus der Erkenntnis: »Mir ist nicht mehr zu helfen!« Andere äußern unter großen Hemmungen die Phantasie, daß sie den »Neid der Götter« fürchten, wenn sie gesund würden. Bei den meisten ist dieser Teufelskreis und das furchterregende Gottesbild durch eine fragwürdige religiöse Erziehung entstanden. Der strafende und furchtbare Gott hat das liebende und menschenfreundliche Gottesbild verdunkelt und verstellt. Von einem Therapeuten erfordert die Behandlung dieser Patienten außerordentlich viel Geduld und Liebe. Wenn diese Patienten schon nicht mehr an Gott glauben können, ist ein erster Schritt zur Überwindung ihrer Lebensverneinung getan, wenn sie die Menschenfreundlichkeit und Güte ihres Therapeuten und anderer Menschen annehmen können.

Der Weg zur Heilung einer Neurose wird nach den Erfahrungen der analytischen Psychologie C. G. Jungs und der Psychotherapeuten, die nach dieser Methode arbeiten, insbesondere durch den Umgang und die Arbeit mit Träumen gewiesen. Träume haben eine besonders hohe Überzeugungskraft für den jeweiligen Träumer, insbesondere wenn er deren Botschaft versteht. Das Erleben, das einem im Traume möglich wurde, läßt sich im realen Leben am ehesten verwirklichen. Aus den vorangegangenen Fallbeispielen mit den Träumen ist im einzelnen zu ersehen, welche Wegweisung die Träume gegeben haben. Patienten mit einer ekklesiogenen Neurose haben nach meinen Beobachtungen recht häufig Träume mit dunklen Gottesbildern. Diese erschrecken wie Alpträume das Gewissen des Träumers. Vor allem die Christen, die sich in ihrem bewußten Leben mit den hellen und positiven christlichen Anschauungen identifizieren, sind in ihrem Gemüt zutiefst erschreckt, wenn sie nachts von teuflischen und dämonischen Gestalten heimgesucht werden. Mir sind tragische Fälle bekannt geworden, daß aus diesem Grunde Patienten eher zum Arzt oder zum Psychiater gingen, um sich Medikamente und Psychopharmaka zur Ruhigstellung verordnen zu lassen, als die dunklen Bilder ihrer Seele durch bewußte Auseinandersetzung zu erhellen. Da im allgemeinen Medikamente die anstehenden seelischen Probleme nur verdecken, geraten diese Menschen immer mehr in eine tragische Verstrickung. Wie die Wandlung aus der eigenen Seelentiefe anfängt, möchte ich mit Hilfe eines Traumes aus der psychotherapeutischen Praxis von C. G. Jung verdeutlichen. Er berichtet: »Ein protestantischer Theologe träumte öfter denselben Traum, er stehe an einem Abhang, unten liegt ein tiefes Tal und darin ein dunkler See. Er weiß im

Traum, daß ihn bisher immer etwas abgehalten hatte, sich dem See zu nähern. Diesesmal beschließt er nun, zum Wasser zu gehen. Wie er sich dem Ufer nähert, wird es dunkel und unheimlich, und plötzlich huscht ein Windstoß über die Fläche des Wassers. Da packt ihn eine panische Angst, und er erwacht.«[1]

Mit Hilfe unserer Phantasie begleiten wir den Geistlichen in seine eigene Seelentiefe. Der Traum schildert diese als Weg zum dunklen See mit dem unheimlichen Wasser. Manchem wird dazu die Geschichte vom Teich Bethesda einfallen, wo es heißt: »Von Zeit zu Zeit kam nämlich ein Engel Gottes und brachte das Wasser in Bewegung. Wer als erster in das aufgewühlte Wasser hineinging, wurde gesund« (Johannes 5). Der unheimliche Windstoß, der plötzlich über die Fläche des Wassers huschte, erfüllte den Träumer mit panischer Angst. Ein aufgeklärter Mensch, der rational denkt, wird vielleicht verwundert fragen, wieso dieser Windstoß eine derart panische Angst auslösen konnte. Wer dagegen mit der biblischen Symbolik vertraut ist, wird sich an den Geist Gottes erinnern, der heftig über dem Urchaos bebte. Der Windstoß ist für unseren Träumer offensichtlich eine Begegnung mit dem naturhaft gewordenen lebendigen Geist. Derartige religiöse Erfahrungen erfüllen die Glaubensvorstellungen mit Leben und setzen meistens auch Kräfte frei zur Heilung einer ekklesiogenen Neurose.

Die Beweinung der im Verlaufe des Lebens, insbesondere während der Kindheit, erlittenen seelischen Verletzungen und Ungerechtigkeiten ist ein besonders schmerzlicher Prozeß im Verlauf der Therapie. Ähnlich wie eine Katze um den heißen Brei herumgeht, versuchen viele Menschen, die heißen Eisen des Lebens zu umgehen. Das eingeübte Rollenverhalten, der mühsam aufgebaute Charakter, die »Seelenmaske« (J. Jacobi) beschützen das kleine ängstliche Ich des Menschen. Wer kann schon glauben, daß das Ich wächst und stärker wird, wenn wir die Schutzmechanismen lockern und ein bißchen aus der Rolle fallen? Doch es gibt Augenblicke oder Stunden, in denen wir unserem wahren Ich und Selbstbild nahekommen. Wir spüren es durch die seelischen Erschütterungen, die sich zu seelischen

---

[1] C. G. Jung, Die Archetypen und das kollektive Unbewußte, S. 26

Ausbrüchen und Entladungen steigern können. Die sichtbaren Begleitumstände können Herzklopfen sein, die Schamröte, die uns ins Gesicht steigt, und oft ein Tränenstrom, der Erleichterung bringt und ein Aufatmen ermöglicht. Besonders durch die Beweinung der erlittenen seelischen Verletzungen kommt es zur Befreiung und zur Heilung.

Dies konnte ich eindrucksvoll bei Frau L. miterleben. Sie erzählte in einer Therapiestunde von den Ungerechtigkeiten, die sie als Kind in der Schule erlitten hatte. Dazu kamen moralische Skrupel und religiöse Zweifel, die ihr durch eine strenge katholische Erziehung widerfahren waren. Während die Erinnerungen aus der Kindheit in der Phantasie wiederbelebt wurden, wurde Frau L. zunehmend schweigsamer. Es war kein betretenes Schweigen, sondern ein emotional bewegtes Schweigen. Nach dem Ausbruch eines Tränenstromes schwieg Frau L. noch einmal lange und setzte das Gespräch dann stockend fort. Sie berichtete, daß sich durch das Weinen die Verhärtungen ihrer Gefühle gelöst hätten. Das Aufatmen und die erlebte Befreiung beschäftigten sie bis zum Abschluß der Stunde. Zum ersten Mal hatte sie bewußt erlebt und begriffen, daß die Beweinung von erlittenem Unrecht seelische Verletzungen heilen und vernarben läßt.

Für die Therapie der ekklesiogenen Neurose sei daran erinnert, daß auch in der Bibel von der Betrübnis und Traurigkeit die Rede ist, die eine Sinnesänderung und Wandlung herbeiführen. In der Bergpredigt nach Lukas werden die Weinenden sogar selig (glücklich) gepriesen. Ihnen wird verheißen: Ihr werdet wieder lachen können! Es kann sogar sein, daß die Traurigkeit nicht nur eine Sinnesänderung herbeiführt, sondern auch zu einer Art von Gotteserfahrung wird. Diesen Zusammenhang scheint der Apostel Paulus anzusprechen, wenn er schreibt: »Die von Gott gewollte Traurigkeit führt eine Sinnesänderung herbei, die Rettung bringt. Das hat noch niemand bereut. Weltliche Traurigkeit dagegen bringt den Tod. Seht, was die von Gott gewollte Traurigkeit euch eingebracht hat« (2. Korinther 7, Übersetzung: Gute Nachricht). Hier wird deutlich, daß die seelischen Erfahrungen keineswegs im emotionalen Bereich steckenbleiben müssen, sondern zu einer spirituellen Erfahrung werden können.

Zur Heilung der ekklesiogenen Neurose gehört schließlich insbesondere, daß man von dem neurotisierten Gottesbild kuriert wird. Einige Aspekte des neurotisierten Gottesbildes, das krank machen kann, wurden durch die Beispiele und einige Fallschilderungen verdeutlicht. Oft steht eine stark religiös gefärbte Gesetzlichkeit dabei im Vordergrund. Wie alle übertriebene Gesetzlichkeit das Leben beeinträchtigt, so ist dies auch bei der religiös motivierten. Manche Menschen meinen, durch die Erfüllung von Geboten und Vorschriften bei Gott einen guten Eindruck machen zu müssen. Ein Gott der Liebe und Menschenfreundlichkeit ist ihnen weitgehend fremd.

Zu einem menschenfreundlichen Gottesbild gehören vor allem Liebe und Weisheit. Bei der Ausgestaltung des Bildes Jesu sind auf ihn auch Aussagen über die Weisheit übertragen worden. So erzählt Lukas in der Kindheitsgeschichte Jesu (2,40), daß er stark ward im Geist, voller Weisheit, und Gottes Gnade bei ihm war. Ähnliches wird von dem zwölfjährigen Jesus gesagt, als er nach dem Passahfest noch im Tempel bei den Lehrern verweilte, ihnen zuhörte und sie fragte. Als Jesus später seine öffentliche Wirksamkeit antrat und auch in seiner Vaterstadt lehrte, gerieten die Leute in Erstaunen und fragen: »Woher hat dieser solche Weisheit und die Wunderkräfte?« (Matthäus 13,54). Schließlich hebt auch Paulus in seinem Christuszeugnis an die Gemeinde von Kolossä die Weisheit hervor, indem er schreibt: »In Christus liegen verborgen alle Schätze der Weisheit und der Erkenntnis« (Kolosser 2,3).

Die Weisheit in dem hier gemeinten Sinne ist natürlich etwas anderes als Klugheit. Weisheit ist eine ganzheitliche Erfahrung, die Göttliches und Menschliches zu verbinden vermag. Die Weisheit in dem hier besprochenen Sinne hat weibliche Qualitäten. Während in der Vorstellung vieler Menschen Gott als Vater oder als der Sohn eher männliche Züge trägt, wird durch die Weisheit etwas Weibliches hinzugefügt. Wenn Jesus »die Mühseligen und Beladenen« zu sich ruft, dann klingt dieser Heilandsruf für viele wie die Stimme einer tröstenden Mutter. Damit tönen Geborgenheit, Liebe und Wärme an. Diese verhelfen zur Heilung der seelischen Wunden.

Elternbilder und Gottesbild

Erfahrungen von Frau Eibe

Die folgende Darstellung möchte aufzeigen, wie ein Mensch mit stark ausgeprägter religiöser Veranlagung trotz Einbindung in eine traditionelle Religionsgemeinschaft – in diesem Fall ist es die katholische Kirche – in seelische Schwierigkeiten geraten kann. Welche Kontraste und Konflikte sich im Laufe der persönlichen Entwicklung ergaben, wird an einigen Erfahrungen und Träumen gezeigt.

Aus der bisher 300 Träume umfassenden Serie wurden einige ausgewählt, die die generelle Problematik für Menschen in ähnlichen Schwierigkeiten durchsichtig machen sollen. Die hier veröffentlichten Träume werden nicht nach analytischen Regeln gedeutet, sondern im Gespräch »umdacht«. Der folgende Dialog zwischen Frau Eibe (ein Pseudonym) und dem Autor soll kein Protokoll über den therapeutischen Gesprächsverlauf sein. Zu jedem Traum werden lediglich einige Einfälle und Gedanken geäußert, die die Verlautbarungen des Unbewußten verständlich machen möchten.

Eibe: Mein Seelenschicksal eignet sich nicht als Darstellung einer »erbaulichen« Lebensgeschichte. Ohne die zum Teil sehr dramatischen inneren und äußeren Auseinandersetzungen wäre es eine harmlose Verfälschung, mit ihrer Einbeziehung müßte ich viel Persönliches und Intimes preisgeben.

Ich bin Ihrem Vorschlag einer Veröffentlichung dann doch nähergetreten, weil ich daran dachte, wie hilfreich mir das war, was andere Menschen aus ihrer Lebensgeschichte berichtet haben. Ich denke dabei vor allem an die Autobiographie von C. G. Jung »Erinnerungen Träume Gedanken«[1], die mir außerordentlich viel gegeben und manches aus der eigenen Erfah-

---

[1] Hrsg. von A. Jaffé, Zürich 1962, 11. Aufl. 1981

185

rung verständlich gemacht hat. Wenn er dort zu Beginn schreibt: »Mein Leben ist die Geschichte einer Selbstverwirklichung des Unbewußten«, so könnte ich anhand meiner Träume von einer Selbstdarstellung des Unbewußten sprechen. Es hat sich nämlich immer wieder gezeigt, daß es dabei nicht nur um ganz persönliche Probleme ging, sondern daß Träume sich auch viel mit Überpersönlichem, vor allem mit religiösen Fragen beschäftigen.

Bei der Überlegung, was aus meiner Lebensgeschichte wichtig und mitteilenswert ist, kam mir zu Hilfe, was ich in einem Rundfunkvortrag von Gerhard Wehr über »C. G. Jungs Bedeutung für das geistige Leben heute« hörte: »C. G. Jung hielt die Ereignisse seines äußeren Lebens nur dann und in dem Maße für erzählenswert, als in ihnen die unvergängliche Welt psychischer Wirklichkeit in die vergängliche einbrach, ihr Tiefe und Sinn verlieh und den Erlebenden durch Erfahrung bereicherte.«

Einiges aus meinem Leben

Von Kindheit an war mein Traumleben – also mein inneres Leben – fast von der gleichen Intensität wie mein waches Dasein, so daß ich heute noch, im Alter von 62 Jahren, Träume aus der Kindheit und Jugendzeit in Erinnerung habe. Es war so, daß ich dramatische Ereignisse im äußeren Leben Jahre vorher schon im Traum erlebte, wenn auch in abgewandelter Form, so die schwere Krankheit der Mutter, den Krieg und die schrecklichen Ereignisse bei Kriegsende, das ich in einem pommerschen Dorf in der Nähe von Greifswald erlebte.

Geboren bin ich in einem kleinen Dorf im Rheinland, wo ich mit noch drei Schwestern und einem Bruder die ersten 17 Jahre meines Lebens verbrachte. Wir wohnten mit den Großeltern mütterlicherseits zusammen. Mein Großvater war Winzer. Ein Jahr vor Kriegsausbruch (1938) übersiedelte unsere Familie nach Stettin, wo der Vater, von Beruf Buchhalter, schon seit etlichen Jahren bei einer Behörde tätig war. Der Umzug aus dem kleinen Bauerndorf in die Großstadt war für unsere Familie eine einschneidende Veränderung. Drei Jahre später starb meine Mutter im Alter von 48 Jahren an Krebs.

Ich war zu der Zeit zwanzig Jahre alt; die jüngste Schwester, an der ich von da an Mutterstelle vertreten habe, war erst zehn. Nach Kriegsende 1945 flohen wir zurück in die alte Heimat.

Nicht nur die äußeren Ereignisse, auch meine starke Beziehung zur inneren Welt haben mein Leben sehr geprägt. Es wurde dadurch außerordentlich belastet, doch auf der anderen Seite auch sehr bereichert. Im Rückblick staune ich, wie mein ausgeprägtes Ahnungsvermögen oft ins Schwarze getroffen hat. so erinnere ich mich noch ganz deutlich an meinen ersten Schultag. Als ich von der Großmutter gefragt wurde: »Na, wie war es denn in der Schule?«, antwortete ich ganz begeistert: »Oh, es war soo schön! Wenn ich groß bin, werde ich auch Lehrerin!« – Obwohl die äußeren Voraussetzungen zur Erfüllung dieses Berufswunsches zunächst nicht gegeben waren, kam es viel später doch noch dazu.

Nach Kriegsende und Flucht in den Westen hatte ich die Möglichkeit, noch ein pädagogisches Studium zu absolvieren, und durfte über dreißig Jahre in dem zwar schweren, aber auch schönen Beruf als Lehrerin arbeiten. Was ich heute im Rückblick sehr bedauere und bereue ist, daß ich so mit meinem Beruf »verheiratet« war, daß ich keine eigene Familie gegründet habe. Obwohl mein äußeres Leben in recht geordneten Bahnen verlief, haben sich im Inneren seit Beginn der Lebensmitte höchst dramatische Ereignisse abgespielt. Es traten dabei auch zahlreiche körperliche Beschwerden auf (Migräne, starke Schlaflosigkeit u.a.), so daß ich in Tablettenabhängigkeit geriet und verschiedene Male therapeutische Hilfe aufsuchen mußte.

Das verhungerte Seelenkind

Ich möchte nun einen Traum schildern, der die innere Auseinandersetzung eingeleitet hat, als ich 45 Jahre alt war.

»Ich soll in Abwesenheit der Mutter, die verreist ist, deren Kinder versorgen. Darunter ist eines im Säuglingsalter. Ich bin sehr beschäftigt, renne dauernd umher und sorge für die größeren Kinder. Plötzlich denke ich in all dem Gehetze erschrocken: ›Das Baby ist ja gar nicht da!‹, beruhige mich aber selbst mit dem Gedanken, daß die Mutter es wohl mit auf die Reise genommen habe. Ich denke noch: Wenn nicht, muß es inzwischen verhungert sein!

Im gleichen Traum sind nun nach meinem Zeitgefühl einige Tage vergangen, als ich in ein Zimmer komme, das ich in all der Zeit nicht betreten habe. Dort finde ich zu meinem großen Entsetzen das Kind auf einem Bett liegend, völlig abgemagert, das Gesichtchen und die Hände totenblaß mit einem bläulichen Schimmer. Es erinnert mich an das Aussehen meiner Tante kurz vor deren Tod. (Sie starb an Tbc.) Zu meiner übergroßen Freude lebt das Kind aber noch und kann sogar mit klarer Stimme sprechen. Sein erster Satz ist: ›Gott sei Dank, daß du endlich kommst! Beinahe wäre ich gestorben!‹ Ich nehme es mit inniger Liebe gleich auf den Arm und trage es in die Küche, dabei stoße ich mich fast an seinen spitzen Knochen. Ich denke: Jetzt mußt du ihm zuerst Milch geben, aber mit Wasser vermischt, weil es so lange nichts gegessen hat, und danach etwas Festeres, vielleicht Milch mit Zwieback. Dabei bin ich sehr glücklich, daß das Kind noch lebt. Dieses Glück ist aber gemischt mit einem schrecklichen Gefühl der Niedergeschlagenheit über mein großes Versäumnis.

Das Kind spricht unterdessen weiter, obwohl es in einem Alter ist, in dem Kinder normalerweise noch nicht sprechen können. Es berichtet mir, daß eine Schwester von der Caritas in der Zwischenzeit nach ihm geguckt habe. Sie habe ihm aber nichts zu essen gegeben, nur mit ihm geschimpft, weil es die Windeln beschmutzt hatte, und gedroht, sie würde mich (die Wärterin) anzeigen, wenn ich bis morgen das Kind nicht versorgt hätte. Ich bin sehr empört darüber, daß die Schwester das arme Kind nur ausgescholten und sonst nichts zu seiner Lebenserhaltung getan hat. Dieses Gefühl des Zornes auf die Schwester ist überlagert von dem Entsetzen über mich und mein Versäumnis. Ich denke: Wenn die Schwester noch einmal kommt, werde ich kein Wort zu meiner Entschuldigung sagen, denn für so etwas gibt es keine Entschuldigung!

Inzwischen kommt die ›Caritasschwester‹ tatsächlich. Sie trägt das dunkle Kleid der Ordensschwestern, nimmt mir die Milchflasche aus der Hand und sagt: ›Na, das war aber höchste Zeit!‹ Ich komme gar nicht auf den Gedanken, ihr Vorwürfe zu machen. Ich antworte: ›Wenn das Kind gestorben wäre, hätte ich mich umgebracht!‹, worauf sie trocken und ungerührt erwidert: ›Auch das noch!‹ Danach wurde ich wach.«

Zunächst war ich nach dem Traum sehr deprimiert und niedergeschlagen. Er war mit so tiefen Gefühlserschütterungen verbunden, wie ich sie vorher noch nicht erlebt hatte. Ich habe darüber nachgedacht, was der Traum mir sagen wollte, und ich bin zu der Erkenntnis gekommen, daß ich wohl irgend etwas Wichtiges in mir selbst vernachlässigt habe. Eine Bekannte gab mir den Hinweis, daß mit der Mutter, bei der ich das Kind gut aufgehoben und versorgt glaubte, vielleicht die »Mutter Kirche« gemeint sein könne. Das leuchtete mir unmittelbar ein, weil ich bis zu dieser Zeit ein stark religiös geprägtes Leben geführt hatte. Doch hatte mich in den letzten Jahren vor diesem Traum nachdenklich gemacht, daß ich trotz dieser so »korrekten« Lebensführung immer mutloser, depressiver und verzweifelter wurde. Wenn ich sonntags aus der Kirche kam – ich bin damals noch täglich zum Gottesdienst gegangen und habe die Kommunion empfangen –, dann war ich nicht voll Freude, verspürte nichts von Kraft und Aufschwung, im Gegenteil!

In der Folgezeit hatte ich Träume, in denen ich an die Kommunionbank gehe und dort immer wieder etwas ganz anderes empfange, keine Hostie, sondern irgend etwas aus der Natur. Einmal war es eine grüne Gurkenscheibe, ein andermal hatten alle eine Holzschale in der Hand und bekamen vom Priester einen »Schlag« Graupeneintopf eingefüllt. Wieder ein anderes Mal kam der Priester mit einem viereckigen schwarzen Backblech an die Kommunionbank, darauf lag flaches, dunkles Brot, von dem sich jeder ein Stück abbrach. Sogar ein Stück Fleischwurst wurde mir einmal dort überreicht. Es war also nicht mehr die hauchdünne Hostie, sondern etwas ganz Derbes, Kräftiges, was ich dort bekam: Nahrung, die eigentlich für den Leib gedacht ist.

Hark: Ich habe den Eindruck, daß Ihre Glaubenserfahrungen mit der »Mutter Kirche« in Zusammenhang stehen mit den schmerzlichen Erfahrungen mit der leiblichen Mutter. Was Sie von der Mutter nicht bekommen haben, suchten Sie vielleicht im kirchlichen Leben. Doch dort fand Ihre Seele nicht die Nahrung, die sie brauchte. Daher ist Ihre Seele, wie das Seelenkind im Traum, fast verhungert und gestorben. Die Hostie sollte zwar eine »himmlische Speise« sein, aber sie war keine Nahrung für die Seele. Die geschilderten Traummotive zeigen ja deutlich Ihren Hunger nach der natürlichen Speise. Wie sehen Sie die Zusammenhänge zwischen Ihrer Mutter und der »Mutter Kirche«?

Eibe: Ja, da besteht sicher ein Zusammenhang. Meine Mutter war sehr depressiv und hatte ein schweres Leben, das von Krankheiten und Sorgen geprägt war. Sie hat sich deswegen stark an die Kirche geklammert und in ihrem Glauben Halt gefunden. Die religiöse Haltung der Mutter war einseitig streng, auf »müssen« und »sollen« aufgebaut, wobei nicht zu vergessen ist, daß sie diese Haltung auch schon so übernommen hatte. Es wimmelte in ihrem und dadurch auch in unserem Leben nur so von Verboten: Das darf »man« nicht und jenes nicht! Dies ist Sünde und das! Vor allem war es die Triebsphäre (Sexualität, Aggression), die »verteufelt« wurde. Ich habe leider erst spät begriffen, daß Jesus in dem Gleichnis vom Unkraut unter dem Weizen mit seiner Warnung genau das meinte: Mit dem Ausreißen der »bösen« Triebe werden gleichzeitig auch die Lebensantriebe mitvernichtet. Vor lauter Aufpassen, daß ich ja alles richtig machte, blieb mir nicht mehr viel Zeit und Kraft zum eigentlichen Leben.

Doch war die religiöse Erziehung nicht nur belastend. Die Kirche war ein wichtiger Bestandteil des Lebens in dem katholischen Dorf, in dem ich aufwuchs. Das religiöse Leben dort war stark in den Jahresablauf und das natürliche Leben eingebunden.

Hark: Sie haben den Traum bisher auf die Konflikte im Glaubensleben bezogen. Ich halte es für wichtig, daß wir noch das Motiv des verhungernden Kindes »umdenken«. Dieses Kind dürfte etwas mit Ihrem Seelenleben zu tun haben. Das abgemagerte Kind stellt Ihren seelischen Notzustand dar. Das Kind ist in der Bildersprache der Seele oft ein Symbol zur Bewußtwerdung der lebensbedrohlichen Schwierigkeiten. Aber es deutet zugleich auch eine Wende in den Krisen des Lebens an. Sehr wichtig scheint mir, daß Sie sich des Kindes annehmen und es versorgen. Sie verhalten sich im Traum so, wie sich eine Mutter ihres Kindes annehmen würde.

Eibe: In dem Traum hatte ich den Eindruck, daß das Kind tatsächlich gewartet und gehofft hat, daß es gefunden wird. Daß es höchste Zeit war, hat man an dem Zustand des Kindes gesehen. Es hat das ja auch ausgedrückt, indem es sagte: »Beinahe wäre ich verhungert!«

Hark: Können Sie das mit Ihrem Leben damals, als Sie seelisch und beinahe auch menschlich »verhungert« wären, noch weiter in Beziehung setzen? Mir scheint, daß dieser Traum Ihre schicksalhafte Krise widerspiegelt. Damals wurden Sie vor die Entscheidung gestellt, ob Sie leben, das Leben neu ergreifen oder »sterben« wollten.

Eibe: Das stimmt! Und zwar war ich damals auch körperlich völlig am Ende. Drei Jahre später hatte ich eine schwere Gallenoperation. Genau in dem gleichen Alter war das Leben meiner Mutter zu Ende. Wie ich schon sagte, starb sie mit 48 Jahren an Krebs. – Ich bin davon überzeugt, daß die Theorien stimmen, die heute von manchen vertreten werden, daß Krebs oft eine Form von Selbstzerstörung ist; daß der Mensch, der an Krebs erkrankt und daran stirbt, sich quasi selbst vernichtet. Diesen Selbsthaß habe ich in meinem Leben intensiv erfahren. Das Gebot der Nächstenliebe wurde so vermittelt, als ob es laute: »Liebe deinen Nächsten statt dich selbst!« Aber das allernächste sollte einem ja wohl die eigene Seele sein.

Hark: Sie haben sehr darum gerungen und gekämpft, daß Sie nicht unbewußt und unwissend das tragische Schicksal Ihrer Mutter nachahmten. In der Psychotherapie ist häufig zu beobachten, daß die verborgenen und weitgehend verdeckten Schwierigkeiten von einer Generation zur anderen weitergegeben werden. So wie die positiven Erbanlagen und Eigenschaften »vererbt« werden, so werden auch von einer Generation zur nächsten die ungelösten Probleme weitergereicht. Diese Übertragung der Konflikte über mehrere Generationen wird in der biblischen Sprache auch auf die Gottesbeziehung übertragen, wenn es heißt, daß »Gott ein eifriger (das heißt eifersüchtiger) Gott ist, der die Verschuldung der Väter heimsucht an den Kindern, an den Enkeln und Urenkeln bei denen, die mich hassen, der aber Gnade erweist an Tausenden von Nachkommen (oder: ins tausendste Geschlecht) derer, die mich lieben und meine Gebote halten« (2. Mose 20,5 nach Menge). Bei Haß und Abwendung von Gott wachsen die Verfehlungen und die »Sünde« unheimlich an. So haben Sie vorhin die krankmachenden Folgen des Selbsthasses erwähnt und zu Recht auf die

Mißverständnisse des Liebesgebotes hingewiesen. Wie haben Sie es nun geschafft, Ihr Leben in die eigenen Hände zu nehmen und sozusagen das Steuer herumzuwerfen?

Träume führen zum Umdenken

Eibe: Es war in der Folge so, daß mir das Steuer regelrecht aus der Hand genommen wurde und eine lange »Nachtmeerfahrt« begann. Das einzige, was ich tun konnte, war, immer wieder auf die Signale der Seele zu lauschen, die mir in zahllosen Träumen zugefunkt wurden, und danach meine innere und äußere Einstellung allmählich zu ändern. Einen dieser »Signalträume« möchte ich schildern. Ich habe in jener Zeit in der Kirche oft bei der Messe vorgebetet. Eines Nachts träumte ich:

»Ich bin in der Kirche und soll vorbeten. Ein jüngerer Pater liest die Messe. Bei der Opferung sage ich: Wir beten zur Opferung Seite soundsoviel. Da bemerke ich zu meinem Schrecken, daß an dieser Stelle im Gesangbuch gar kein Opferungsvers steht, sondern nur ein Hinweis: Siehe Seite soundsoviel. Ich blättere schnell dahin, aber was dort steht, ist irgendwie unverständlich, das Gebet besteht aus sinnvollen Teilsätzen, die aber im Buch nicht richtig aneinandergefügt waren, so daß ich dachte: Das kannst du doch nicht vorbeten! Was wird der Priester denken, daß du nichts mehr sagst? Dieser hatte aber seelenruhig weiterzelebriert und war inzwischen beim Vorbereitungsgebet bei der Präfation angekommen. Er betete diese laut, als ob alles in Ordnung sei.«

Nach dem Erwachen dachte ich: Mein »Opferungsgebet« steht also »auf einem anderen Blatt«! Ich soll etwas anderes opfern als das, was ich bisher tat. Ich hatte ja praktisch mein bisheriges Leben geopfert, indem ich auf so vieles, was zum Leben gehört, verzichtet hatte in dem Gedanken, daß das Gott wohlgefällig sei.

Hark: Nach meinem Eindruck spiegelt dieser Traum einen weiteren Aspekt Ihrer religiösen Probleme, die wir in der Analyse wiederholt bearbeitet haben. Ihre Formulierung, daß Ihr Opfergebet auf einem anderen Blatt stehe, trifft nach meinem Gefühl etwas sehr Wesentliches. Nach Aussage des Traumes besteht die Aufgabe darin, die sinnvollen Teilsätze des Gebetes richtig aneinanderzufügen. Offensichtlich sind durch die psychischen Schwierigkeiten auch Ihr Glaubens- und Gebetsleben zerrissen und zerstückelt worden, wie es bei vielen Patienten zu sehen ist. Damit Sie wieder beten können, müßten die Teilsätze wieder richtig zusammengefügt werden.

Eibe: Ja, so wie ich in dem Gebetbuch die zusammengehörigen Teile suchen mußte, so versuchte ich auch die Neuorientierung meines Lebens. Die Träume beschäftigten sich schon sehr lange damit, und nicht nur die Träume, denn das Neue soll und will ja ins Leben übertragen werden. – Es kamen Träume, in denen das Kirchengebäude zusammengestürzt war oder die Kirche plötzlich kein Dach mehr hatte. Ich befand mich zwar im Kirchenraum, aber oben war alles offen. Nach diesem Traum dachte ich: O weh, nun kann ja alles herein, auch Regen und Hagel!

Hark: Diese Offenheit hat auch positive Seiten. Alles, was vom Himmel und von oben kommt, kann jetzt buchstäblich in die Kirche hinein. Es könnte sein, daß die Kirche sich im Verlauf der Jahrhunderte so »abgeschottet« und abgeschirmt hat, daß weder frische Luft noch Regen noch Sonne von oben hineinkam und daß sich das in Ihrer Seele so widerspiegelt. Aus der Geschichte der Kirche ist bekannt, daß Veränderungen und Wandlungen zunächst so aussehen, als ob da etwas zerstört würde, aber so geschieht eben Wandlung und Veränderung!

Eibe: Mir eröffneten sich durch diesen »Aufbruch von oben« eine Menge neuer Einsichten. Diese Bilderwelt, wenn sie einmal angeregt ist, ist sehr schön und hilfreich, doch ich will nicht verschweigen, daß sie auch belastend sein kann. Es war manchmal zuviel des Guten oder vielmehr des Bedrängenden. Die Träume in den letzten Jahren zeigten oft, daß so viel da ist, daß die Gefäße nicht ausreichen, um alles aufzunehmen. Mit fällt dabei der reiche Fischfang ein, da ging es ähnlich. Es wurden so viele Fische gefangen, daß das Netz fast zerriß. So geht es mir auch mit den vielen Träumen. Oft denke und empfinde ich, daß der Kopf oder die Seele das gar nicht alles verarbeiten kann. Es ist manchmal wie bei einer Zerreißprobe.

Hark: Hatten Sie das Gefühl, daß diese Bilderwelt zu einer Bilderflut würde, ähnlich wie die Sintflut? Und hatten Sie die Hoffnung, Sie hätten eine »Arche Noah«, in der Sie Zuflucht finden, um damit in dieser inneren Lebendigkeit, die in Ihnen aufgebrochen ist, schwimmen zu können? Wie sehen Sie das?

Eibe: Ja, die Sintflut ist ein guter Vergleich! Es war zeitweise eine wahre Sturmflut, durch die ich mich bewegen mußte. Eine große Hilfe war mir, daß ich die meisten Träume aufgeschrieben habe. Mit einer meiner Schwestern, bei der ein ähnlicher Prozeß in Gang gekommen war, habe ich meine Erfahrungen ausgetauscht. Da wir das gleiche Kindheitsschicksal hatten, die gleichen Eltern, die gleiche Erziehung, haben sich viele Parallelen ergeben. Trotzdem habe ich dabei erlebt, daß jeder Mensch ein unverwechselbarer einzelner ist. Ich las einmal den Spruch: »Bei gleicher Umgebung lebt doch jeder in einer anderen Welt.« Ich dachte: Ja, in seiner eigenen, seiner Innenwelt, die unverwechselbar und einmalig ist, wenn auch von außen immer wieder versucht wird, möglichst alle »gleichzuschalten«. Doch haben wir uns durch den Gedanken- und Erfahrungsaustausch gegenseitig sehr helfen können. Bei meiner Schwester waren die vielen religiösen Traummotive zunächst insofern erstaunlich, als sie sich schon früh innerlich und äußerlich von der Kirche entfernt hatte – im Gegensatz zu mir. Auf sie trifft das Wort von Augustinus zu: »Viele sind drinnen, die draußen sind, und viele sind draußen, die drinnen sind.«

Vor allem haben wir uns beide, veranlaßt durch das überaus rege Traumleben, intensiv mit den Werken von C. G. Jung beschäftigt, aber auch mit vielen anderen Autoren dieser Geistesrichtung. Ohne die entsprechenden Bücher hätte ich die Träume sicher nicht verstanden, doch wäre ich ohne die Träume wahrscheinlich auch nicht auf den Gedanken gekommen, mich mit solchen Büchern zu beschäftigen. Es war eine ständige Wechselwirkung, die mir geholfen hat, meine innere und äußere Lebensgeschichte besser zu verstehen.

Hark: So wie es für Sie wichtig wurde, Möglichkeiten der Selbsthilfe zu entdecken, dürfte es auch für andere Menschen mit ähnlichen Schwierigkeiten wichtig sein, durch Gespräche und Bücher erste Hilfe zu suchen. Es gibt viele Menschen, die keine Möglichkeit haben, einen Berater oder Therapeuten aufzusuchen. Sie können zur Selbsthilfe durch Gespräche und Lebenshilfe-Literatur angeregt werden.

Christus als Gott oder Mensch

Eibe: Was ich bisher aus meiner Lebensgeschichte berichtet habe, möchte ich durch einen weiteren Traum ergänzen. Die strenge, lebensfeindliche Seite der religiösen Haltung von damals hat sich mir kurze Zeit nach dem eingangs geschilderten Traum von dem fast verhungerten Kind in einem anderen Traum gezeigt, in dem die »unbarmherzige Schwester« noch einmal – zum Glück auch zum letzten Mal – erschien:

»Ich will kommunizieren. Pfarrer W. teilt die Kommunion aus, und eine ernste, streng und unfreundlich blickende Frau in mittleren Jahren hilft ihm dabei. Sie trägt Ordenstracht und kommt aus Trier, unserer Bischofsstadt. Das weiß ich im Traum und auch, daß sie den Auftrag hat, jedem eine Prüfungsfrage vorzulegen, bevor sie die Hostie reicht. Mich fragt sie: ›Empfangen Sie in der Hostie Christus als Mensch oder als Gott?‹ Ich weiß zunächst keine Antwort, dann gebe ich wohl eine falsche, denn sie schaut den Pfarrer fragend an, ob sie mir die Hostie geben dürfe. Der stimmt zu, sagt dann aber ziemlich vorwurfsvoll: ›Na, das hätten Sie doch wissen müssen, das weiß doch jedes Kind!‹ Ich komme mir von beiden sehr ungerecht behandelt vor und suche mich später dem Pfarrer gegenüber zu verteidigen.

Hark: Mich hat besonders beeindruckt, daß in Ihrem Traum eine Frau an der heiligen Handlung der Messe mitbeteiligt ist. – Doch was mag es für Ihr persönliches Glaubensleben bedeuten, daß die Ordensfrau die Prüfungsfrage stellt, in welcher Gestalt Sie Christus in der Hostie empfangen? Oder, wenn Sie diese Ordensfrau als einen Aspekt Ihres weiblichen Selbstbildes betrachten, drückt sich hier vielleicht das Problem der Unterscheidung zwischen Göttlichem und Menschlichem aus?

Eibe: Ich finde es schon gut und richtig, wenn auch Frauen priesterliche Funktionen ausüben, doch wenn sie dabei – so, wie diese Ordensfrau im Traum – »päpstlicher sein wollen als der Papst« oder, mit anderen Worten, den männlichen Logos einseitig vertreten und damit verstärken, statt ihren weiblichen Eros einzubringen, so werden sie das religiöse Leben nicht näher an das profane heranbringen, sondern dazu beitragen, die Kluft zwischen beiden noch zu vertiefen.

Die Frage der Ordensfrau empfand ich nach dem Erwachen als »theologische Spitzfindigkeit«. Sie verlangt in dieser Situation, dem Augenblick der Vereinigung mit Gott, theologisches Wissen, was sicher nicht die Voraussetzung zu einer echten Gottesbeziehung ist. – Später las ich in dem Buch von Paul Evdokimov »Die Frau und das Heil der Welt« den Satz: »Nicht Wissen erhellt ein Mysterium, sondern das Mysterium erhellt das Wissen.« Das wäre eine zutreffende Antwort gewesen.

Hark: Sie haben eben in dem Gespräch die Ordensfrau, die Ihnen diese Frage stellt, selbst kritisch hinterfragt und einiges dazu gesagt. Dabei ist mir der Gedanke gekommen, ob das Ihre eigene kritische Stimme sein könnte, die Ihnen hier diese Frage vorlegt.

Eibe: Mir ist heute klar, daß diese Gestalt ein Bestandteil meiner Seele war, eine »Mitbewohnerin« möchte ich sagen. Der Traum zeigt sie darum auch als »Schwester«. Ich sehe in ihr die Verkörperung einer von der Mutter übernommenen einseitig patriarchal geprägten Religion, wobei ich mir bewußt bin, daß meine Mutter keine andere religiöse Haltung vermitteln konnte als die, die sie selbst übernommen hatte. An dem Traum hat mich trotz allem gefreut, daß mein Traum-Ich klar von dieser Frau unterschieden und nicht mit ihr identisch war. Ich mußte mich allerdings noch lange mit ihr auseinandersetzen, denn die Prägungen aus der Kindheit sind sehr dauerhaft.

Ich möchte in dem Zusammenhang aber betonen, daß ich im realen Leben nur gute Erfahrungen mit Ordensfrauen gemacht habe, vom Kindergarten angefangen bis zu Begegnungen in Schule und Krankenhaus. Die Schwestern, die ich im realen Leben kennenlernte, haben nämlich Religion nicht gelehrt, sondern gelebt.

Die Gnade und die Naturgesetze

Eibe: Nach einiger Zeit hat sich gezeigt, daß im Innern eine Veränderung eingetreten war. Ein Traum hat mir auf humorvolle Weise klargemacht, daß es bei Gott nicht auf große Taten und enormes Wissen ankommt, sondern in erster Linie auf das einfache, praktische Tun, bei dem aber auch das Nachdenken seinen Platz hat:

»Ich unterhalte mich mit einigen weiblichen Personen; unter ihnen ist auch meine Schwester Eva und eine Frau aus meinem Heimatdorf. Letztere sagt zu meinem Erstaunen, sie habe die galvanische Theorie nie verstanden, jetzt sei sie ihr endlich klar. Darauf fragt eine andere: ›Ja, aber die Frage ist doch die: Wie fließt die Gnade und wo?‹ Darauf antwortet meine Schwester Eva: ›Zu mir kommt sie immer beim Käsekuchenbacken.‹«

Mir war nach dem Erwachen klar, daß der Traum auf die Beziehung des Menschen zur Gnade und damit letztlich zu Gott hinweisen wollte. Erstaunlich fand ich, daß dazu ein Bild aus der Physik genommen wurde. Das wunderte mich besonders, da ich mich für dieses Wissensgebiet nicht besonders interessiere. Ich suchte in einem Physiklehrbuch noch einmal die genaue Definition der galvanischen Theorie und fand folgendes:

»Der galvanische Strom: Wenn man die Polplatten eines Elements durch eine Leitung verbindet, so ist das Element geschlossen. Da zwischen den Polen eine Potentialdifferenz (= elektromotorische Kraft, die von der Größe des Elements unabhängig ist) besteht und durch die chemischen Kräfte im Element dauernd erhalten wird, so muß in der Leitung fortwährend +E vom positiven Pol zum negativen abfließen. Diese Bewegung der +E nennt man einen galvanischen Strom.«

Interessant war mir in diesem Zusammenhang auch, was ich in »Herders Bildungsbuch« über die Begriffe »positiv« und »negativ« in der Elektrizität fand: »Es gibt keine Materie, in der nicht Elektrizität als Baustoff schon enthalten wäre. Elektrizität können wir überhaupt nicht machen, nicht erzeugen, wir können sie nur trennen, verteilen, auf andere Spannung bringen usw. Es gibt praktisch überhaupt nur die negative Elektrizität, wie wir sie als Elektronen von der Atomphysik her kennen. Diese Bezeichnung scheint sehr geschraubt und ist es auch, indessen hat sie die historische Würde für sich. Man glaubte damals, als man die elektrischen Grunderscheinungen entdeckte und erforschte, daß es auch positive Elektrizität gäbe. Es gibt aber keine. Sehr unschön ist jetzt natürlich, daß man, am alten Brauch (d.h. am alten Irrtum) festhaltend, ausgerechnet das Fehlen von Elektrizität als ›positiv‹, ihr Vorhandensein aber als ›negativ‹ bezeichnen muß.«

Hark: Mir kommt dazu die Frage, warum Ihre Seele dieses Bild einer Ihnen nicht so vertrauten Wissenschaft verwendet hat. Könnte es sein, daß Ihnen damit Fragen der seelischen Kräfte, der seelischen Energie vorgelegt werden? Wie wir wissen, ist das etwas sehr Wichtiges in unserer Persönlichkeit: ob und wie unsere seelischen Energien fließen. Wir möchten uns natürlich »positiv« fühlen und quälen uns manchmal sehr stark herum mit der sogenannten negativen Energie, die uns unter Umständen sehr zu schaffen macht. Könnte das vielleicht ein Bild für dieses innere Geschehen der Seele sein?

Eibe: Ja, ich finde das sehr zutreffend! Mir ist die Ähnlichkeit des elektrischen Stromes mit der Lebensenergie ebenfalls aufgefallen. Auch sie können wir nicht »machen«, wir können sie nur »trennen, verteilen, auf andere Spannung bringen usw.«, wie es in der Abhandlung hieß. Eine weitere Ähnlichkeit: Die Lebensenergie ist an und für sich wertneutral, weder positiv noch negativ. Es kommt nur darauf an, wo und wie sie eingesetzt wird, wie man mit ihr umgeht. Vor allem scheint mir wichtig, daß der Mensch sie umformen, transformieren soll und kann, den »Starkstrom« in »Haushaltsstrom« verwandeln, um bei diesem Bild zu bleiben.

Ich las damals in der Herder-Zeitschrift »Der christliche Sonntag«, man solle die traditionellen Symbole nach Möglichkeit durch solche aus der Welt der Technik ersetzen, um sie dem Menschen von heute dadurch zugänglicher zu machen. Es hieß in dem Artikel wörtlich: »Ist die Technik nicht auch eine Weiterführung göttlicher Schöpfung, die dem Menschen anvertraut ist? Sollte sie damit nicht auch eine Quelle natürlicher Offenbarung sein in dem Sinne, daß sie Vergleiche, Hinweise und Symbole für die Beziehungen zwischen den Menschen und Gott geben könnte?« Das hat der Traum hier tatsächlich getan.

Sehr viel später kam mir noch ein anderer Gedanke: Früher war der innere Horizont der meisten Frauen von den bekannten drei »K« – Küche, Kinder, Kirche – begrenzt. Darauf waren sie mehr oder weniger festgelegt, wie ich es auch bei meiner Mutter und Großmutter erlebte. In diesem Traum bewegt die Frauen nicht nur praktisches, sondern auch theoretisches Interesse. Es besteht das Bedürfnis, Zusammenhänge zu verstehen.

Man könnte sagen, daß hier »Maria und Martha« zugleich anwesend waren; doch scheint mir Martha deutlich bevorzugt, denn zu ihr – bzw. der Schwester Eva – kommt, der Traumaussage nach, »die Gnade beim Käsekuchenbacken«, also bei ganz praktischem Tun. Das entspricht – von der Veranlagung her – auch stark meiner eigenen Mentalität, doch kam ich durch das Auftauchen drängender Fragen, besonders was die erlernten und übernommenen Glaubenswahrheiten betraf, in starken inneren Zwiespalt und habe mich in der Folge viel mit theologischen Problemen beschäftigt.

Hark: Mir scheint, daß Ihre Seele Ihnen hier aufzeigt, daß man auch bei praktischen Tätigkeiten auf religiöse Gedanken kommen kann und daß das etwas sehr Wichtiges ist. Vielleicht ist es so, daß viele Frauen die alltäglichen Dinge selbst etwas unterbewerten? Das ist sicher ein Problem, das heute Frauen bei ihrer Emanzipation bewegt. Wie sehen Sie das als Frau?

Eibe: Dem möchte ich zustimmen, doch gebe ich zu bedenken, daß es nicht nur die Frauen selbst sind, sondern oft auch die eigene Familie und vor allem unsere Gesellschaft, die die praktischen Tätigkeiten unterbewertet. Das hängt wahrscheinlich mit unserer »Kopflastigkeit« zusammen, unter der wir alle mehr oder weniger leiden.

Doch geht es gar nicht so sehr um die Bewertung, sondern um die Möglichkeit, wie eine Frau »Maria und Martha« in einer Person sein und leben kann. »Martha« obliegt meist die Sorge für den täglichen Kleinkram, den Alltag, gleichzeitig fühlt sie sich aber auch von innen her genötigt, ihre geistige Seite in irgendeiner Form positiv zu verwirklichen, die »Maria«. Das Schöpferische in ihr möchte sich nicht nur auf rein natürliche Weise ausdrücken, indem die Frau Kinder zur Welt bringt.

Von dieser mehr allgemeinen Betrachtung möchte ich zurückkehren zum Persönlichen und zu schildern versuchen, was ich diesem Traum von der Unterhaltung der Frauen noch entnommen habe. Theorie und Praxis, die darin vorkamen, sehe ich dabei speziell auf das religiöse Leben bezogen. Hier gilt es, neben dem religiösen Glaubensleben, wie ich es bisher praktiziert hatte, auch ein tieferes Verständnis anzustreben. Es gilt nicht mehr, sich nur auf äußere Autoritäten sowie Überliefertes und Übernommenes zu stützen, sondern es geht jetzt um persönliches Erkennen und Verstehen. »Jetzt verstehe ich endlich . . .«, sagte die Frau im Traum. Der »blinde« Glaube soll einem »sehenden«, bewußteren Platz machen.

Auf diesem Weg geht mir immer wieder auf, daß es vor allem darauf ankommt, Glauben und konkretes Leben einander näherzubringen, und zwar das ganze Leben in all seinen Aspekten. Ich halte das für eine Aufgabe, die der Frau ihrer Natur nach leichter fallen sollte als dem Mann, was aber nicht immer der Fall ist. Vor kurzem konnte ich das wieder beobachten. Wir waren ein kleiner Kreis von Frauen, die sich mit religiösen Fragen beschäftigten. Bei den Gesprächen war deutlich zu merken, ob und bei welcher sich das religiöse Leben mehr auf Lehrmeinungen und Dogmen stützte, oder bei welcher es auch eine konkrete, natürliche Basis hatte. Eine Theologin war darunter, die durch ihre Diskussionsbeiträge viel Widerspruch herausforderte, sie bestanden nämlich in erster Linie aus Theorien; dabei erhob die Frau aber Anspruch auf Allgemeingültigkeit. Ich finde, daß religiöse Gespräche eigentlich immer als Dialog geführt werden sollten. Dazu las ich einmal eine treffende Unterscheidung: »Bei der Diskussion will einer den anderen überzeugen, beim Dialog will einer den anderen verstehen.«

Familienkonflikte und Glaubensleben

Hark: Die Träume und Gedanken, die Sie bisher aus Ihrer Seelengeschichte geäußert haben, sind alle verbunden mit Erfahrungen aus Ihrer Lebensgeschichte und auch aus Ihrer Glaubensgeschichte. Könnten Sie dazu weitere Einfälle und Erfahrungen erzählen?

Eibe: Wenn ich an die religiöse Seite unseres Familienlebens denke, so war diese von Kindheit an überschattet durch einen Zwiespalt, den ich als Kind nie begriffen habe. Mein Vater war protestantisch, die Mutter katholisch, zudem kam der Vater aus der Stadt, die Mutter war vom Land, das waren große Gegensätze. Die Mutter war sehr darauf bedacht, daß die Kirchengebote streng eingehalten wurden. Der Vater trat vor der Eheschließung zur katholischen Kirche über; wir Kinder wurden streng katholisch erzogen. Der Vater hat sich äußerlich in vielem angepaßt, doch war er es nicht gewöhnt, jeden Sonntag zur

Kirche zu gehen. Tat er das aber nicht, dann hing den ganzen Sonntag der Haussegen schief, und es gab Streit und Zankerei. Ich habe als Kind oft gedacht: Das kann doch Gott nicht erfreuen, wenn Menschen sich seinetwegen zanken und streiten! Ich fand das unbegreiflich.

Hark: Könnte man sagen, daß nicht nur Ihre Eltern eine »Mischehe« geführt haben, sondern daß Sie selber in Ihrer Seele ein »Mischling« sind oder eine ökumenische Seele haben? Daß vielleicht ein Teil von Ihnen dieses katholische Erbe übernommen hat, aber der Vater und seine Seele lebt irgendwie auch weiter in Ihnen, so daß der Familienkonflikt in Ihrer eigenen Seele weiterlebte?

Eibe: Ich glaube schon. Ich habe einmal auf die Frage nach der Religion meiner Eltern spontan geantwortet: »Der Vater war ein fröhlicher Heide, die Mutter eine traurige Christin.« So jedenfalls habe ich es als Kind erlebt und empfunden. Die Religion, so wie die Mutter sie auffaßte und lebte, war mit Leid und mit Schwerem, mit Verboten und wenig Lebensfreude verbunden. Doch habe ich mich als Kind – wie schon einmal erwähnt – innerhalb der katholischen Dorfgemeinschaft wohl und geborgen gefühlt. All das, was in der katholischen Kirche die Sinne so anspricht: der Weihrauch, die Kerzen, die Bilder und Heiligenfiguren, der Gesang, die Prozessionen – das hat mir alles sehr gut gefallen. Aber daß der Gottesdienst zum Anlaß wurde, Unfrieden in die Familie zu bringen, war mir unverständlich.

Hark: Was Sie soeben von der sogenannten Mischehe der Eltern berichtet haben, war für Sie als Kind sicher belastend. Ich könnte mir vorstellen, daß sich diese konfessionellen Konflikte auch immer wieder mit ganz anderen menschlichen Problemen vermischt haben, die in jeder Familie auftauchen. Es ist sicher besonders schwierig für Kinder, wenn sich mit den religiösen Eindrücken auch die persönlichen Auseinandersetzungen zwischen Vater und Mutter innerhalb der Familie vermischen.

Eibe: O ja! Der Gegensatz zwischen den Eltern war nicht nur in der Verschiedenheit der Konfessionen begründet, sondern lag wohl in erster Linie an dem großen Unterschied in der Weltsicht und Lebensauffassung. In der Rückschau muß ich sagen, daß es eigentlich meist um ganz andere Dinge ging; daß es oft ein Machtkampf und eine Auseinandersetzung war, die dann ihren »Aufhänger« an diesen religiösen Fragen fand. Ähnlich oder genauso ist es ja auch im Großen, in der Weltgeschichte. Ich habe das später, als ich besser unterscheiden und differenzieren konnte, auch bei anderen Ehepaaren beobachtet, wo ein ähnliches Problem bestand: daß unter dem Deckmantel der »Glaubenskämpfe« in Wirklichkeit ganz reale Machtkämpfe ausgetragen wurden. – Es ist, wie Sie sagten, daß ein Kind, das noch nicht unterscheiden kann, dadurch völlig verwirrt wird und schon ganz früh einen Zwiespalt in der Seele erfährt.

Doch möchte ich hierzu ergänzend sagen, daß der Zwiespalt sicher nicht nur durch die Erfahrung mit den leiblichen Eltern hervorgerufen wurde und auch gewiß nicht nur in meiner Seele zu finden ist. Die innere Gegensätzlichkeit ist wohl eher als allgemeines Menschenlos zu sehen. Es ist der Riß, der durch die ganze Schöpfung geht und anscheinend nur im Menschen und unter seiner Mitwirkung geheilt werden kann.

Zu diesen Gedanken kam ich auch durch ein Traumerlebnis: Ich hatte mich in ein Bett gelegt, um zu schlafen, als sich von rechts eine glühende Faust in die Nierengegend preßte. Als ich ihr ausweichen wollte, berührte ich links mit meinem Körper eine eiskalte, starre Hand, die mich ebenso entsetzte. Ich litt große körperliche und seelische Qualen in diesem Traum. Als ich aus diesem Traumschlaf erwachte – es war ein »Traum im Traum« –, stand ich auf und ging in ein anderes Zimmer. Dort lagen bekannte Menschen (ich glaube, meine Geschwister) im Bett und schliefen, unter ihnen ein hübsches, unbekanntes kleines Kind, das friedlich und selig schlummerte, wie Kinder schlafen, wenn sie noch ganz klein sind. Ich dachte: »Ein Glück, daß das Kind noch nichts von solchen Schrecken weiß!« Danach wurde ich richtig wach. Dieser Traum hat mir gezeigt, daß der Mensch zwischen starken Gegensätzen leben muß, die er aushalten und in sich versöhnen soll. Das kann er aber niemals aus eigener Kraft. Ich möchte noch dazu sagen, daß ich in diesem Traum (wie schon des öfteren) ununterbrochen laut gebetet habe.

Hark: Das ununterbrochene Beten im Traum erinnert mich an ähnliche Motive von anderen Analysanden. Offensichtlich ist es so, daß Beten nicht nur ein bewußter religiöser Willensakt ist, sondern daß das »unbewußte Herzensgebet« ein Ausdruck der religiösen Funktion der Seele ist, die insbesondere C. G. Jung oft hervorgehoben hat. Dieses Gebet dürfte eine Reaktion sein auf die glühende Faust in der Nierengegend. Häufig ist die Faust ein Sinnbild für Kampf und Bedrohung. Vermutlich gab es zum Zeitpunkt des Traumes in Ihrem Leben große Schwierigkeiten und/oder seelische Kämpfe, die Ihnen »an die Nieren gingen«.

Eibe: Daß Träume nicht nur hilfreich und erhebend sind, sondern oft auch erschreckend und furchtbar, habe ich des öfteren erfahren. So hatte ich einmal folgenden Traum:

»Ich lag unter dem riesigen schwarzen Rad eines LKW. Das Rad sah eher aus wie ein riesiger schwarzer Topf, der über mich gestülpt war und nur an zwei voneinander entfernten Seiten Licht hereinließ. Ich lag auf dem Bauch und versuchte verzweifelt, eine der beiden lichten Öffnungen zu erreichen, um der Schwärze über mir und um mich zu entkommen. Das Rad befand sich aber in ständiger Bewegung, so daß die lichten Öffnungen sich mal hier, mal dort befanden. Ich konnte meine Stellung gar nicht so schnell verändern. Plötzlich kam ein Motorradfahrer zu der einen Öffnung hereingefahren. Ich rief ihn verzweifelt um Hilfe an, aber er fuhr teilnahmslos an mir vorbei und strebte dem Ausgang, der anderen Öffnung zu. In der Zwischenzeit drehte sich das schwarze Ungetüm über mir unaufhörlich weiter.«

Ich erwachte sehr erschrocken und deprimiert, mit starken Kopfschmerzen. Mein erster Gedanke war: Das bedeutet Tod oder Wahnsinn! Aber dann versuchte ich, diese negativen Gedanken zu vertreiben. Die Traumatmosphäre war sehr bedrückend und beängstigend. Die Lage schien ausweglos.

Mir fiel später ein sogenanntes »Totenbildchen« in die Hände, das eine Freundin beim Tod ihrer Mutter hatte drucken lassen. Es sah folgendermaßen aus: Ein schwarzes Kreuz mit breiten Balken, darin war – licht und weiß – links der Buchstabe A, rechts das O – Alpha und Omega – zu sehen. Darunter stand: »Wer an mich glaubt, wird leben, wenn er auch gestorben ist.« Dieses Bild erinnerte mich sofort an den geschilderten Traum: Sowohl im Traum als auch auf diesem Bild war die Schwärze durch zwei lichte »Öffnungen« unterbrochen.

Ferner hat mich der Motorradfahrer beschäftigt, der so eilig und schnell die Dunkelheit wieder verlassen konnte, weil er motorisiert war. Da in meinen Träumen männliche Gestalten sehr oft als Animus-Verkörperungen (Animus = männlicher Geist) auftreten, habe ich in ihm so eine Animus-Gestalt gesehen. Dieser Geist möchte sich über Dunkelheit und Erdenschwere erheben, sie möglichst rasch hinter sich lassen. Er kann das auf die verschiedenste Weise versuchen. Wie Goethe sagt: »Leicht beieinander wohnen die Gedanken, doch hart im Raum stoßen sich die Sachen.« Mir war sehr eindrucksvoll, daß mir vom Animus keine Hilfe kam, obwohl ich ihn doch so dringend darum gebeten habe. Er hat eben nur sein Ziel im Auge, will so schnell wie möglich das Helle, Lichte wieder erreichen. Ich dachte daran, daß ich mich selber auch oft so verhalte: dem Dunklen und Schweren möglichst schnell entkommen will und zur hellen Seite strebe. Im Traum mußte der qualvolle Zustand aber durchlitten werden.

Hark: Der schwarze Topf, das »schwarze Ungetüm« und die Schwärze über Ihnen sind wohl Sinnbilder für die Begegnung mit der dunklen Seite der Seele. In der Psychologie Jungs werden diese noch nicht »belichteten« Seiten unseres Unbewußten der »Schatten« genannt. So wie wir unseren Schatten sehen, wenn wir durch die Sonne gehen, so erleben wir auf dem Wege der Selbstverwirklichung auch unsere dunklen Seiten. Der Schatten ist keineswegs nur das Böse, sondern das Primitive und Verdrängte in uns. Wenn der Schatten ins Licht des Bewußtseins drängt, erzeugt das Angst. Die mit der Angst einhergehende Beengung spiegelt sich in dem Motiv, daß Sie auf dem Bauch liegen und verzweifelt versuchen, eine der beiden lichten Öffnungen zu erreichen. Zu dem Bild des Rades im Traum fällt mir ferner die Geschichte »Unterm Rad« von Hermann Hesse ein, in der er ganz schwierige Lebenserfahrungen aus seiner Jugendzeit schildert.

Eibe: Ich las Jahre vor dem Traum ein Buch über Jakob Böhme, aus dem ich mir einiges notierte, zum Beispiel, daß J. Böhme den »zornigen Gott« sehr intensiv erfuhr und in sich das bestürzende Gefühl eines »Widerwillens gegen Gott«, ja bisweilen sogar eines »Ekels vor Gott« erlebte. Aber er wußte und hat erfahren: »Erst der durch das Feuer der Angst Geläuterte hat seine Eigenschaften zur Wiedergeburt ›formiert‹. Der Mensch muß sich willig in das Angstrad einergeben, ... dann sinkt er durch den Angsttod und fällt in die Freiheit.«

Nach diesem Schreckenstraum dachte ich, daß einem nur solche Menschen, die wirkliche Gotteserfahrung gemacht haben, in solchen Situationen Trost und Hoffnung geben können, nicht die Theoretiker, die nur »den Gott der Theologen und Philosophen« kennen.

Theologische Lehrformeln und Sinnlichkeit

Hark: Bei dem, was Sie bisher aus Ihrem Leben und vor allem aus Ihrem religiösen Erleben erzählt haben, ist mir besonders wichtig geworden, daß es auch eine zu strenge religiöse Erziehung gibt und ein fragwürdiges und zu einseitiges Gottesbild, das Ihnen in der kirchlichen Erziehung vermittelt worden ist. Manche kirchlichen Lehrsätze werden einem vielleicht erst sehr spät im Leben fragwürdig, nämlich dann, wenn man merkt, daß sie weder dem Glaubensleben noch dem seelischen Erleben förderlich sind. Vielleicht können Sie zur kritischen Auseinandersetzung mit dieser Frage abschließend ein Beispiel aus Ihrem Leben berichten.

Eibe: Nun, ich denke da an Merksätze des katholischen Katechismus, die wir als Kinder im Religionsunterricht auswendig lernen mußten. Sie waren meist in Form und Frage von Antwort abgefaßt, etwa so:

Frage: Warum sagen wir, Gott ist getreu?

Antwort: Wir sagen, Gott ist getreu, weil er hält, was er verspricht, und erfüllt, was er androht.

oder:

Frage: Warum sagen wir, Gott ist gerecht?

Antwort: Wir sagen, Gott ist gerecht, weil er das Gute belohnt und das Böse bestraft.

Wie tief sich solche Lehrsätze dem kindlichen Geist einprägen, merke ich daran, daß ich sie heute noch weiß. Allerdings waren es für mich mehr »Leersätze«, die später teils mit Leben gefüllt, teils angezweifelt wurden. Ich frage mich heute: Welche Hilfen können solche erlernten »Eigenschaften Gottes« einem Kind fürs Leben bieten?

Später haben die Träume bei mir einiges von dem korrigiert, was ich als Kind gelernt habe. So habe ich einmal im Traum eine Katechismuswahrheit angezweifelt: »Ein junges Mädchen begegnet mir und fragt mich: ›Was sind eigentlich Engel? Sind sie Geister?‹ Ich antworte, ohne lange zu überlegen: ›Nein, das sind sie nicht; dann wären sie ja Gespenster! Was darüber im katholischen Katechismus steht, ist falsch. Sie sind geistig, das ist etwas anderes!‹« Nach dem Erwachen war ich selbst sehr erstaunt über das, was ich da im Traum gesagt habe. Ob ich so etwas Ähnliches eventuell einmal gelesen habe, ist mir nicht in Erinnerung. Mir fiel nur ein, daß ich als Kind über die Engel belehrt wurde: »Engel sind reine Geister; sie stehen allezeit vor Gott.«

Doch gab es in meiner Jugend zum Glück nicht nur die theoretische religiöse Unterweisung, sondern auch ein sehr lebendiges religiöses Leben in Brauchtum und Jahreslauf, an das ich sehr gern zurückdenke. Wenn wir zum Beispiel an den drei Tagen vor »Christi Himmelfahrt« morgens in aller Frühe singend und betend durch die maigrüne Flur zogen und auf diesem Weg an der Bäckerei vorbeikamen, so stieg der Duft des frischgebackenen Brotes in die Nase und vermischte sich für mich untrennbar mit den Fürbitten um eine gute Witterung und gedeihliche Ernte. Dazu fällt mir die Zeile aus einem Lied von E. Geibel ein: »... da zieht die Andacht wie ein Hauch durch alle Sinnen leise...«

Hark: Ich möchte besonders hervorheben, wie wichtig es ist, daß der Glaube sich mit den Sinnen und damit auch mit der Sinnlichkeit verbinden sollte. Gerade ein blutleerer Glaube, ein Glaube, der unsere menschlichen Sinne und damit auch ein großes Stück Wirklichkeit ausschließt, ist – glaube ich – mit Recht zu kritisieren. Ihre persönlichen Erfahrungen und die Träume haben gezeigt, welche Probleme das im Leben mit sich bringt. Daher ist gerade diese Beschreibung des frischen Duftes aus der Bäckerei ein sehr positives Bild dafür, daß wir mit allen Sinnen etwas von der Schönheit der Welt und damit auch von dem göttlichen Hauch in dieser Welt wahrnehmen können. Auch die Psalmen im Alten Testament sprechen oft sehr sinnfällig und sehr sinnlich von religiösen Erfahrungen, wenn es zum Beispiel heißt, »daß wir Gott zu einem lieblichen Geruch sein möchten«. Daher trachten wir zu Recht in unserer Zeit nach einem ganzheitlichen Glaubenserleben, das auch die Sinne einschließt.

Eibe: Mit diesem Anliegen bechäftigt sich auch der folgede Traum:

»Ich bin bei Dr. Hark; es ist noch ein Dritter, ein unbekannter junger Mann, im Zimmer. Er hält sich aber in einiger Entfernung von uns auf. Ich unterhalte mich mit Dr. Hark, weiß aber, daß es außerhalb der Analysestunde ist; diese soll erst später beginnen. Wir sprechen über die Leibfeindlichkeit in der Kirche. Ich bemerke dazu: ›Sehen Sie, darin sind sich Ihre Kirche und meine Kirche ziemlich gleich.‹ Dann stört mich der Ausdruck ›Ihre Kirche und meine Kirche‹, denn ich wußte im Traum, daß Dr. Hark, genauso wie ich, nicht streng dogmatisch gebunden ist, obwohl er Pfarrer ist. Ich unterbreche mich darum selbst und sage: ›Ach, was heißt hier Ihre Kirche und meine Kirche‹!«

Dieser Traum scheint mir wieder einen Hinweis auf meine »ökumenische Seele« zu enthalten, wie Sie es nannten. Aber auch darauf, daß das Problem der Leibfeindlichkeit in beiden Konfessionen zu finden ist. Die Abwertung des Leibes und der Sinnlichkeit hat mich seelisch krank gemacht. Der eingangs geschilderte Traum von dem verhungerten Seelenkind und die anderen Motive dürften die Schwierigkeiten und Nöte verdeutlicht haben.

Hark: Die Sinnlichkeit und die Sinnfindung, das Triebhafte und Geistige sind die großen Polaritäten unseres Lebens. Wenn sich der Glaube und die Religion zu radikal auf die geistige Seite des Lebens stellen, verliert die Seele ihre Balance und wird krank. Wie wir sonst im Leben auf beiden Beinen stehen, sollten beide Pole Raum haben: das seelisch-triebhafte Leben und das geistig-religiöse Erleben.

Ich möchte Ihnen danken, daß Sie trotz der anfänglichen Bedenken Ihre Erfahrungen und einige Träume mitgeteilt haben. Mögen Menschen in ähnlichen Schwierigkeiten erste Anregungen empfangen zur Auseinandersetzung mit ihren religiösen Problemen.

Religion und Neurose Hermann Hesses

Es geht im folgenden darum, in der Biographie und im Werk von Hesse aufzuzeigen, wie die kritische Auseinandersetzung mit der pietistischen Frömmigkeit seiner Herkunftsfamilie sich wie ein roter Faden durch alle Schaffensperioden zieht. Die Religiosität hat nach meiner Überzeugung eine Schlüsselfunktion, um die Seelenkrankheit des Dichters und seine Kreativität zu verstehen. Für die Wechselbeziehungen zwischen Religion und Neurose wird in der Religionspsychologie und in der Psychotherapie, die auch die religiösen Erfahrungen analysiert, für die übertriebenen, fanatischen und abartigen Formen einer religiösen Orientierung und Bindung der Begriff ekklesiogene Neurose verwendet. Damit ist auch angedeutet, daß hier nicht jegliche kirchliche Religiosität und persönliche Frömmigkeit kritisiert oder analysiert wird, sondern lediglich die krankmachende Form.

Hermann Hesse entstammt einer pietistischen Familie, deren lebendige Frömmigkeit in ihrer gesetzlichen Ausprägung bereits auf das Seelenleben des heranwachsenden Dichters einen krankmachenden Einfluß hatte. Da hier nicht die Auffassung vertreten wird, daß jegliche Art von kirchlicher Bindung und/oder pietistischer Frömmigkeit krank macht, seien einige Wesensmerkmale vorab genannt, die bei Hesse und einigen meiner Patienten zur ekklesiogenen Neurose führten. Der Begriff der Neurose bezeichnet eine Seelenkrankheit, die beim Menschen dann auftritt, wenn das seelische Gleichgewicht und das seelische Erleben gravierend gestört sind. Wenn diese Störungen durch zu starke Ängste oder seelische Zwänge ausgelöst werden, sprechen wir von einer Angst- oder Zwangsneurose. Der jeweilige Zusatz zum Begriff der Neurose beschreibt das Störungsfeld und die Verursachung. Die ekklesiogene Neurose benennt in dem vielschichtigen Bereich der Seelenkrankheiten jene, die im religiösen Gewande einhergeht und durch übertriebene Religiosität ausgelöst wird. Ob Frömmigkeit und Glaube als Seelengift krank machen oder als Heilmittel zur Seligkeit wirken, ist eine Frage der Dosis und der religiösen Erziehung von Eltern, Schule und Kirche.

Hermann Hesse scheint mir für die Diagnose: ekklesiogene Neurose deswegen für viele Menschen ein hilfreiches Beispiel zu sein, weil an seiner existentiellen Krise und deren therapeutischer Lösung auch ein Weg zur Verarbeitung gewiesen wird. Das Material für meine Diagnose entnehme ich Hesses Selbstzeugnissen, unzähligen autobiographischen Angaben in seinen Werken, seinen Briefen und den verschiedenen Lebensläufen. Dazu kommt die von Hesse autorisierte Biographie, die Hugo Ball 1927 mit besonderer psychologischer Einfühlung in das Seelenleben des Dichters verfaßt hat. Darin spricht Ball in Anlehnung an die traumatischen Erfahrungen Hesses im Kloster Maulbronn und anderer Gelehrter und Dichter (zum Beispiel Hölderlin, Mörike und Waiblinger) im Tübinger Stift von der sogenannten »Stiftsneurose« und meint: »Die Neurose ist längst kein Einwand mehr gegen ein Werk und seinen Verfasser. Im Gegenteil, sie kann, inmitten der modernen Geneigtheit zur Mache, zum flotten und unbekümmerten Arrangement, zur Schauspielerei der Ideale und des Bekennens, als ein Beweis der Echtheit und Wahrhaftigkeit eines Werkes und eines Menschen gelten. Man kann sie allgemach als das einzig untrügliche Symptom einer künstlerischen Veranlagung betrachten. ... Man wird endlich einsehen müssen, daß es Leiden sind, an denen unsere religiösen und sozialen Faktoren, unser Erziehungswesen, unser Hochschulbetrieb ... ein übervolles Maß der Schuld tragen.«[1]

Die Verehrer des Dichters, zu denen sich auch der Verfasser zählt, und die Literaturwissenschaftler sollten nicht mehr befürchten, daß der Begriff der Neurose das Werk Hesses abqualifiziert. Vielmehr haben wir mit der ekklesiogenen Neurose einen Schlüssel zum Seelenleben Hesses, aus dem die dichterischen Imaginationen flossen. Wie jeder Bach und das Wasser zum Fließen ein Gefälle brauchen, so schaffte für Hesse die Auseinandersetzung mit der pietistischen Herkunft qualvolle

[1] H. Ball, Hermann Hesse: Sein Leben und sein Werk, S. 207

210

Spannungen, die er sich von der Seele schrieb. Die durch die Leiden geweckten seelischen Kräfte verhalfen dem großen Seelenkenner dazu, der Übermacht des Geistes und des Geistigen zu widerstehen und nicht total in eine »Geisteskrankheit« und eine »Stifterneurose« zu verfallen, wie es etwa Hölderlin widerfuhr.

Hesse hat durch das stark pietistisch gefärbte Gottesbild seiner Eltern einen »Gotteskomplex« bekommen. Von einem Komplex sprechen wir in der Tiefenpsychologie dann, wenn sich die seelischen Energien und die Lebenskräfte um bestimmte Kernpunkte kristallisieren. So ist es in der Umgangssprache üblich, von einem »Minderwertigkeitskomplex« zu sprechen, wenn jemand sich stark verunsichert fühlt. Bei einem Sexualkomplex umkreisen die Phantasien und Gefühle ständig die Sexualität. Ein Mutterkomplex (der bei Hesse ebenfalls nachzuweisen ist) besagt, daß die Bindung an die Mutter nicht hinlänglich gelöst wurde. Bei einem Gotteskomplex schließlich dreht sich das persönliche Leben derart stark um Gott, daß es zu einer krankmachenden Selbstentfremdung und Selbstentäußerung kommt. In der pietistischen Frömmigkeit haben die radikale Unterordnung unter Gottes Gebote und die Nachfolge Jesu nicht selten zur Folge, daß zur Entfaltung der eigenen Anlagen und Wünsche kaum ein Spielraum bleibt. Viele retten sich dann in die Krankheit oder den Selbstmord – ein fragwürdiger Fluchtweg. Auch Hesse schleppte sich mit seinen Depressionen, seelischen Zwängen und der Angst vor dem Wahnsinn auf diesem Ausweg dahin. Frühe Etappen waren die Flucht aus dem »Klosterleben« in Maulbronn, wo ein Theologe aus ihm gemacht werden sollte. Und den qualvollsten Weg in den Selbstmord wählte der Vierzehnjährige, um der »Teufelsaustreibung« des geistesgewaltigen Blumhardt in Bad Boll ein Ende zu setzen. Die Grundlage zur ekklesiogenen Neurose wurde aber schon im Elternhaus gelegt. In der Kindheit bereits wurde durch mancherlei Einflüsse des Elternhauses der Lebenshorizont verdunkelt.

Pietistische Frömmigkeit und Seelenkrankheit

Das folgende Gedicht von Hesse schildert die Konflikte, die sich durch die fromme Erziehung der Eltern für das wilde und unbändige Kind ergaben.

»Wie die Mutter vor meiner Geburt schon
Es bezeugt, und wie ich ja selber
Es beschämend weiß, war ich ein wildes,
Heißes, unbändiges Kind
Voll Gelüsten und Ehrgeiz,
Leidenschaftlich, brennend in Liebe und Zorn,
Leicht zu rühren und leicht zu erbosen,
Und es mußten die Eltern
Mich zu Gehorsam und Sitte
Oftmals zwingen und standen oft ratlos,
Wenn auch Härte und Strafen dem Knaben
Nicht den Willen brach noch den Stolz nahm.
Ach es war, für sie wie für mich,
Oft ein bitterer Kampf, manche Träne,
Manches einsame Gebet sah die Nacht,
Und der frommen Erziehung (sie war
Grausam zuweilen, für mich wie die Eltern)
Ist's am Ende mißglückt, jenen Christen
Aus mir zu machen, der doch ich selbst
Oft so ernstlich wünschte und hoffte zu werden.
Eins aber blieb, ein Wunder; wir haben
Beide, Eltern und ich, einander
Jahr um Jahr gequält und gestraft,
Aber dennoch ist niemals die Liebe
Uns erkaltet, im Innern
Aller Mißklänge schritt siegreich die Melodie
Unsrer Liebe; es war des Verzeihens,
War der Unschuld stets mehr als der Qual.
Und mich umhegte der Zauber
Gläubiger Kindheit, es sprachen
Garten und Bach, Himmel und Tierwelt den kleinen
Bruder brüderlich an, es rauschten
Wald und Brunnen, Mundart und Kirchenlied

Ihre alten heiligen Melodien
Mir ins Ohr und Herz, es umfing mich
Freundliche Heimat, kreatürliche Welt.
Mägde liebten und straften uns,
Nachbarkinder wußten verbotne Geschichten,
Feste erglänzten im rhythmischen Gang des Jahres,
Rätsel und Lieder, Sprüche und Heidenglaube
Ferner Ahnen wurzelten traulich
Mitten im christlichen Garten, dem Kinde
Nah und teuer wie Dom und Choral.«[1]

Aus den für sich selber sprechenden Zeilen hebe ich lediglich den Aspekt hervor, der den Bruch mit dem frommen Elternhaus und der christlichen Tradition heraufbeschwor. Es ist dies das spannungsreiche Problem zwischen persönlicher Veranlagung (»ein wildes, unbändiges Kind«) und der Anpassung an die Forderungen der Umwelt. Hesse hat nach seinen Selbstzeugnissen die gutgemeinte fromme Erziehung seiner Eltern als grausam empfunden. Der bittere Kampf auf beiden Seiten mißglückte am Ende (obgleich Eltern und werdender Dichter »einander Jahr um Jahr gequält und gestraft« haben), und Hesse wurde nicht zu jenem Christen, den beide erstrebten.

Der von Hesse erlittene Zwiespalt zwischen der ersehnten herzlichen Liebe der Eltern einerseits und seinem eigensinnigen Widerstand gegen die fromme Erziehung andererseits machte den Dichter schon früh sensibel, auch andere Zwiespältigkeiten wahrzunehmen. Im Gedicht ist davon die Rede, daß der sogenannte »Heidenglaube ferner Ahnen traulich mitten im christlichen Garten wurzelte«. Aus der Biographie Hesses ist hinlänglich bekannt, daß Vater und Großvater als christliche Missionare der Basler Mission in Indien waren. Der in der pietistischen Erweckung erwachte Missionsgedanke und leidenschaftlicher Bekehrungseifer hatten diese Männer in den Osten getrieben. Als das überquellende religiöse Kraftgefühl dieser Bekenner und Missionare in Indien durch die Lehr- und Streitgespräche mit Brahmanen und Hindupriestern zur Vernunft kam, waren andrängende Zweifel und erbitterte Seelen-

---

[1] in: E. Gnefkow, H. Hesse: Biographie, S. 10 f.

kämpfe die Folge. Bereits das Eingehen auf die fremde Kultur und Religion veränderte das empfindsame Seelenleben dieser leidenschaftlichen Eiferer für das christliche Evangelium. Wer nur über ein wenig tiefenpsychologische Selbsterfahrung verfügt, weiß, daß unter der dünnen Schicht unseres Bewußtseins eine dunkle und blutvolle Welt beginnt, auf die alles Fremde und »Heidnische« anziehend und faszinierend wirkt. Wer ferner die Bilder und Symbole seiner Träume beachtet und analysiert, der bekommt wie der Dichter einen Einblick in den Bildersaal seiner Seele, in der Heidnisches und Christliches, Mystisches und Gnostisches beieinander sind. Ich erwähne diese Erfahrungstatsachen, um die Seelenkämpfe der christlichen Missionare in einer sogenannten heidnischen Umwelt zu verdeutlichen. Da das christliche Bewußtsein die Oberhand behielt und die Heiden sich nicht so wie gewünscht bekehren ließen, blieb auch die Auseinandersetzung mit den heidnischen Seeleninhalten unbewußt und unbefriedigend. Obgleich der Vater, Johannes Hesse, aus gesundheitlichen Gründen nur wenige Jahre in Indien sein konnte, nahm er die Sprache und Religion Indiens derart stark in sich auf, daß er später ein Buch über Laotse verfaßte mit dem Titel: »Laotse, ein vorchristlicher Wahrheitszeuge«.

Sowohl der Vater als auch der Großvater, der noch bis zum 15. Lebensjahr des Dichters lebte, brachten aus Indien in Gestalt von Büchern und Skulpturen diese faszinierende Welt ins Elternhaus von Hesse. Wie Hesse in »Kindheit des Zauberers« berichtet, war besonders der Großvater für ihn von einer Zauberwolke umgeben. »... es gab die Mutter, Inbegriff des Lebendigen, rätselhaft Wirksamen, und den Vater, Inbegriff der Gerechtigkeit und Klugheit, und den Großvater, der kaum mehr ein Mensch war, den Verborgenen, Allseitigen, Lächelnden, Unausschöpflichen.«[1]

Was er am Großvater bewunderte, wurde von der Frömmigkeit der Eltern überstrahlt und zugleich überschattet, weil sich der heranwachsende Dichter gegen die Gesetzlichkeit dieses Glaubens zunehmend widerspenstig verhielt. In seinem »kurzgefaßten Lebenslauf« heißt es dazu: »Ich war das Kind from-

---

[1] Kindheit des Zauberers, S. 65

mer Eltern, welche ich zärtlich liebte und noch zärtlicher geliebt hätte, wenn man mich nicht schon frühzeitig mit dem vierten Gebot bekannt gemacht hätte. Gebote aber haben leider stets eine fatale Wirkung auf mich gehabt, mochten sie noch so richtig und noch so gut gemeint sein – ich, der ich von Natur ein Lamm und lenksam bin wie eine Seifenblase, habe mich gegen Gebote jeder Art, zumal während meiner Jugendzeit, stets widerspenstig verhalten. Ich brauchte nur das ›Du sollst‹ zu hören, so wendete sich alles in mir um und ich wurde verstockt. Man kann sich denken, daß diese Eigenheit von großem und nachteiligem Einfluß auf meine Schuljahre geworden ist.«[1]

Neben der allergischen Reaktion auf das »Du sollst« gab es für den zehnjährigen Hesse schon ein deutliches Gespür für die zwei Welten, wie es im »Demian« heißt. »Die eine Welt war das Vaterhaus, aber sie war sogar noch enger, sie umfaßte eigentlich nur meine Eltern. Diese Welt war mir großenteils wohlbekannt, sie hieß Mutter und Vater, sie hieß Liebe und Strenge, Vorbild und Schule. Zu dieser Welt gehörten milder Glanz, Klarheit und Sauberkeit, hier waren sanfte freundliche Reden, gewaschene Hände, reine Kleider, gute Sitten daheim. Hier wurde der Morgenchoral gesungen, hier wurde Weihnacht gefeiert. In dieser Welt gab es gerade Linien und Wege, die in die Zukunft führten, es gab Pflicht und Schuld, schlechtes Gewissen und Beichte, Verzeihung und gute Vorsätze, Liebe und Verehrung, Bibelwort und Weisheit. Zu dieser Welt mußte man sich halten, damit das Leben klar und reinlich, schön und geordnet sei.

Die andere Welt indessen begann schon mitten in unserem eigenen Hause und war völlig anders, roch anders, sprach anders, versprach und forderte anderes. In dieser zweiten Welt gab es Dienstmägde und Handwerksburschen, Geistergeschichten und Skandalgerüchte, es gab da eine bunte Flut von ungeheuren, lockenden furchtbaren, rätselhaften Dingen ... überall quoll und duftete diese zweite, heftige Welt, überall, nur nicht in unseren Zimmern, wo Mutter und Vater waren. Und das war sehr gut. Es war wunderbar, daß es hier bei uns Frieden, Ordnung und Ruhe gab, Pflicht und gutes Gewissen, Verzeihung

[1] Kurzgefaßter Lebenslauf, 1924, S. 73 f.

und Liebe – und wunderbar, daß es auch alles das andere gab, alles das Laute und Grelle, Düstere und Gewaltsame, dem man doch mit einem Sprung zur Mutter entfliehen konnte.«[1]

Manchmal stand es für den heranwachsenden Hermann fest, daß er so wie Vater und Mutter werden wollte, um in einer hellen und reinen Welt zu leben. Doch beim kindlichen Spiel schon brach die andere Welt in ihm durch, wenn seine Leidenschaft und sein Zorn zu Streit führten. Schrecklich waren danach die Stunden der Zerknirschung und Buße mit den Schuldgefühlen. Die zwei Welten, die Hesse um sich herum wahrnahm, entdeckte er auch in sich. Für seine kindliche Reifung und Entwicklung war die existentielle Betroffenheit von den zwei Seelen in der eigenen Brust einerseits von Nachteil und für die Erweckung des dichterischen Genius andererseits von Vorteil. Es ist wohl einfühlbar, daß der sehr sensible Knabe in seinem Elternhaus den unterschwelligen Zwiespalt zwischen einer leidenschaftlichen und manchmal wohl auch fanatischen Frömmigkeit einerseits und den niedergehaltenen Zweifeln, verdrängten Phantasien und Sehnsüchten zu leben andererseits erspürte und dies seinen eigenen seelischen Entwicklungsprozeß empfindlich störte.

Bevor Hesse unter mancherlei Leiden und Kämpfen den Weg eines Dichters einschlagen konnte, war von den pietistischen Eltern und frommen Großvätern her die Laufbahn zum Theologen vorprogrammiert. Nachdem bereits vier Mitglieder der Hesseschen Vorfahren durch das evangelisch-theologische Seminar im Kloster Maulbronn gegangen waren, war nicht zuletzt auch aus finanziellen Gründen dies die günstigste Möglichkeit zu studieren. Die Mutter bringt den vierzehnjährigen Hesse am 15. September 1891 in das Seminar nach Maulbronn. Die Briefe der ersten Monate klingen alle recht positiv. Doch die strenge Regelmäßigkeit des Tagesablaufs und der theologische Geist des Seminars waren für den eigensinnigen Jüngling auf Dauer wohl kaum zu ertragen. Was sich im Verborgenen an Widerspruch angebahnt hatte, kam nach halbjährigem »Klosterschulleben« durch den Ausbruch und das Weglaufen heraus. Völlig unerwartet erhielt der Vater Johannes Hesse am 7. März

---

[1] Demian, S. 9 f.

1892 ein Telegramm von der Seminarleitung, daß Hermann seit zwei Uhr fehle. Die Sorge der Eltern, die Aufregung der Schulleitung und die eingeleiteten Suchaktionen sind wohl gut vorstellbar.

Doch ich will hier besonders die religiös motivierten Reaktionen der Eltern besonders schildern. Für manchen Leser wird es wohl erschreckend sein, zu lesen, wie die Mutter nach der qualvollen Schreckensnacht in ihrem Tagebuch vermerkt, daß es ihr leichter zu ertragen wäre, wenn der Sohn tot und seine Seele bei Gott wäre, als wenn er sich vor Menschen etwas habe zuschulden kommen lassen. »Zuerst hatte mich die Angst, Hermann sei in besondere Sünde und Schande gefallen, es sei dem Entweichen etwas besonders Böses vorausgegangen, ganz qualvoll gefoltert, so daß ich ganz dankbar wurde, als ich endlich das Gefühl bekam, er sei in Gottes barmherziger Hand, vielleicht schon ganz bei Ihm, erlöst, gestorben. In einem der von ihm so bewunderten Seen ertrunken? ... Jedes Unglück, jedes bloße in Gottes Hand fallen, schien mir leichter zu tragen als Verschuldung von Hermanns Seite.«[1]

In »Sünde und Schande« zu fallen ist für die fromme Mutter schlimmer als tot zu sein und in Gottes Hand zu fallen. Diese Aussage, aus tiefsten Seelenqualen geboren, läßt die Tragfähigkeit eines scheinbar unerschütterlichen Glaubens ahnen. Mutter Hesse überträgt das Unerträgliche und Ungewisse ihres »verlorenen Sohnes« auf Gott. Mit dieser Übertragung wird das persönliche Leben wieder erträglicher. Andererseits steht zu diesem totalen Glaubensgehorsam und zu der Unterordnung unter Gott die Angst vor Sünde, Schande und Verschuldung vor Menschen in einem schwer verständlichen Gegensatz. Logisch wäre doch, daß die Bindung an Gott eine Freiheit vor der Meinung der Menschen zur Folge hätte, wie es Luther in der Freiheit eines Christenmenschen darstellt. Sollte die pietistische Frömmigkeit gar eine gewisse Menschenverachtung (und wäre es der eigene Sohn) und Seelenfeindlichkeit zur Folge haben? Hesse scheint diesen Zwiespalt in den zwei Welten seiner Eltern geahnt zu haben und daher auf Biegen und Brechen der Opferung des Menschseins zu entfliehen getrach-

[1] Briefe und Lebenszeugnisse, S. 182

217

tet haben. Die Menschenopferung und Versklavung des freien Willens ist zwar gesetzlich abgeschafft, aber unterschwellig und selbst unter dem Deckmantel der Religion geschehen grausame Dinge, wie zu Zeiten des Alten Testaments.

Zu dem Loyalitätskonflikt zwischen religiösem Gelöbnis und gläubiger Bindung an Gott und der Opferung des eigenen Kindes wird im Alten Testament in Richter 11 von dem tapferen Helden Jephtha berichtet, daß er dem Herrn ein Gelübde tat und sprach: »Wenn du die Ammoniter wirklich in meine Hand gibst, so soll, wer immer aus der Türe meines Hauses mir (zuerst) entgegenkommt, wenn ich wohlbehalten von den Ammonitern heimkehre, dem Herrn gehören; ich will ihn als Brandopfer darbringen. Dann zog Jephtha gegen die Ammoniter in den Krieg, und der Herr gab sie in seine Hand. ... Als nun Jephtha nach Mizpa zu seinem Hause kam, siehe, da trat gerade seine Tochter heraus, ihm entgegen mit Handpauken und im Reigentanz. Sie war sein einziges Kind; er hatte außer ihr weder Sohn noch Tochter. Als er sie sah, zerriß er seine Kleider und sprach: Ach meine Tochter! Wie beugst du mich tief! Du bringst mich ins Unglück! Ich habe meinen Mund dem Herren gegenüber aufgetan und kann nicht zurück. Sie aber sprach zu ihm: Mein Vater, hast du deinen Mund dem Herrn gegenüber aufgetan, so tue mir, wie du es ausgesprochen hast« (Richter 11, 30–36).

In meiner Praxis ist mir ein Fall bekannt geworden, wo eine gläubige Mutter gegen Ende des Krieges 1945 ein ähnliches Gelübde tat. Wenn Gott es fügen würde, daß der geliebte Ehemann aus dem Kriege heimkehre, könne er dafür eines der drei Kinder »heimholen«. So geschah es. Wenige Wochen nach dem Tode der Tochter kehrte der Vater heim und fragte nach der bewegten Begrüßung als erstes nach der geliebten Tochter. Am Grabe der Tochter brach dem Vater das Herz und brachen bei der Mutter die heftigsten Schuldgefühle aus. Beide suchten von da an ihren Trost und ihre Zuflucht in einer pietistisch gefärbten Frömmigkeit, um mit der Schuld leben zu können. Sicher ist es ein wichtiges Motiv jeglicher Religion, zur Versöhnung der Schuld und Vergebung der Sünden zu verhelfen. Doch ist nach meinen Erfahrungen der Anfang dieses qualvollen Weges ein Loyalitätskonflikt zwischen religiösen Werten und

Geboten einerseits und der Angst, mit bestimmten Aufgaben und Problemen im Leben alleine nicht fertig zu werden. Man überträgt auf Gott, was man meint nicht alleine tragen zu können. Das ist der positive Aspekt der Religion. Das Negative und Diskussionswürdige habe ich als die krankmachende Religiosität bezeichnet, indem das natürliche und kreatürliche Leben sowie das seelische Erleben erstickt wird und dem religiösen geopfert werden muß.

Der Glaubenskampf des Vaters

Ähnlich wie die fromme Mutter reagiert der stark geistlich orientierte Vater Hesses auf den Ausbruch von Hermann in Maulbronn. Auch bei dem Vater wird die Sorge um den Sohn und die Liebe zu ihm besonders auffällig mit der Frömmigkeit verwoben. Die Übereinstimmung zwischen den Eltern und Hermann wird von der Gemeinschaft im Glauben abhängig gemacht. So heißt es im Brief des Vaters vom 10. März 1892: »Lieber Sohn! Heute Morgen kam Dein Brieflein. Du bittest, wir möchten Dich lieben nach wie vor. Ich kann Dich versichern, daß unsere Liebe nur wächst in dem Maße als wir in Sorge um Dich sind. Liebe ist Sehnsucht nach Gemeinschaft, nach Übereinstimmung. Uns verlangt danach, mit Dir eins zu werden. Sobald wir merken, daß Dir an unsrer Liebe gelegen ist, freuen wir uns schon. Wir sehen darin ein Angeld dafür, daß es noch zur völligen Übereinstimmung kommen kann. Unser höchster Lebenszweck ist, Gott zu gefallen und Ihm in Seinem Reich zu dienen. Wenn das auch Dein Lebenszweck geworden ist, dann haben wir Gemeinschaft untereinander, dann ist alles Licht, Liebe und Freiheit. Solange das nicht der Fall ist, ist ein völliges Verständnis und darum auch ein völliges Einverständnis nicht möglich. Da wird auf unserer Seite immer die Sorge und Bangigkeit vorherrschen, auf Deiner Seite das Mißtrauen oder die Gleichgültigkeit.«[1]

Einen Tag vor diesem schrieb der Vater als erste Reaktion auf das Weglaufen dem Sohn einen besonders ausführlichen

[1] Lebenszeugnisse, S. 187

Brief und hält darin Hermann nach mancherlei Ermahnungen die ersten vier Gebote wie einen »pietistischen Beichtspiegel« vor: »Frag Dich beim ersten Gebot: was sind meine Götter, d. h. meine Ideale? Vielleicht treibe ich Götzendienst? Ist nicht mein eigenes Ich mir das Allerunantastbarste und Wichtigste, dem ich alles andere, auch die Rücksicht auf meine Mitmenschen, auf Eltern, Lehrer u. s. f. opfere? Frage Dich beim zweiten Gebot, ob Du nie von Gott oder heiligen Dingen unehrerbietig geredet? beim dritten: ob Du nie eine Zeit, die eigentlich dem Dienst Gottes geweiht war, mißbraucht und entheiligt hast? Der Mensch lebt nicht vom Brot allein. Er muß auch Himmelsspeise haben. Er muß beten. Er muß Gottes Worte in sich bewegen. Das fordert Sammlung Stille, Andacht. Und dann kommt das vierte Gebot – Ach, da kann ich nichts tun als zu Gott flehen, Er möchte Dich bewahren, daß der Dinge Dich keines treffe, die den Übertretern gerade dieses Gebotes gedroht sind, Er möge vielmehr helfen, daß Du dasselbe haltest und dann auch die Verheißung erntest, die ihm beigegeben ist. Das erste Gebot, das Verheißung hat.«[1]

Obgleich der Vater es mit dieser Art seiner geistlichen Seelsorge sicher aufrichtig meinte, war es wohl kein Öl für die Wunden des Sohnes, sondern Wasser auf die Mühlen des Widerspruchs. Längst hatte der kritische Geist und die für sein Alter wohl ungewöhnliche Reife des Sohnes die Enge und das Ungenügen dieser pietistischen Frömmigkeit durchschaut.

Da die Eltern und das Maulbronner geistliche Erziehungssystem mit dem überwachen Geist des werdenden Dichters nicht fertig wurden, kommt der junge Hesse in der Folgezeit in ein ganzes Räderwerk von sogenannten geistlichen und psychiatrischen Zwängen seiner Zeit. Im Pietismus versteht man damals und zum Teil noch heute eine seelische Krise und/oder neurotische Erkrankung als »dämonische Besessenheit«. Für die Heilung und Austreibung von »Dämonen« war der geistesgewaltige Pfarrer Blumhardt in Bad Boll der weithin bekannte Spezialist. Am 10. Mai 1892 spricht Marie Hesse, die Mutter des Dichters, eingehend mit Christoph Blumhardt über die Schwierigkeiten des Sohnes. Nachdem die Schlafstörungen und

---

[1] Lebenszeugnisse, S. 185 f.

die seit der Maulbronner Zeit ihn quälenden Kopfschmerzen, die wohl als Symptom einer stets unterdrückten Aggression zu verstehen sind, in der freiheitlichen Atmosphäre der Erholungskur von Bad Boll abklangen, fühlte sich Hermann wieder wohler. Er hatte viel Zeit zu Spaziergängen, Musikhören und zum Lesen. Turgenjews Roman »Rauch« mit der lebendigen Schilderung von Stimmungen und Leidenschaften der Liebenden sprach die leicht zu erregende Phantasie Hesses wohl besonders an. Als er sich darauf in ein um sieben Jahre älteres Mädchen verliebte und dieses erste heiße Liebesspiel in die Brüche ging, beschloß der verzweifelte junge Liebhaber, sich zu erschießen.

Am 20. Juni 1892 schrieb darauf Blumhardt an die Mutter: »Liebe Frau Missonar! Heute lief uns Ihr Sohn weg mit Hinterlassung von Selbstmorddrohungen. Er hatte sich vorher heimlich Geld geborgt und einen Revolver gekauft. Er ist wieder hier. Ich nehme es als Bubenstreich, aber in so krankhafter Weise, daß ich dringend mit Ihnen beraten muß. Ich möchte raten, ihn von hier aus auf eine Zeit zu Landerer nach Göppingen zu bringen. Wollen Sie so gut sein und womöglich selbst kommen.«[1]

Blumhardt ist angesichts solcher Selbstmorddrohung mit seiner geistlichen Seelenführung am Ende und plädiert für die Aufnahme des »besessenen« Knaben in die Anstalt Stetten. Den seelischen Kampf und das geistliche Ringen zwischen Hesse und Blumhardt schildert der Biograph H. Ball: »Ist der Knabe besessen? Ist er es nicht? Glaubt er vielleicht nur ebenfalls ein Reich Gottes in sich zu tragen und einen Paradiesestraum verwirklichen zu können? Mit viel Güte würde er gewiß zu gewinnen sein; er will nur erkannt und verstanden werden. Aber kein Gebet wird ihn erreichen, mit dem nicht die Geste des Betenden, seine Stimme, seine Hand, sein ganzes Tun und Lassen, sein verstehendes Herz vor allem in Einklang sind. Die beiden Gegner messen sich – und Blumhardt Sohn unterliegt. Es gelingt ihm nicht, den kommenden Dichter zu erkennen; es gelingt ihm nicht, dessen Seele zu durchdringen. Sein Gebet bleibt ohne Frucht. Er schimpft und wütet nur, als der junge

---

[1] Lebenszeugnisse, S. 220

Freund, den er erst liebevoll aufgenommen und freundlich zu sich gebeten hatte, einem Schwermutsanfall zu erliegen droht.«[1]

Während des Aufenthaltes in Stetten von Ende Juni bis Anfang August erholt sich Hesse so gut, daß er auf Empfehlung des Arztes und der geistlichen Anstaltsleitung nach Hause entlassen wird. Doch während der Sommerferien des Jahres 1892 herrscht im Elternhaus ein reges Missionsleben mit so vielen Besuchen, daß es nach einer Tagebuchaufzeichnung der Familie zuging wie im »Taubenschlag«. Diese Atmosphäre war für Hermann entsetzlich. Er reagierte zunehmend gereizt und trotzig, wurde aufsässig und schimpfte, so daß sich der Vater genötigt sah, Hermann am 22. August nach Stetten zurückzuschikken. Ein Gedicht aus diesen Tagen läßt den Bruch mit dem Elternhaus und auch den endgültigen Bruch mit dem pietistischen Gottesbild deutlich werden.

»Leb wohl, du altes Elternhaus,
Ihr werft mit Schande mich hinaus,
Ade, ihr Lieben groß und klein,
Von neuem bin ich jetzt allein!

Leb wohl, du Gott der ganzen Welt
Dem man den Bügel dienend hält,
Vom Dienen bin ich dumpf und matt,
Das Dienen hab ich lange satt.

Zum Teufel geht die Freiheit auch,
Sie war ja immer höchstens Rauch,
Ich werd' ins Irrenhaus geschickt,
Wer weiß – ich bin wohl gar verrückt.«[2]

In den folgenden Wochen erschreckt Hesse seine Eltern mit unflätigen Briefen, die die tiefe Enttäuschung des Sohnes offenbaren. »Ein unseliges Jahr, 1892! Düster hat es im Seminar begonnen, dann selige Wochen in Boll, getäuschte Liebe, jäher Abschluß! und jetzt: alles habe ich verloren: Heimat, Eltern,

---

[1] H. Ball, Hermann Hesse, S. 63
[2] Lebenszeugnisse, S. 248

Liebe, Glaube, Hoffnung und mich selbst. Offen gestanden, ich sehe und bewundere Eure Opfer, aber eigentlich Liebe? Nein. –! Stetten ist mir die Hölle.« Welch ein Gefühl der Einsamkeit, Isolation und Depression spricht aus diesen Zeilen! In dem gleichen Brief macht Hesse seinen Eltern den Vorwurf: »Ihr seid ja meine Kerkermeister: Euch darf ich nichts klagen. Lebt wohl, lebt wohl, ich will allein sein, vor diesen Menschen graut mir. Sagt niemand, daß ich sterbensmüde, unglücklich bin! Laßt mich hier draufgehen, den tollen Hund, oder seid meine Eltern! Augenblicklich kann ich nicht Sohn sein, ich habe genug zu kämpfen, dem eigenen Unglück zu trotzen; nochmals, seid meine Eltern aber – warum nicht lieber mich schneller töten? Ich kann nicht mehr schreiben, ich müßte weinen und will doch tot und kalt sein. Adieu!«[1]

Die Sehnsucht nach der Mutter

Die Sehnsucht nach Geborgenheit und nach der Liebe der Mutter tönt in einem Gedicht an, das zwar einige Jahre später entstand, seinen Ursprung aber in den verzweifelten Wochen in der »Irrenanstalt« haben dürfte. Die leibliche Mutter, die sich in ihrer gläubigen Inbrunst mehr für die Mission und das Reich Gottes aufopfert, als ihrem Sohn zu geben, was er fürs Überleben brauchte, ist für Hesse in die Träume ausgewandert und lebt künftig in seiner Seele als ideales Mutterbild fort.

> »Und jede Nacht derselbe Traum.
> Ein Traum: du stehest fern und still,
> Es schlägt mein Herz beklommen –
> O Mutter, Mutter, kannst du nicht
> Zu mir herüberkommen?
>
> Und jede Nacht derselbe Traum!
> Es schluchzt mein Herz beklommen –
> O Mutter, warum willst du nicht
> Zu mir herüberkommen?«[2]

---

[1] Lebenszeugnisse, S. 251
[2] Hermann Hesse, Gedichte, S. 183

Die Aufregung über den Sohn ist Marie Hesse, der Mutter, buchstäblich auf den Magen geschlagen, und sie erkrankt Anfang Oktober an »gastrischem Fieber«. Über den Zusammenhang zwischen dem Kummer über den »verlorenen Sohn« und der Erkrankung berichtet sie dem Vater Hermann Gundert: »Wenn nur Hermann zum Frieden mit Gott käme, dann schiene alles für ihn und uns leichter zu tragen. Daß ich krank geworden bin, ist mir nicht gerade verwunderlich. Ich sagte mehrmals zu Adele, wenn die Unruhe so groß war, es gehe über meine Kraft...«[1] Der Vater gibt ebenfalls Hermann die Schuld an der anhaltenden Erkrankung und schreibt seinem anderen Sohn am 3. Oktober 1892: »Eine gewichtige ärztliche Stimme sagt uns, er (Hermann) leide an primärer Verrücktheit und da ist sehr wenig Aussicht auf Heilung, wir können nichts tun als ihn dem Herrn befehlen, daß er ihn unter seine Langmut und Geduld nehme und die Sache hinausführe zu seiner Ehre. Sieht man freilich, wie die Eltern mitgenommen sind, so überfällt einen das innigste Mitleid.«[2] Das Mitgefühl des Großvaters ist offensichtlich nur bei der leidenden Tochter und nicht bei dem Enkel. Wie ein Spuk geistert die Diagnose, daß Hermann an einer »primären Verrücktheit« erkrankt sei, durch die Verwandtschaft. Doch wer oder was ihn verrückt mache, diese Frage wird nicht einmal gestellt. Statt dessen wird mit frommen Worten alles Gott anheimgestellt. Gerade dieser Großvater, der Hesse in der Kindheit besonders stark beeindruckte, scheint vergessen zu haben, daß sich in seiner Jugend seine Eltern auch große Sorgen um sein Seelenheil und seine Glaubenszweifel gemacht haben. Der Zwiespalt zwischen Glauben und Denken erfüllte den jungen Gundert eine Zeitlang so stark, daß er sich oft dem Wahnsinn nahe fühlte. So ist es verwunderlich, daß der bald Achtzigjährige keinen kundigeren Blick für die Schwierigkeiten des Enkels hatte.

Bevor ich auf die konfliktreichen Beziehungen zwischen Hesse und seinem Vater eingehe, möchte ich den »Mutterkomplex« des Sohnes abschließend durch einige autobiographische Aussagen aus »Eine Traumfolge« verdeutlichen. Darin heißt

---

[1] Lebenszeugnisse, S. 277
[2] Lebenszeugnisse, S. 277

es: »Mutter! rief ich – aber es gab keinen Ton . . . Es klang nicht.
Es war Glas zwischen ihr und mir.«[1] Mit diesem Bild der Glas-
wand ist nach tiefenpsychologischem Verständnis die Isolation
und die Abkapselung einer narzißtisch-schizoiden Persönlichkeitsstruktur angezeigt. Die Folge ist eine narzißtische Selbstbezogenheit mit starken Zweifeln und Ambivalenzkonflikten. Es
wäre ein eigenes Thema, den fortwährenden Zwiespalt zwischen
Geistigem und Natürlichem, zwischen Sexus und Eros, zwischen Realität und Traumwelt aus dem gesamten Werk des
Dichters systematisch zu analysieren und aufzuweisen. Ein Stück
weit bemüht sich darum Edmund Gnefkow in seiner Hesse-
Biographie und kommt zu dem Schluß: »Die Fülle des Materi-
als über das Selbstverständnis Hesses und über die schizoiden
Gestalten seiner Werke läßt sich nicht erschöpfen. Es genügt zu
sehen, daß der Dichter durch seine Anlagen in extremem Maße
zu einem Leben in polaren Spannungen prädestiniert ist.«
    Der Ruf des heranwachsenden Dichters nach der Mutter hatte
keine Resonanz. Sie gab keinen Ton von sich. »Es klang nicht«,
wie es in der »Traumfolge« heißt. Was Hesse in der Realität
versagt blieb, wurde zu einer Stimme und Stimmung im seelischen Innenraum. In der Traumfolge (Entstehungszeit 1916) verdichtet er diesen Ruf nach der Mutter in den Worten: »Stimmen
tönen, und jede ist die Stimme der Mutter.« In den zahlreichen
Gedichten, Geschichten und Träumen des Dichters können wir
das Echo dieses Rufes nach der Mutter hören. Doch letztlich ist
es der Dichter selbst, der die gläserne Wand zwischen sich und
der Mutter, zwischen sich und der Welt errichtet. Während der
Lebensruf der sogenannten normalen Menschen verklingt, verstärken sich im isolierten Seelenraum des Dichters die Stimmen
und Stimmungen, die er in Worte kleidet. Leider verdichteten
sich die Stimmen im goldenen Käfig auch zu den nervenaufrei-
benden depressiven Verstimmungen, den häufig wiederkehrenden Kopfschmerzen und anderen seelisch bedingten Symptomen. Doch wer kann ermessen, ob der in den Krisenzeiten dem
Wahnsinn nahe Dichter in seinen Werken diese Botschaft hätte
überbringen können, wenn er sich mit dem »normalen« Leben
ohne diese tiefe Resonanz zufriedengegeben hätte?

---

[1] Lebenszeugnisse, S. 86

Schließlich sei noch ein Wort zu dem zwiespältigen Seelenleben des Vaters gesagt, das zu den Zwistigkeiten zwischen Sohn und Vater in den Krisenzeiten beitrug. So schreibt der fünfundvierzigjährige Vater Johannes Hesse an seinen Sohn nach Stetten am 23. 6. 1892: »Ich trage ja auch schwer am Leben wie Du und empfinde die tiefe Kluft zwischen Ideal und Wirklichkeit aufs schmerzlichste . . .« Warum aber, so fragen wir, gelang es dem leidenden Vater nicht, eine Brücke des Verstehens und der Annahme zu seinem schwierigen Sohn zu schlagen? Es ist zu vermuten, daß der Vater in seinem Sohn ein Spiegelbild seiner eigenen Schwierigkeiten sah und davor lieber die Augen verschloß.

Manche Reaktionen des Vaters auf die Schwierigkeiten, die ihm der Sohn bereitet, sind um so bedauerlicher, wenn wir aus dem Lebenslauf von Johannes Hesse erfahren, daß er selbst zwar als Sechzehnjähriger den Entschluß zum Studium der Theologie gefaßt hatte, in den folgenden zwei Jahren aber wieder davon abrückte. Welche Zweifel an sich selber und welche Glaubenszweifel mit der Aufhebung seines Entschlusses zum Theologiestudium verbunden waren, lassen sich unschwer erahnen. Später schreibt Johannes Hesse an die Basler Mission, um sich zum Missionar ausbilden zu lassen, und begründet diesen Entschluß so: »Mein Sehnen ging nach einer korporativen Gemeinschaft, in welcher mein Ich verschwinden würde – denn es war mir längst zu stark geworden. Ich sehnte mich nach einer Erziehung, die mich wieder mit mir selbst und dem Leben ins rechte Verhältnis setzen könnte. Ich sehnte mich nach einem großen, heiligen Zweck, in dessen Dienst mein Einzelleben untergehen würde; denn bis jetzt war ich mir Selbstzweck gewesen.«[1] Seinem Vater schreibt er: »Ich sehne mich nach einem Korporationsleben, überhaupt nach einem großen Ganzen, dem ich als dienendes Gied aus Überzeugung und Pflicht mich unterordnen kann, um zur Erreichung eines großen Zieles mitzuwirken, oder wenigstens mitzustreben. Eine solche Korporation scheint mir die Missionsgesellschaft . . .«[2] Später bekam Johannes Hesse Skrupel und Zweifel, ob sein

---

[1] Lebenszeugnisse, S. 549
[2] Lebenszeugnisse, S. 549

Entschluß wirklich aufrichtig war oder nicht vielmehr der persönlichen Charakterbildung und der religiös motivierten Selbstverwirklichung in einer »korporativen Gemeinschaft« wie der Basler Mission diente. Als er nach dreieinhalbjähriger Arbeit auf dem Missionsfeld in Indien aus gesundheitlichen Gründen von den Ärzten in die Heimat geschickt wird, weil er angeblich das Klima nicht ertrug, wird er als der sensible Mensch, als der er auf Bildern und in Lebenszeugnissen erscheint, dies als »Strafe Gottes« angesehen haben, eben weil sein Entschluß zum Missionar von Anfang an mit Zweifeln und Skrupeln durchsetzt war. Nur so ist es schließlich wohl auch zu verstehen, wenn der Vierundvierzigjährige dem Sohn Hermann nach dessen Ausbruchsversuch aus dem Kloster Maulbronn am 8. März 1892 schreibt:»Ferner hat uns wehe getan, daß Du voreilig schon meinst, Du werdest ja doch nicht Theologie studieren. Nimm's doch damit nicht leicht. Warte doch ab. Wenn Zweifel am christlichen Glauben Dir zusetzen, so laß nur das, was Du bezweifelst bei Seite, bis Du es bedarfst oder verstehst...«[1] Der kühne Eigensinn des Sohnes hatte eine unvernarbte Wunde des Vaters berührt. Tiefenpsychologisch betrachtet können wir sagen, daß der Sohn mit seiner Revolte gegen das Vermächtnis und den Wunsch der Eltern, Theologe zu werden, einen mit seelischer Energie geladenen Komplex anrührte. Ich nenne ihn »Gotteskomplex«, weil sein Kern und sein Inhalt das Gottesbild ist, dem sich die Eltern total unterordneten. Vater Hesse erhoffte sich von der Missionsarbeit, daß sein »Ich verschwinden« werde und er in einer mystisch anmutenden Korporation einer Missionsgesellschaft aufgehen könne. Doch dies blieb ein frommer Wunsch, der durch das Heimgeschicktwerden vom Missionsfeld eine abrupte Desillusionierung erfuhr. Auch wenn Johannes Hesse ab 1873 als Gehilfe zu Dr. Gundert nach Calw kam, dort ein Jahr später dessen verwitwete Tochter Marie Isenberg heiratete und sich mit dem Schwiegervater durch die gemeinsame Liebe zu Indien verbunden fühlte, blieb er einsam, führte einen bewunderswerten Glaubenskampf und wurde zunehmend ein Leidender. Daher schreibt Hermann Hesse an seine Schwester Adele aus

---

[1] Lebenszeugnisse, S. 185

Montagnola am 2. 7. 1919 über das heroische Leiden des Vaters: »Ich hätte viel zu sagen, das meiste freilich ist schwer auszusprechen, auch über unsern Vater und sein Leiden und seinen lieben braven Heroismus, mit dem er dagegen kämpfte, obwohl ich überzeugt bin, daß er's auf dem falschen Wege tut.« Ähnlich äußert sich Hesse in der 1923 verfaßten »Kindheit des Zauberers« zu der Einsamkeit des leidenden Vaters. Nachdem die magisch anmutende und geheimnisvolle Welt von Großvater Gundert in schillernden Farben gemalt wurde, sagt Hesse vom Vater: »Anders war mein Vater. Er stand allein. Weder der Welt des Götzen und des Großvaters gehörte er an, noch dem Alltag der Stadt, abseits stand er, einsam, ein Leidender und Suchender, gelehrt und gütig, ohne Falsch und voll von Eifer im Dienst der Wahrheit, aber weit weg von jenem Lächeln, edel und zart, aber klar, ohne jenes Geheimnis. Nie verließ ihn die Güte, nie die Klugheit, aber niemals verschwand er in diese Zauberwolke des Großväterlichen, nie verlor sich sein Gesicht in diese Kindlichkeit und Göttlichkeit, dessen Spiel oft wie Trauer, oft wie feiner Spott, oft wie stumm in sich versunkene Göttermaske aussah.«[1]

Vaterbild und Gottesbild

Während Hermann Hesse die Wandlung des väterlichen Gesichtes und der Elternbilder ins Transpersonale ausschließt, vollzieht sich diese in den Träumen und Phantasien des Dichters.

Ein eindrucksvolles Beispiel für die Erhebung des Vaterbildes ins Überpersönliche ist der folgende sogenannte Singapur-Traum Hesses. Hierin spiegelt sich der Weg vom Protestantismus zur östlichen Religiosität, von der pietistischen Frömmigkeit zur seelischen Ganzheit wider.

»Ein Mann, der mir zur Seite lag, schien nicht zu schlafen. Sein Gesicht war mir unbekannt, ohne daß ich seinen Namen wußte. Er bewegte sich, stützte die Ellbogen auf, nahm eine goldene Brille ohne Ränder von den Augen und begann, sie

---

[1] Traumfährte, S. 55

mit einem weichen, flanellenen Tüchlein sorgfältig zu reinigen. Da erkannte ich ihn; es war mein Vater. ›Wohin fahren wir?‹ fragte ich schläfrig. Er putzte ohne aufzublicken an seiner Brille weiter und sagte ruhig: ›Wir fahren nach Asien.‹ Wir redeten Malayisch mit Englisch vermischt, und dieses Englisch erinnerte mich daran, daß meine Kindheit lange vorüber sei, denn damals besprachen meine Eltern ihre Geheimnisse alle englisch und ich verstand davon nichts.

›Wir fahren nach Asien‹, wiederholte mein Vater, und plötzlich wußte ich alles wieder. Jawohl, wir fuhren nach Asien, und Asien war nicht ein Weltteil, sondern ein ganz bestimmter, doch geheimnisvoller Ort, irgendwo zwischen Indien und China. – Freundlich sah mich mein Vater an und sagte: ›Ich lehre dich nicht, ich erinnere dich nur.‹ Und indem er es sagte, war er nicht mein Vater mehr, sein Gesicht lächelte eine Sekunde lang genau so, wie das Gesicht, mit welchen in den Träumen unser Führer, der Guru, zu lächeln pflegt, und im selben Augenblick erlosch das Lächeln, und das Gesicht war rund und still wie die Lotosblüte und glich genau dem goldenen Bildnis Buddhas, des Vollendeten, und wieder lächelte es, und es war das reife, schmerzliche Lächeln des Heilands. – ›Ich habe meinen Vater gesehen‹, rief ich laut, ›mein Vater ist auf dem Schiff.‹ Ein alter englischer Offizier sah mich aus hellblauen Augen glänzend an und sagte: ›Ihr Vater ist hier und ist dort, er ist in Ihnen und außer Ihnen, Ihr Vater ist überall.‹«

Das hier verwendete Bild der Reise hat die Seele des Dichters offensichtlich von dessen Ostasienreise entlehnt. Hesse reiste Anfang September des Jahres 1911 zusammen mit seinem Malerfreund Hans Sturzenegger nach Hinterindien. Nach der Fahrt durch das Mittelmeer und das Rote Meer war Ceylon die erste Reisestation. In einem Gedicht hält Hesse die farbige Pracht der ersten Landschaftseindrücke fest. Ein weiteres Reiseziel war die bedeutsame Hafenstadt Singapur. Von diesem Reiseziel her hat Hesse seinen Traum den Singapur-Traum genannt. Im Traumtext selber jedoch sagt der Vater nur: »Wir fahren nach Asien.« Es wird dann weiter im Traum kein konkretes Ziel genannt, sondern von einem geheimnisvollen Ort gesprochen, der irgendwo zwischen Indien und China liege. Alles, was Hesse von Kindheit an von seinem Vater und vor allem vom Großvater Gundert aus der östlichen Kultur und Religion gehört hatte, wollte er mit eigenen Augen sehen. Ähnlich wie der Vater in einer geheimnisvollen Beziehung zu der geistigen und religiösen Welt des Ostens stand, wollte auch der Sohn in diese eintreten. Während die äußere reale Reise nicht den märchenhaften Erwartungen des Dichters entsprach, reiste er um so mehr nach innen. Ein besonders eindrucksvoller Bericht von dieser inneren Reise ist Hesses Novelle »Siddharta«.

Indem wir uns wieder dem Traum zuwenden, sei zunächst vermerkt, daß es sich hier nicht um ein Traumprotokoll im strengen Sinne handelt, sondern dieser Text erweckt wie die meisten Träume Hesses den Eindruck einer dichterischen Bearbeitung und Gestaltung. Das zeigt sich in besonderer Weise in dem Ausspruch, der dem Vater in den Mund gelegt wird: »Ich lehre dich nicht, ich erinnere dich nur!« Dieser Ausspruch enthält eine zentrale Botschaft der östlichen Religiosität. Nicht die Lehre, auch nicht die christliche Lehre, sondern Erinnerung im Sinne von innerer Erfahrung ist ein neuer zentraler Begriff in Hesses Werk.

Das wichtigste Motiv im zweiten Teil des Traumes ist die Verklärung des Gesichtes des Vaters in das Angesicht des inneren Seelenführers, in das goldene Bildnis Buddhas, und schließlich in das reife, schmerzliche Lächeln des Heilandes. Wie so oft in Hesses Werken sich eine Wandlung in drei Phasen vollzieht oder mit drei verschiedenen Begriffen beschrieben wird, geschieht die Verklärung des Vaters in drei Stufen. Der Guru, Buddha und Christus sind in der Vision des Dichters drei Aspekte, die unlöslich miteinander verbunden sind. Während das Ich-Bewußtsein unterscheidet und trennt, kann eine ganzheitliche Schau die verschiedenen Aspekte zusammen sehen. Ich habe den Eindruck, daß Hesse die Erfahrungen seiner Asienreise als Folie benutzt, um die Reise nach innen zu beschreiben, die jeder Mensch im Prozeß seiner Individuation zu durchleben hat. So betrachtet, werden in diesem Traum persönliche Bilder ins Überpersönliche transponiert, um allgemein menschliche Erfahrungen für andere einsichtig zu machen. Die Väterlichkeit, die hier in einer ganzheitlichen Schau mit Hilfe verschiedener religiöser Symbole beschrieben wird, ist überall zu finden. Trefflich heißt es daher am Ende des

Traumes: »Ihr Vater ist hier und ist dort. Er ist in Ihnen und außer Ihnen, Ihr Vater ist überall.« So wie es für ein Kind in besonderen Situationen wichtig ist, daß der Vater da ist, so scheint jeder Mensch von der tiefen Sehnsucht beseelt zu sein, daß der himmlische Vater um uns sein möge.

Das Vaterbild hat nicht nur positive Aspekte, sondern auch negative, die uns das Fürchten lehren. Es gibt vielfältige Formen der Auseinandersetzung mit ihm. Wenn sie niedergehalten und verdrängt wird, können sich Zorn und Wut in den Träumen gelegentlich bis zum Mordanschlag auf den Vater oder einen anderen autoritären Menschen steigern. Ein Beispiel für eine derartige Phantasie ist ein Traum, den Hesse in seinem »Demian« schildert: »Der furchtbarste dieser Träume, aus dem ich halb wahnsinnig erwachte, enthielt einen Mordanfall auf meinen Vater. Kromer schliff ein Messer und gab es mir in die Hand, wir standen hinter den Bäumen einer Allee und lauerten auf jemand, ich wußte nicht auf wen; aber als jemand daherkam und Kromer mir durch einen Druck auf meinen Arm sagte, der sei es, den ich erstechen müsse, da war es mein Vater. Da erwachte ich.«

In dem Traum nimmt die in den früheren Jahren verdrängte Aggression Gestalt an. Doch es geht nicht nur um den leiblichen Vater, sondern zugleich um die protestantisch-pietistische Religiosität, die der Vater für den Sohn verkörperte. Diese einst so unerschütterlich feststehende Tradition war durch unzählige leidvolle Erfahrungen ins Wanken geraten. Die seelischen Erschütterungen des Dichters, die im Jahre 1916 einen Höhepunkt erreichten, wurden ausgelöst durch das Gemütsleiden der ersten Ehefrau, die gefährliche Erkrankung des jüngsten Kindes und nicht zuletzt durch den Tod des Vaters. Seit Jahren fühlte sich Hesse wie ein Ausgestoßener und faßte diese Erfahrung zu Beginn des Ersten Weltkrieges in dem Gedicht zusammen mit dem Titel »Der Ausgestoßene«:

»Jahre ohne Segen,
Sturm auf allen Wegen,
Nirgend Heimatland,
Irrweg nur und Fehle!
Schwer auf meiner Seele
Lastet Gottes Hand.«

So wie manche religiösen Menschen in ihren geheimen Phantasien ihre psychoneurotischen Schwierigkeiten als Folge der Sünde ansehen, so empfindet Hesse Gottes Hand schwer auf seiner Seele lasten. Doch das Annehmen und demütige Erleiden ist nur eine Seite der Erfahrung. Eine andere Möglichkeit ist die Auseinandersetzung und das Sich-Wehren. Hesse schildert in seinem kurz gefaßten Lebenslauf, wie ihm vor seiner Wandlung das Leiden als ein Schutzpanzer gegen die Anforderungen der Außenwelt diente. »Während ich mich mit meinen Leiden sehr allein fühlte, und, bis zum Beginn der Wandlung, mein Schicksal stündlich als ein unseliges empfand und verwünschte, diente eben mein Leiden, mein Besessensein durch Leiden mir als Schutz und Panzer gegen die Außenwelt.« Aus zahlreichen Selbstzeugnissen des Dichters habe ich den Eindruck gewonnen, daß Hesse in dieser Krisenzeit eine Wandlung erleidet von der pietistischen Konfession zur psychosomatischen Konversion. Damit soll gesagt werden, daß verdrängte Leidenschaften in körperlichen Leiden zum Ausdruck kommen können. Die Umwandlung von seelischen Schwierigkeiten in körperliche Leiden ist ein vielschichtiger Prozeß, der sich in allen Menschen vollzieht. Da nach meinen Beobachtungen die seelische Erlebniswelt von frommen Menschen in besonderer Weise verdrängt wird, ist bei ihnen die Übertragung von seelischen Schwierigkeiten in den körperlichen Bereich ein besonderes Problem. Nach meinem Eindruck hat auch Hesse die Disposition für die Konversion seiner Leidenschaften in körperliche Leiden von seiner Herkunftsfamilie »geerbt« und durch die pietistische Erziehung auferlegt bekommen. Die »zwei Welten«, die der Dichter bei den Eltern und Großeltern wahrgenommen hat, die spürbare Depression und gelegentliche Unzufriedenheit der Eltern, konnten auf Dauer nicht durch den Kampf des Glaubens besiegt werden.

Wie nach psychotherapeutischer Erfahrung die Kinder die verdeckten Schwierigkeiten und unbewußten Komplexe der Eltern zu Markte tragen, so schien es dem großen Sohn dieser frommen Herkunftsfamilie bestimmt zu sein, das Neurotische und vor allem den Gotteskomplex aufzudecken, zu analysieren und zu therapieren. Unzählige biographische Elemente im dichterischen Werk zeigen diese Analyse und die Schritte zur Selbstheilung.

Des Dichters Bibliotherapie

Damit beim Leser nicht der Eindruck entsteht, hier werde das Werk eines Dichters durch allzuvieles Psychologisieren mißverstanden, sei daran erinnert, daß Hesse ja selber seine Seelenzustände analysierte. In seinen Werken verdichtet Hesse seine therapeutischen Erfahrungen und leistet damit ein Stück Lebenshilfe und »Bibliotherapie« für Millionen, die sich keinen Psychotherapeuten leisten können. Einer der Gründe für den sogenannten Hesse-Boom der letzten Jahrzehnte ist nach dem Urteil von Bernhard Zeller der, daß der Poet »als eine Art Psychotherapeut begriffen wird, als Wegweiser gleichsam, der bei der Suche nach der richtigen Richtung die richtige Antwort weiß«.

Die existentiellen Krisen seines persönlichen Lebens und das Miterleiden der beiden schrecklichen Kriege haben ihn reif und weise werden lassen. Trotz der Kriege glaubte er an die Möglichkeit des Friedens, trotz der Erfahrung von Haß und Zerstörung mahnte er zur Liebe. So sagt Hesse anläßlich der Verleihung des Friedenspreises des Deutschen Buchhandels im Jahre 1955: »Sache des Dichters ist es ja nicht, sich irgendeiner aktuellen Wirklichkeit anzupassen und sie zu verherrlichen, sondern über sie hinweg die Möglichkeit des Schönen, der Liebe und des Friedens zu zeigen. Sie können niemals voll verwirklicht werden, diese Ideale, so wie ein Schiff auf stürmischer See nie den idealen Kurs einhalten kann. Es muß aber dennoch seinen Kurs nach den Sternen richten. Und wir müssen dennoch und trotz allem den Frieden wünschen und dem Frieden dienen, jeder auf seinem Wege und in seiner Umwelt.«

Obwohl er die menschliche Schwächen kannte und von persönlichen Leiden wußte, richtete er seinen Blick auf die Ideale. Er sah und kannte die Nöte der Menschen und zeigte darüber hinaus das »Not-wendige«. Wie ein Arzt die Krankheit behandelt und ein Psychotherapeut mit dem Patienten zusammen die Leiden der Seele trägt, so stellt für mich Hesses Werk eine Bibliotherapie dar. Damit ist hier gemeint, daß durch das Lesen, die Meditation und andere Beschäftigungen mit dem Text sich eine Hilfe für persönliche Fragen und Probleme erschließt. Ähnlich wie Menschen im Umgang mit den Psalmen oder biblischen Geschichten Trost und Wegweisung empfangen, ist dies auch durch Gedichte und Prosatexte Hesses möglich, da in sie grundlegende Erfahrungen eingewoben sind.

Aufbruch aus der Tradition

Wenn Hesse als Kind mit den Eltern spazierenging und wie diese auf dem Bürgersteig gehen sollte, zog es ihn auf die Straße. Mit seiner dichterischen Imagination beschreibt er diesen Sog auf die Straße durch ein kleines Männlein, das wie ein Kobold erscheint. Ihm muß er folgen. Mit diesen Bildern will Hesse ausdrücken, daß er nicht gewillt ist, den bürgerlichen Weg und den einengenden Glaubensweg der Eltern zu gehen, sondern daß er eine breitere Straße braucht. Ich vermute, daß in der Straße und dem Bürgersteig das in vielen pietistischen Familien vorhandene Bild vom »breiten und schmalen Weg« verborgen ist. Letzterer führt bergauf in die Seligkeit, und wenige sind es, die ihn gehen. Der breite Weg hat ein Gefälle nach unten. Auf ihm wandern die Massen ins Verderben.

Schon der Knabe Hermann hat aber Gefallen an diesem breiten Weg, der ihm mehr Erfahrung verspricht. Den vorgezeichneten Weg der christlichen Lehre und Erlösung hält er für sich und für viele Menschen unserer Zeit für fragwürdig. Trefflich kleidet der Dichter den Unterschied zwischen Lehre und Erfahrung in den Dialog zwischen Govinda und Siddhartha, indem es dort heißt: »Nicht im Reden, nicht im Denken sehe ich seine (Buddhas) Größe, nur im Tun, im Leben.« Das aus der Liebe heraus gelebte Leben wurde Hesse wesentlich. Seine Therapie bestand darin, sowohl sinnlich als auch sinnvoll zu leben. Man könnte auch sagen, daß Hesse ein ganzheitliches Leben vorschwebte. Obwohl in seiner christlich-pietistischen Umgebung recht viel von Glaubenserfahrung, Bekehrung und Heiligung die Rede war, bekennt er in seiner Schrift »Mein Glaube« (1931): »Ich habe während meiner ganzen christlichen Jugend von der Kirche keinerlei religiöse Erlebnisse gehabt. Die häuslichen, persönlichen Andachten und Gebete, die Lebensführung meiner Eltern, ihre königliche Armut, ihre offene Hand für das Elend, ihre Brüderlichkeit gegen die

Mitchristen, ihre Sorge um die Heiden, der ganze begeisterte Heroismus ihres Christenlebens empfing seine Speisung zwar aus der Bibellesung, nicht aber von der Kirche, und die sonntäglichen Gottesdienste, der Konfirmandenunterricht, die Kinderlehre brachten mir nichts an Erlebnis.

Im Vergleich nun mit diesem so eng eingeklemmten Christentum, mit diesen etwas süßlichen Versen, diesen meist so langweiligen Pfarrern und Predigten, war freilich die Welt der indischen Religion und Dichtung weit verlockender. Hier bedrängte mich keine Nähe, hier roch es weder nach nüchternen graugestrichenen Kanzeln noch nach pietistischen Bibelstunden, meine Phantasie hatte Raum, ich konnte die ersten Botschaften, die mich aus der indischen Welt erreichten, ohne Widerstände in mich einlassen, und sie haben lebenslang nachgewirkt.«

Die Verteidiger des traditionellen Glaubens werden hier zu Recht einwenden, daß sich in den letzten Jahrzehnten vieles zum Positiven gewendet hat. Es sind viele moderne Kirchenlieder entstanden, und die Predigten der meisten Pfarrer sind interessanter und lebensnaher geworden. Dennoch läßt sich die Glaubenserfahrung nicht allein durch Predigten und christliche Lehre vermitteln. Gottes Fingerzeige in den alltäglichen Erfahrungen zu erkennen, das scheint mir der Weg für Anfänger und Suchende zu sein. Obwohl Hesse sich gelegentlich kritisch zu veralteten und traditionellen Glaubensformen äußert, ist er letztlich ein gläubiger Mensch im Sinne eines ganzheitlichen Glaubens geblieben. Die folgenden Worte klingen wie ein Glaubensbekenntnis:

»Der Glaube, den ich meine, ist nicht leicht in Worte zu bringen. Man könnte ihn etwa so ausdrücken: Ich glaube, daß trotz des offensichtlichen Unsinns das Leben dennoch einen Sinn hat, ich ergebe mich darein, diesen letzten Sinn mit dem Verstand nicht erfassen zu können, bin aber bereit, ihm zu dienen, auch wenn ich mich dabei opfern muß. Die Stimme dieses Sinnes höre ich in mir selbst, in den Augenblicken, wo ich wirklich ganz lebendig und wach bin. Was in diesen Augenblicken das Leben von mir verlangt, will ich versuchen zu verwirklichen, auch wenn es gegen die üblichen Moden und Gesetze geht. Diesen Glauben kann man nicht befehlen und sich nicht zu ihm zwingen. Man kann ihn nur erleben.«

Die Entwicklung des religiösen Selbst

Bilder aus einer Traumserie

In der folgenden Fallschilderung geht es vor allem um die Entwicklung des religiösen Selbstbildes von Frau Kopf (ein Pseudonym, um die Anonymität der Analysandin zu wahren). Mit Hilfe einer Auswahl von Träumen mit religiöser Symbolik aus einer Serie von über 400 Träumen sollen die vier wichtigsten seelischen Entwicklungsphasen dieser Frau verdeutlicht werden:
- Die Geborgenheit in der Kirche
- Die Auseinandersetzung mit der Religiosität
- Das Gottesbild in den natürlichen Dingen
- Die Ganzwerdung der Patientin

Ich bin der Überzeugung, daß viele Menschen, die sich auf die Träume der Patientin und deren Erfahrung einlassen, persönliche Verstehenshilfen für die eigenen Träume empfangen und Wegweisungen finden für die Auseinandersetzung mit der eigenen religiösen Problematik. Für das Lesen und das Verständnis der folgenden Träume gebe ich die Empfehlung, sich wie beim Gang durch eine Gemäldegalerie zu verhalten. Wie der Besucher dort mit Hilfe eines Kataloges auf bestimmte Aspekte eines Kunstwerkes aufmerksam gemacht wird, so erfährt der Leser durch die knappen Ausführungen zu den Träumen lediglich eine Hervorhebung bestimmter Motive und Symbole. Eine differenzierte Deutung und eine analytische Interpretation würden den Rahmen dieses Buches sprengen. Es sollen hier nur einige Aspekte des seelischen Dramas verdeutlicht werden. Ich empfehle dem Leser darum, die Traumbilder wie Gemälde auf sich wirken zu lassen und auf die eigenen Einfälle und Einsichten zu achten.

Einleitend einige wenige Angaben aus der Lebensgeschichte der Analysandin. Sie berichtet: »Ich bin streng katholisch erzogen worden. Ich habe eine harte Mutter gehabt. Die Religion bestand aus Geboten und Verboten. Besonders streng wurde das sechste Gebot (Du sollst nicht ehebrechen) verstanden. Dadurch habe ich als Kind viele Schuldgefühle bekommen. Es wurde jeden Tag in unserer Familie gebetet. Die Bibel wurde nicht wie in evangelischen Familien gelesen. Das Morgen-, Tisch- und Abendgebt wurde gewissenhaft verrichtet.«

Die Analysandin wuchs zusammen mit drei Schwestern und einem Bruder in ihrer Familie auf. Sie ist die Älteste in der Schwesternreihe. Zu dem dann folgenden Bruder hatte die Analysandin eine innige Beziehung und liebte ihn sehr. Als Frau Kopf 22 Jahre alt war, kam der damals zwanzigjährige Bruder zum Militär. Erst jetzt bemerkte sie, wie sehr sie miteinander verbunden waren. Zu der zehn Jahre jüngeren Schwester bestand eine ganz andere Beziehung. Diese Schwester hat sie wie ein Kind aufgezogen und sehr an ihr gehangen.

Wiederholt betont die Patientin, daß sie als Kind bis zur Pubertät sehr fromm war: »Ich habe mich in der Kirche wohl gefühlt. Besonders einige katholische Pfarrer waren mir sehr sympathisch. Diese ersetzten mir, wie ich später gesehen habe, den Vater. Auch die Religionslehrer waren lieb und gütig, während der Vater seine Gefühle nicht zeigte. Die Mutter konnte keine Gefühle zeigen. Sie war energisch, tatkräftig und der ›Herr‹ im Haus. Dennoch habe ich mich mit ihr identifiziert. Sie hatte eine Energie, die mir fehlte.«

Da Frau Kopf in der Schule gut war, waren die Eltern mit ihr ganz zufrieden, im Gegensatz zum Bruder. Von diesem wird berichtet: »Meinem Bruder fiel das Lernen in der Schule schwer. Der Vater wollte ihn zum Akademiker machen. Diesen Wunsch konnte der Bruder nicht erfüllen. Als Bankdirektor nahm ihn der Vater zu sich in die Banklehre. Wenn der Bruder seine eigenen Wünsche und Pläne hätte durchsetzen können, wäre er gern Schreiner geworden.«

Die Analysandin hat sich bei ihrer Berufswahl entschieden, Lehrerin zu werden. In der späteren Berufstätigkeit als Gymnasialrätin hat Frau Kopf sich wohl gefühlt. Der Bruder dagegen hat ihr wegen der verfehlten Berufswahl leid getan. Auf dieses Mitleid gründet die Patientin ihre besondere Zuneigung und Verbundenheit mit dem Bruder in den späteren Lebensjahren.

Rückblickend beurteilt Frau Kopf ihre katholische Erziehung als körperfeindlich und geschlechtsfeindlich. Besonders im Hinblick auf kindliche sexuelle Spielereien kam es zu intensiven Schuldgefühlen. Obgleich sie sich selten an diesen Spielereien aktiv beteiligte, fühlte sie sich oft genötigt, deswegen zur Beichte zu gehen. Wenn der Beichtvater dann sagte, daß dies nur kindliche Neugier sei und keine Sünde gegen das sechste Gebot, dann war sie mit dieser seelsorgerlichen Entlastung gar nicht zufrieden. »Diese geistliche Aussage war mir zu oberflächlich.«

Aus der Pubertätszeit wird folgende Erfahrung berichtet: Als sich die Brüste des Mädchens entwickelt hatten und sie sie anschaute, empfand sie das als Sünde und mußte es beichten. Der Priester ließ diese Erfahrung als Sünde gelten und klärte die Analysandin nicht auf. Frau Kopf: »Ich habe die Natur unterdrückt. Ich habe dem Priester in der Beichte meinen verzweifelten Kampf gegen die erwachende Natur in mir anvertraut und keine Aufklärung und keinen seelsorgerlichen Rat erhalten. Einmal im Monat habe ich gebeichtet. Es wurden stets alle Gebote durchgegangen. Ich hatte stets das Gefühl, alle schweren Sünden begangen zu haben. Dazu kamen jetzt die Angst und Seelenqual: Wer in einer schweren Stunde stirbt, kommt nicht in den Himmel. Vor dieser Verdammnis hatte ich große Angst. Der Beichtvater klärte mich damals darüber nicht auf.«

Während der Studienzeit und im Ausbildungsseminar ist die Analysandin eine Außenseiterin gewesen und hat kaum über ihre inneren Probleme mit anderen sprechen können. Sie hielt sich für einen introvertierten Menschen und lebte daher zurückgezogen. Während die Kommilitonen(-innen) zum Tanzen gingen, stand sie in der Regel abseits. Sie hätte selbst auch gerne getanzt. Über persönliche Lebensschwierigkeiten wurde damals nicht gesprochen. Besonders die Sexualität war tabu. Wörtlich sagt die Patientin, daß sie sich als »Neutrum« gefühlt habe. Rückblickend betrachtet Frau Kopf diese Haltung als einen Schutz, sich nicht mit der Triebseite in sich selber auseinandersetzen zu müssen. Damals erlebte sie es so, daß sie durch das Geschlechtliche gar nicht angefochten wurde. Als Frau Kopf mit 23 Jahren ihren ersten Freund kennenlernte, bestand diese

Beziehung in einer »platonischen Liebe«. Ein Verlangen nach körperlicher Intimität sei niemals aufgekommen. Die Freundschaft ging dadurch auseinander, daß dieser Freund sich von einem anderen Mädchen verführen ließ. Die später folgenden Bekanntschaften und Beziehungen zu Männern sind von seiten der Analysandin stets als ideale und platonische Freundschaften erlebt worden. Erst durch die Analyse in der zweiten Lebenshälfte wurde ihre weibliche Seite mit den Instinkten und Trieben geweckt.

Die Motivation für eine psychotherapeutische Analyse bekam Frau Kopf durch folgende Erlebnisse: Gegen Ende des vierten Lebensjahrzehnts hatte sie sehr viele intensive Träume, die sie nach eigenen Aussagen »unheimlich bewegten«. Da die inneren Vorgänge ihr auch zunehmend den Schlaf raubten, erhielt sie von einem Berater den seelsorgerlichen Rat, sich in analytische Behandlung zu begeben. In ihrer mehrjährigen intensiven analytischen Arbeit wurden über 400 Träume besprochen. Während in der Zeit vor Analysebeginn die vielen Träume als ein »wüstes Durcheinander« empfunden wurden, kam während der Analyse zunehmend Ordnung und Struktur in die Traumerfahrung. Die meisten Träume stellen eine Kompensation des »ungelebten Lebens« dar.

Die Geborgenheit in der Kirche

Viele Christen suchen im Glauben und in der Kirche vor allem Geborgenheit. Diese Geborgenheit hat positive und negative Seiten, von denen einige genannt werden sollen. In der Gemeinschaft der Gläubigen aufgehoben zu sein stärkt das Gefühl der persönlichen Identität. Glaubende Menschen können sich in der Kirche wie zu Hause fühlen. Besonders können Menschen, die als Kinder kein Urvertrauen in der Familie erfahren haben, in der Familie Gottes davon etwas nacherleben. Die Kirche kann dann zu einem Schutzraum werden, in dem die Schwierigkeiten des Lebens besser gemeistert werden.

Bei unserer Analysandin dagegen war die Kirche eher zu einem »Gefängnis« geworden, in dem die persönliche Entwicklung behindert wurde. Diese Erfahrung spiegelt sich in dem folgenden Traum wider:

»Ich befinde mich in einem roten Kleid in einer leeren Kirche. Die zwei Beichtstühle sind mit jungen Geistlichen besetzt. Ich habe das Bedürfnis zu beichten. Um mein Gewissen zu erforschen, gehe ich im Gang der Kirche auf und ab. Als ich an die Rückseite der Kirche komme und aus dem großen Fenster blicke, sehe ich draußen einen überfluteten Garten, der wie ein See erscheint. Darin ist ein Apfelbaum emporgewachsen. Ich erinnere mich, daß er früher schön blühte. Jetzt hat er wenigstens noch Blätter, ist aber alt und knorrig geworden. Schließlich bin ich wieder am Beichtstuhl. Ich muß wohl gebeichtet haben und sage als Schlußsatz, so wie ich es gelernt hatte: ›Das sind meine Sünden, Gott sei mir Sünder gnädig!‹ Aber bei mir selber denke ich: Das ist nicht die ganze Wahrheit, denn die wirklichen Sünden kommen in der Beichte überhaupt nicht zur Sprache, es sind die Versäumnisse des gelebten Lebens.«

Die Träumerin berichtet, daß für sie als Katholikin die Beichte immer eine sehr wichtige Bedeutung gehabt hat. Die Erforschung des Gewissens hat sie oft umgetrieben. Dies spiegelt sich auch in dem Traummotiv wider, daß die Analysandin im Gang der Kirche auf und ab geht, um ihr Gewissen zu erforschen. Bei der strengen Beichtpraxis mit der aufwühlenden Gewissenserforschung habe sie sich oft nach einer anderen Lösung gesehnt. Dieser Wunsch erscheint im Bilde des großen Fensters an der Rückseite der Kirche. Der Garten erinnert die Träumerin an die Kindheit, als sie gerne in den Garten hinauslief. Doch von dem natürlichen Leben in der Welt habe sie sich im Verlaufe ihres Lebens mehr und mehr zurückgezogen in das Glaubensleben und ihre Geborgenheit in der Kirche gesucht. In den letzten Jahren hat Frau Kopf sich aber mit ihrer Religiosität zunehmend kritisch auseinandergesetzt. Was sie zuinnerst zum Zeitpunkt des Traumes über die Beichte denkt, erfahren wir am Ende des Traumes: Die wirklichen Sünden seien die Versäumnisse des gelebten Lebens. Damit sollte gesagt werden, daß die ungelebten Lebensmöglichkeiten, alles, was aus einem falschen Glaubensverständnis heraus nicht zu leben gewagt wurde, jetzt als Versäumnis empfunden wird.

Im Bild des roten Kleides zeigt der Traum, daß die Patientin mit großer Leidenschaft ihr Glaubensleben in der Kirche lebt. Rot ist die Farbe des Blutes, der Leidenschaft und des Lebens schlechthin. Doch diese Impulse wagte die Analysandin außerhalb der Kirche nicht zu leben. Die Tragik im derzeitigen Leben der Träumerin bestand darin, daß ihre Kirchlichkeit leer geworden war, wie es im Traum heißt. In einer leeren Kirche ist niemand, der das rote Kleid einer Frau sehen und bewundern kann. Es ist ein traurig stimmendes Bild der Einsamkeit und Isolation. Einen weiteren tragischen Aspekt spiegelt der Traum in dem alten und knorrigen Apfelbaum. So erscheint mir zum Zeitpunkt des Traumes das Leben der Analysandin. Aus ihrer Kindheit und Jugendzeit hatte ich erfahren, daß es einst ein blühendes Leben war, wie der Apfelbaum im Traum. Diesen Apfelbaum, der außerhalb der Kirche im Garten wächst, sehe ich als Sinnbild des ungelebten Lebens, von dem am Ende des Traumes die Rede ist. Bereits in diesen Bildern des Traumes sehen wir das Problem, daß eine zu enge kirchliche Bindung nicht nur die ersehnte Geborgenheit vermittelt, sondern daß man durch die Kirche auch dem natürlichen Leben und dem seelischen Erleben entfremdet werden kann. Die sogenannte Geborgenheit im Glauben kann auch vom Leben abhalten. Eine weitere religiöse Problematik spiegelt sich im folgenden Traum vom Kloster!

»Von einer Wanderung komme ich zurück ins Kloster zu einer Tante, die dort Klosterfrau ist und mich erwartet. Ich muß sie zum Empfang küssen, was ich jedoch höchst ungern tue. Ich spüre, wie auffallend dünn ihre Unterlippe ist. Was die Klosterfrau außer dem Kuß von mir verlangt, versetzt mich in Schrecken. Ich soll ihr bei der Messe ministrieren. Ich kann die Gebete nicht und weise darauf hin, daß die langen Gebete doch in keinem Buch stehen. Ich möchte mich davor drücken. Während ich voll Unbehagen in mein Zimmer gehe, überlege ich: Ich könnte die Gebete einfach murmeln. Es zeichnet sich eine Rettung ab.«

Zu der Klosterfrau hat die Analysandin keine Einfälle. Es gibt auch keine Tante der Patientin, die Klosterfrau ist. Doch im Verlauf der Analyse vermag die Patientin einzusehen, daß ihr kirchliches Leben einem Klosterleben gleicht. Es erschreckt sie, sich selber in diesem Bild wiederzuerkennen. Die dünne Unterlippe ist ein Bild für die unentwickelte Gefühls- und Triebseite der Träumerin, die weitgehend verdrängt wurde.

Die Patientin hat nicht nur Schwierigkeiten im Gefühlsbereich, sondern auch im geistig-religiösen Bereich. Das zeigt der zweite Teil des Traumes. Sie soll bei der Messe ministrieren und kennt die Gebete nicht. Die Rettung, die sich im Traum abzeichnet, ist, die Gebete zu murmeln. Hier zeigt sich, daß die Lippen, die nicht küssen mögen, im Traum auch nicht beten können. Für mich verdichtet sich in diesem Traumbild die Erfahrung, die ich bei zahlreichen ekklesiogenen Neurosen gemacht habe, daß eine Störung im natürlichen Leben auch das Glaubensleben beeinträchtigt.

Ein weiteres Problem ist die ungelöste Elternbindung. Sie spiegelt sich in folgendem Traum:

»Mit meinem Vater knie ich dicht am Altar unserer Heimatkirche. Während die Gemeinde jenseits der Kommunionschranke im Kirchenschiff sitzt, sind wir diesseits nahe am Altar. Der Priester hebt soeben den Kelch der Wandlung in die Höhe. Es herrscht eine tiefe Anteilnahme. Ich habe meinen Puppenwagen abseits an die Wand gestellt.«

Die Träumerin erinnert sich gern an ihren Puppenwagen. Doch häufig wurde das Spiel mit den Puppen dadurch unterbrochen, daß sie mit dem Vater in die Kirche gehen mußte. Trefflich drückt dies der Traum in dem Bild aus, daß der Puppenwagen an die Wand gestellt wurde. Das sinnvolle kindliche Spiel wurde durch den Zwang zum Kirchgang beiseite geschoben. Im Verlauf der Jahre wurde der Kirchgang nicht mehr als Störung des kindlichen Spiels empfunden, sondern vermittelte ein Gefühl der Auserwähltheit. Im Glauben und in der Kirche war die Patientin etwas Besonderes. Dieses Glaubensbewußtsein spiegelt sich im Traum in dem Bild, daß sie mit ihrem Vater nahe am Altar kniet, während die Gemeinde jenseits der Kommunionschranke im Kirchenschiff sitzt. Während nach biblischem Verständnis vor Gott alle Menschen gleich sind, werden in dem gestörten Seelenleben der Christen häufig Schranken aufgerichtet.

Die Patientin erinnert sich gern an jene Zeit, als sie neben dem Vater in der Kirche kniete. In der Nähe des Altars, wie in unserem Traumbild, konnte sie sich ihrem Vater nahe fühlen. Bei den knappen Angaben zum Lebenslauf wurde gesagt, daß die Mutter der Patientin als gefühlsarm erlebt wurde und der

Vater ein »Bücherwurm« mit vielen geistigen Interessen war. Im Familienleben gab es daher wenig Raum für Gefühlserlebnisse. Doch in der Kirche erlebte Frau Kopf, insbesondere bei der Messe, oft starke religiöse Gefühle. Wenn der Priester, wie im Traum, den Kelch bei der Wandlung in die Höhe hob, erlebte sie eine tiefe Anteilnahme. In solchen Augenblicken der Erhebung konnte sie sich sowohl ihrem Vater als auch dem himmlischen Vater nahe fühlen. Die Gefühlsarmut im Elternhaus wurde im Gotteshaus, insbesondere in der Messe, kompensiert. In den Augenblicken der Wandlung wandelte sich für kurze Zeit auch die Beziehung zum Vater. Die zu Gott erhobenen Herzen waren für kurze Zeit auch offen füreinander.

Die positiven Glaubenserfahrungen haben jedoch eine Kehrseite. Zum einen wurde die übliche Verquickung von Elternbildern und Gottesbild im Falle von Frau Kopf noch verstärkt. So wie der Vater als »Bücherwurm« geschildert wurde, gründete sich auch die Gotteserfahrung vor allem auf das, was man aus der Bibel und theologischen Büchern erfuhr. Durch die erhebenden Augenblicke bei der Wandlung entwickelte sich bei der Analysandin schließlich noch eine mysteriöse Verbindung zwischen dem Vater und dem Priester. Dieser war es doch, der die Wandlung herbeiführte und damit im seelischen Erlebnisbereich das Herz für den Vater aufschloß und sogar einen Zugang zum himmlischen Vater ermöglichte. Daher entwickkelte sich eine weitgehend unbewußt verlaufende Vaterübertragung auf verschiedene Priester. Aus den seelsorgerlichen und geistlichen Beziehungen zu Priestern entstanden daher manche freundschaftlichen Kontakte. Die verschiedenen Aspekte dieses Priesterbildes zeigt der folgende Traum:

»Ich sehe am Altar zwei tanzende Priester, die wie Derwische aussehen. Besonders die bunten Schuhe fielen mir auf.

In einem anderen Traum bin ich selber in einem gelben Priestergewand die Altarstufen hinaufgestiegen und habe ein Sakrileg begangen und den Tabernakel ausgeräumt.«

Die Analysandin berichtet, wie sie durch die Beichtpraxis und vor allem durch eine lebenslange platonische Freundschaft mit einem Priester stark mit der priesterlichen Welt identifiziert ist. Die tanzenden Priester, die wie Derwische aussehen, vermitteln der Träumerin das Gefühl einer besonderen Lebendigkeit. Sie selber tanzte gerne und erlebte dadurch ein Stück Freiheit und Lebendigkeit. Das Traummotiv bringt zum Ausdruck, daß die Analysandin ihre weibliche Gefühlsseite durch die starke Identifikation mit Priestern und mit dem religiösen Bereich ein Stück weit leben konnte. Sie übertrug dabei auch ihre erotischen und sexuellen Phantasien auf die Priester, die ihrerseits aufgrund des Zölibats zumindest unbewußt etwas von der sublimierten Sexualität auf die häufig »sexuelle Sünden« beichtende Analysandin ausstrahlten. Diese Deutung wird durch das Traummotiv von den bunten Schuhen der Priester gestützt, die der Träumerin besonders lebendig in Erinnerung geblieben sind. Aus zahlreichen Märchen und Träumen ist bekannt, daß Schuhe oft ein Eros- und Sexualsymbol sind. Während die Hände im allgemeinen als bewußte Kontaktorgane fungieren, zeigen Träume von Füßen oder Schuhen die heimliche und unbewußte Beziehung zu den geträumten Personen. Der Traum bringt also zum Ausdruck, daß die Patientin durch ihre seelsorgerlichen Beziehungen zu Priestern auch ihre verdrängten seelischen Bedürfnisse und erotischen Phantasien erleben kann.

Der zweite Traum, den Frau Kopf in engstem Zusammenhang mit dem ersten Traum sieht, gibt einen Einblick, wie stark die Träumerin sich mit dem Priester identifiziert. In diesem Traum trägt sie selber ein Priestergewand und steigt die Altarstufen hinauf. Im Traum verrichtet sie jetzt keinen priesterlichen Dienst am Altar, sondern begeht ein Sakrileg, indem sie den Tabernakel ausräumt. Die Analysandin ist erschüttert, wozu sie im Traume fähig ist. In ihrem bewußten Glaubensleben würde sie es sich niemals gestatten, sich an dem Heiligtum zu vergehen. Doch der Traum zeigt die unbewußten Tendenzen und Absichten in der Seele eines Menschen, der zeitlebens durch seine kirchliche Bindung in seinen sonstigen Erlebensmöglichkeiten beeinträchtigt wurde. Das Erschrecken über die Handlungsweise im Traum führte bei der Patientin zu einer bewußten Auseinandersetzung mit ihren Beziehungen zu Priestern. Auch die Identifikation mit ihnen, die im Traum dadurch zum Ausdruck kommt, daß sie selber im Priestergewand die Altarstufen hinaufsteigt, konnte im Verlaufe der Zeit verändert werden. Die kritische Auseinandersetzung mit der Religiosität, die in diesem Traum recht dramatisch und ungesteuert zum Durchbruch kommt, vollzog sich in den folgenden Träumen und der damit verbundenen seelischen Entwicklung in annehmbarerer Weise.

Die Auseinandersetzung mit der Religiosität

Die Auseinandersetzung mit der katholischen Beichtpraxis klang bereits in einem Traum des vorigen Kapitels an. Es hieß dort, daß die wahren Sünden in der Beichte kaum zur Sprache kommen. Die Kritik der Patientin erstreckt sich auch auf die Verweigerung der Kommunion, wie es in den folgenden beiden Träumen zum Ausdruck kommt.

»Mit Freunden befinde ich mich auf einer Kirchenempore. Dann knie ich allein auf dem Boden nahe am Altar. Eben führt der Priester die große Hostie zum Mund und zerkaut sie. An seinem Gesichtsausdruck stört mich etwas. Ein kleiner, dunkellockiger Ministrant tritt zu mir und fragt: ›Wollen Sie kommunizieren?‹ Ich antworte: ›Nein!‹«

Dieser Traum fällt in eine Zeit, als Frau Kopf nicht mehr zur Kommunion geht. Sie erinnert sich genau, daß sie das Nein im Traum zu dem jungen Ministranten sehr energisch gesagt hat. Diesen Ministranten verstehen wir im Verlaufe des weiteren Gesprächs als Stimme des sogenannten Kind-Ich in der Seele der Träumerin. Während das kritische Erwachsenen-Ich nein sagt zu dem Angebot der Kommunion, gibt es aber auch eine andere Tendenz in der Träumerin, die nach der Kommunion fragt. Die Patientin erinnert sich in diesem Zusammenhang an einen anderen Traum, in dem sich das Nein zur Kommunion bis zu einer gewissen atheistischen Einstellung steigerte.

»Ich knie in einer Kirchenbank, und in einiger Entfernung von mir kniet ein Jugendfreund, mit dem ich jetzt noch verbunden bin. Er ist jetzt Atheist. Wir wohnen einer Messe bei. Ein junger Priester teilt das Weihwasser aus. Als er an uns beiden vorüberkommt, fragt er: ›Sind Sie auch hungrig nach der Kommunion?‹ Ich sage: ›Nein!‹«

Gern erinnert sich Frau Kopf an diesen Jugendfreund. Sie hatte ihn mit 23 Jahren kennengelernt. Es wurde bereits erwähnt, daß diese freundschaftliche Beziehung aus einer »platonischen Liebe« bestand. Ein Verlangen nach Zärtlichkeit und körperlicher Intimität sei damals niemals in ihr lebendig geworden. Die Freundschaft ging dann dadurch auseinander, daß dieser Freund sich von einem anderen Mädchen »verführen« ließ. In der Person des Jugendfreundes stellt die Seele der Träumerin die unbewußte Neigung zu einem gewissen Atheismus dar. In ihrer bewußten religiösen Einstellung dagegen ist die Patientin nicht atheistisch. Ich habe bei katholischen Frauen wiederholt beobachten können, daß der sogenannte kritische Animus einer Frau die kindliche Gläubigkeit recht stark in eine atheistische Einstellung verkehren kann. Man könnte verallgemeinernd sagen: Je strenger die religiöse Erziehung war und je einengender die kirchlichen Bindungen sind, um so drastischer äußert sich die Seele in kritischen Phasen. Durch die kritische Auseinandersetzung mit der Religiosität kommt es in der Regel zu mehr persönlicher Freiheit. Eine gewisse innerseelische Auflockerung zeigt sich in dem folgenden Taum, der nicht mehr im Kirchenraum spielt, sondern im Wirtshaussaal:

»Es findet eine Podiumsdiskussion im Wirtshaussaal statt. Ich sitze mit einigen Pfarrern auf dem Podium, das wie eine große, nach vorne offene Kanzel gestaltet ist. Ein Pfarrer, der in der Wirtsstube sitzt, streckt den Kopf zu uns herauf und fragt: ›Wie ist da oben die Temperatur?‹ Ich sage: ›Luftig!‹ Dann steige ich zu ihm hinunter. In der kaum besetzten Wirtsstube ist es heiß. Ich komme mit dem Pfarrer ins Gespräch. Ich sage ihm zornig und mit den Fäusten gestikulierend: ›Die Kirche unterdrückt die Natur. Nur da, wo die Kirche sie notwendig braucht, läßt sie sie leben, bei der Geburtenfrage.‹«

Zu dem Wirtshaus fallen der Träumerin positive Erlebnisse aus der Kindheit ein. Gerne ist sie mit den Eltern gewandert und dann in einem Wirtshaus zum Essen eingekehrt. Das waren noch glückliche Zeiten. Später ist sie gelegentlich mit Kolleginnen aus der Schule ins Restaurant gegangen und hat sich dort ebenfalls wohl gefühlt. Die Analysandin empfindet es als positiv, daß es bei ihrer Auseinandersetzung mit der Kirche zu einem Ortswechsel gekommen ist und sie in einem Wirthaus mit dem Geistlichen ins Gespräch kommt. Frau Kopf betrachtet es ferner als hilfreich, daß sich ihre bewußte Auseinandersetzung mit der religiösen Problematik auch bis in die Träume hinein fortsetzt und damit religiöse Prägungen in der Seele verändert werden. Mit dem zornigen Vorwurf gegen den Geistlichen bringt die Analysandin ihre Enttäuschung zum Ausdruck, daß sie ihr natürliches Leben nie zur Entfaltung hat bringen können, sondern von der religiösen Erziehung stark unterdrückt wurde. Kritisch fragt die Patientin, wie sich das mit dem katholischen Grundsatz vereinen lasse: Die Gnade setzt die Natur voraus. Zunehmend ist der Analysandin in ihrem persönlichen Leben deutlich geworden, daß die Kirche die Natur unterdrückt. Es erscheint ihr fragwürdig, die Natur nur bei der Geburtenfrage zum Zuge kommen zu lassen. Wenn das natürliche Leben unterdrückt wird, kann sich das religiöse Erleben nicht entfalten. Ein Beispiel für die Störung im Gebetsleben ist der folgende Traum, der zugleich mit dem Symbol des Palastes Davids einen neuen religiösen Erlebnisraum eröffnet.

»Ich bin bei einem Gottesdienst in der Kirche. Neben mir sitzt ein Kleriker. Weinend sage ich zu ihm: ›In der Öffentlichkeit kann ich nicht mit ausgebreiteten Armen beten.‹ Er führt mich aus der Kirche in eine Klosteranlage. Unterwegs wird sein Gesicht streng. Ich sage zu ihm: ›Wenn Sie schimpfen, ist alles verloren!‹ Eine Begleiterin, die bei mir ist, fragt argwöhnisch den Geistlichen: ›Wohin führen Sie uns?‹ Er sagt nichts. Ich aber weiß es: in den Palast Davids.«

Der Träumerin fallen zu der Gestik der ausgebreiteten Arme beim Beten die ausgestreckten Arme Christi am Kreuz ein, mit denen er in seiner Qual die Welt erlöst und umarmt. Der Ausspruch zu dem Geistlichen wird so verstanden, daß die Analysandin im öffentlichen Gottesdienst nicht mehr beten kann. Die für diese kritische Haltung vom Kleriker erwartete Zurechtweisung kann mit der Aussage abgewehrt werden: »Wenn Sie schimpfen, ist alles aus!« Frau Kopf meint damit, daß sie nicht mehr durch Kirchenzucht oder Strenge in die Kirche zurückgeführt werden kann. Subjektstufig betrachtet erscheint in dem strengen Gesicht des Geistlichen das verinnerlichte kirchliche Gewissen und moralisierende Über-Ich, das jedoch nicht mehr maßgeblich in die Entscheidungen dreinreden kann. Das Ich-Bewußtsein der Analysandin ist inzwischen derart erstarkt, daß sie selber die Redende und die Wissende ist. Die Träumerin weiß, daß ihr Weg von der Kirche durch das Kloster in den Palast Davids führt.

An der Gestalt Davids ist Frau Kopf zeit ihres Lebens dessen Ambivalenz eindrucksvoll gewesen. Einerseits war er der fromme Psalmensänger, und andererseits verhielt er sich in der Liebesaffäre mit Bathseba recht lasterhaft. Obwohl er in diesem erotisch-sexuellen Bereich gerade nicht tugendhaft war, dichtete er dennoch ergreifende Psalmen, mit denen auch die Analysandin ihren Lobpreis vor Gott nicht mehr im öffentlichen Gottesdienst, sondern in ihrem »Kämmerlein« darbringt. Die Gestalt Davids wird für die Analysandin zu einem Symbol, das in sich die gegensätzlichen Seiten vereint. Für die Träumerin ist nicht mehr die Kirche der Ort ihrer Sammlung, sondern der Palast Davids. Es ist jener profane und königliche Ort, an dem zugleich geliebt und Gott gelobt werden kann. David wird für Frau Kopf die Personifizierung einer Versöhnung der Gegensätze. Auf dem Weg in den Palast Davids, der einen neuen religiösen Erlebnisraum in der Seele darstellt, muß die Patientin aber noch manche seelischen Erschütterungen durchleiden. Eine etwas außergewöhnliche Erfahrung vermittelt der folgende Traum.

»Etwas riesig Rundes kommt wie eine Wolke von oben auf mich herab. Das große Runde entläßt etwas kleines Rundes aus sich, das in mich eingeht, jedoch nicht völlig in mir aufgeht. Es bleibt zwischen beiden Runden ein Zusammenhang bestehen. Durch das Eingehen des kleinen Runden schwillt mein Herz an, mehr als bei einer starken Emotion, wenn das Herz zu zerspringen droht. Ich habe das Gefühl, jetzt muß ich sterben.«

Die Analysandin berichtet, daß sie nie zuvor in ihrem Leben ein derart erschütterndes seelisches Erlebnis gehabt habe. Die starke Betroffenheit kommt in dem Gefühl zum Ausdruck, daß sie noch lange Zeit nach dem Erwachen meinte, sterben zu müssen. Auch bei klarem Bewußtsein hatte Frau Kopf den Tag über noch das Empfinden, daß sie das große Runde umgebe und das sogenannte kleine Runde durch den Kopf in sie eindringe. Dieser Traum fällt in eine Zeit, als die Analysandin sich besonders intensiv mit der Wirklichkeit des lebendigen Geistes und mit der ganzheitlichen Beziehung zum Heiligen beschäftigte. Aus der tiefenpsychologischen Symbolliteratur und aus einigen Schriften C. G. Jungs war der Träumerin bereits bekannt, daß sich die Psyche insbesondere in Kreis- und Mandala-Symbolen zeigen kann. Was Frau Kopf gelesen hatte, wurde ihr durch diesen Traum zu einem überzeugenden Widerfahrnis.

Auf meine Frage, ob sie die Begegnung mit dem Heiligen mit dem archetypischen Symbol der Wolken- und Feuersäule, die dem ausziehenden Gottesvolk bei Tag und Nacht den Weg wies, vergleichen und damit für andere Menschen verdeutlichen könne, meinte sie, daß hier ein Unterschied bestehe. Zwar treffe es zu, daß in jener Überlieferung Jahwe in der Wolken- und Feuersäule wohnte, ähnlich wie sie selber dem Heiligen in der Gestalt des großen Runden als archetypischem Symbol des Selbst begegne. Der Unterschied zwischen beiden Erfahrungen sei für sie jedoch, daß für Israel das Heilige »außen« blieb und vor dem wandernden Gottesvolk einherzog, während sie selber erfuhr, daß das kleine Runde, das in Verbindung mit dem großen Runden blieb, in sie eindrang. Es handelt sich hier um eine sogenannte Große Erfahrung, um das Mysterium coniunctionis. Bei einer solchen Begegnung des Ich-Bewußtseins mit dem göttlichen Selbst entstehen derartige Ausnahmezustände, wie sie der Analysandin widerfahren sind.

Das Gottesbild in den natürlichen Dingen

»Ich bin auf einer Busfahrt im Gebirge. Ich frage einen Herrn: ›Wo sind wir?‹ Er antwortet: ›Es sind noch 20 Minuten bis zur Endstation.‹ Ich vermute, daß wir in den Pyrenäen sind. Dann bin ich allein in einer altehrwürdigen Stadt in Spanien mit vielen Kirchen und historischen Bauten. ›Hier ist gut wohnen‹, sage ich zu mir. Meistens lande ich auf meinem Weg durch die Stadt in einer Sackgasse, die nicht von Häusern begrenzt wird, sondern von Mauern, hinter denen Vorratsräume liegen. In einer dieser Sackgassen liegen Mehlsäcke, die einem Frauenkloster gehören. In dem zerstreuten Mehl sehe ich einen Christuskopf eingedrückt.«

Zu dem Motiv der Reise können keine realen Reiseerlebnisse oder Reisepläne berichtet werden. Frau Kopf versteht die Bilder als »Reise nach innen«. Bei der Besprechung dieses Traumes wurde erneut deutlich, was der Träumerin schon wiederholt aufgefallen war, daß vielen Motiven keine bekannten

Erfahrungen in der Realität zugrunde liegen. Hierzu sei kurz eine diagnostische Bemerkung und eine typologische Einordnung der Analysandin angeführt. Nach der Typologie der analytischen Psychologie handelt es sich bei Frau Kopf um einen Denktyp mit einer gut verfügbaren Empfindungsfunktion, die sich vor allem in der erfolgreichen Tätigkeit als Lehrerin bewährte. Das Fühlen ist die sogenannte minderwertige Funktion, was durch die Hinweise auf die abgeblockten Gefühle bereits ausgeführt wurde. Die Intuition schließlich und das bildhafte Denken stehen relativ unvermittelt zu dem realen Leben. Dieses Problem zeigt sich eben auch darin, daß manche Träume relativ unvermittelt zu der Realität der Analysandin stehen. Trotz dieser Isolation sind das Ahnungsvermögen und das Traumerleben entscheidende »Entwicklungshelfer« für die Träumerin, um die religiöse Charakterpanzerung aufzubrechen und die ekklesiogene Neurose zu überwinden.

Im Unterschied zu anderen Träumen, in denen sie sich in einer Kirche aufhält, befindet sie sich jetzt allein in einer Stadt in Spanien, wo sie gerne wohnen möchte. Das Bild einer Stadt verkörpert in den Träumen vieler Menschen den seelischen Bereich. Insbesondere ist die Stadt ein Symbol für den weiblichen Aspekt und für das Selbst der Träumerin. In diesem Bereich der Weiblichkeit gelangt sie in eine »Sackgasse«.

Das Frauenkloster, dem die Mehlsäcke gehören, verdeutlicht die kirchliche Bindung und Gebundenheit der Träumerin. Sie kann noch nicht in Freiheit irgendwo in der Stadt einkehren, sondern gelangt in eine Sackgasse, die ein bildhafter Ausdruck dafür ist, das letztlich noch kein Ausweg gefunden wurde. Der Abdruck des Christuskopfes im zerstreuten Mehl auf der Straße wird als symbolischer Ausdruck dafür verstanden, daß die Hostie nicht nur am Altar in der Kirche empfangen werden kann, sondern daß das Christusbild auch in den natürlichen Dingen, selbst in dem verstreuten Mehl auf der Straße sichtbar werden kann. Im Nachdenken über diesen Traum erweiterte sich das traditionelle kirchliche Sakramentsverständnis der Träumerin.

Im nächsten Traum wird das Thema der Kommunion wieder aufgenommen. »Ich verlange begierig nach der Kommunion, die ich als Brei zu erlangen hoffe. Wer diese Art von

Kommunion austeilt, bleibt offen. Sie wird im Obergeschoß einer Scheune ausgeteilt.«

Die Analysandin berichtet zu dem Traum von ihren realen Erfahrungen und Empfindungen bei der Kommunion. Zunehmend stört sie, daß die Hostie so fade schmeckt. Sie sagt: »An unseren Hostien erkennt man nicht mehr das natürliche Brot.« Ferner fällt Frau Kopf ein spontaner Ausspruch ihres Neffen ein, als dieser nach der Erstkommunion sagte: »Die Hostie schmeckt wie Papier!« Der Analysandin wäre dieser Ausspruch in ihrer Kindheit als Blasphemie vorgekommen. Doch jetzt in ihrem reiferen Alter wird ihr auch eine kritische Auseinandersetzung mit dieser Gestalt der Hostie möglich. Sie empfindet es als positiv, daß im Traum die Kommunion in neuartiger Gestalt mit dem Brei gehalten wird. Das Motiv der Kommunion in der Scheune wird so verstanden, daß dieser weltliche Raum und auch das natürliche Getreide und Mehl dazu dienen können, Gemeinschaft mit dem Heiligen zu haben.

Im nächsten Traum wird die Wandlung bei der Messe zu einem Symbol dafür, daß die Analysandin sich im Prozeß der persönlichen Wandlung befindet: »Ich sitze mitten auf einer belebten Straße in einem quadratischen Raum, der durch Vorhänge ringsum abgeschirmt ist. Ich schicke mich an, die Wandlung selber zu feiern. Das Brot muß ich erst aus der nächsten Bäckerei beschaffen. Ich komme mir sehr unzulänglich vor und bin beschämt darüber, daß ich so etwas wagen will.«

Die Träumerin befindet sich inmitten einer belebten Straße, dennoch in einem abgeschlossenen Raum, in einem Temenos, dem symbolischen Ort für die Wandlung. Diese Wandlung des Menschen wird mit den Bildern der Kommunion beschrieben, die für Frau Kopf zeitlebens der Ausdruck für diesen Vorgang geblieben ist. Wie sie im Traum selber das Brot für die Wandlung beschaffen muß, so hat sie im Verlauf der Analyse begriffen, daß sie sich selber mit Leib und Seele einbringen muß, damit in ihr das Geheimnis und das Wunder der Wandlung geschehen kann. Die Entscheidung dazu faßt die Analysandin in die Worte: »Ich muß mich aufmachen. Ich muß mich wandeln, damit ich gewandelt werden kann.« Der Leser wird erkennen, daß hier das Ineinander von Aktivität und passivem Widerfahrnis bestehen bleibt. Diese Bescheidenheit und Demut wird in dem Traum damit zum Ausdruck gebracht, daß die Träumerin sich unzulänglich fühlt und beschämt ist, sich an so ein großes Werk zu wagen.

Im letzten Traum dieser Phase empfängt die Analysandin das Wasser des Lebens: »Ein indischer Priester im gelben Gewand schöpft Wasser aus großer Tiefe. Es ist etwas ganz Kostbares. Er belehrt mich darüber. Ich weiß, daß es das Wasser des Lebens ist.«

Die Analysandin sieht diesen Traum im Zusammenhang mit einer meditativen Vertiefung in ein sie sehr faszinierendes Buch von Paul-Werner Scheele mit Gebeten der Heiden. Als Christin ist sie beeindruckt, wie Menschen aus anderen Kulturen und Religionen so innig beten können. Einige von diesen Gebeten der Heiden hat sie sich zu eigen gemacht. Besonders die Frömmigkeit der indischen Religion spricht sie derart an, daß ihre Seele im Traum das Bild eines indischen Priesters aufgreift. Wie dieser Priester Wasser aus der Tiefe holt und die Träumerin weiß, daß es das Wasser des Lebens ist, so bringt dieses Traummotiv eine Synthese von östlicher Weisheit und westlicher Gotteserkenntnis zum Ausdruck.

Ich selbst denke bei diesem Traum auch an biblische Geschichten, in denen von dem Wasser die Rede ist. Ich stelle mir vor, daß Jesus im Anschluß an das Wort: »Ich bin das Brot des Lebens« auch gesagt haben könnte: »Ich bin das Wasser des Lebens.« Während ich auf meine Einfälle lausche, kommt mir das Wort Jesu in den Sinn: »Wer an mich glaubt, wie die Schrift sagt, von dessen Leibe werden Ströme lebendigen Wassers fließen.« Mit Verwunderung gehe ich dem Gedanken nach, daß das Lebenswasser nicht vom Himmel kommt, sondern der Leib des Menschen (und wohl sicher auch dessen Seelenleben) zur Quelle des lebendigen Wassers wird. Seit der Menschwerdung des Gottessohnes sind wir dazu ausersehen, zur Geburtsstätte des Gottesbildes zu werden. Nach ungezählten Minuten des beredten Schweigens teile ich meine Einfälle und Phantasien der Analysandin mit. Sie nickt und sagt, daß sie meine Gedanken annehmen könne und es auch so sehe.

Die Ganzwerdung

Die Patientin hat im Verlaufe der Analyse mit Hilfe ihrer Träume sowohl in ihrem persönlichen Leben als auch in ihrem Glaubensleben wieder Boden unter die Füße bekommen. Der gewonnene Standpunkt zeigt sich im Traum in Gestalt einer wärmenden Platte im Boden einer Waldkapelle: »Mit einer Begleiterin suche ich eine Waldkirche auf, die ein König gestiftet hat. Sie ist ringsum geschlossen und hat keinen Eingang. In der Vorhalle entdecke ich dann eine runde Platte im Boden. Als ich mich darauf stelle, fühle ich Wärme von ihr ausströmen.«

Die Begleiterin im Traum, mit der zusammen sie die Waldkirche aufsuchte, war im Alter der Träumerin. Obwohl sie zunächst enttäuscht war, daß die Waldkirche keinen Eingang hatte, ist es im Verlauf des Traumes schließlich wichtiger, die runde Platte am Boden zu entdecken. Die Wärme, die davon ausströmt, wird als positives Körpergefühl empfunden. Im bewußten Nachdenken über diesen Traum ist die Analysandin schließlich froh, daß die Kirche keinen Eingang hatte. Sie befürchtet, daß die Kirche sie wiederum gefangennehmen könnte. In der Zwischenzeit hat sie erfahren, daß es auch außerhalb der Kirche (in der Vorhalle, wie es im Traume heißt) wichtige Dinge gibt, die einem Halt und Geborgenheit vermitteln. Während das Herz der Analysandin in den strengen und starren kirchlichen Bindungen fror, erlebt sie jetzt die Wärme, die von der Platte im Boden ausströmt, als äußerst positiv. Als Religionslehrerin hat sie sich in den letzten Jahren zunehmend kritischer mit dem theologischen Grundsatz auseinandergesetzt, daß es außerhalb der Kirche kein Heil gebe. Sie hat jetzt ihren Standort außerhalb der Kirche gefunden und fühlt mit der zunehmenden seelischen Heilung Wärme.

Das Motiv der runden Platte erscheint nach mehreren Monaten analytischer Arbeit in abgewandelter Form in dem äußerst dynamischen Symbol des Runden in folgendem Traum: »Ich sehe wie in einer Vision eine graue, ungeformte Masse. Darüber erscheint ein heller Farbenkomplex. Von oben her kommt ein regenbogenfarbener Lichtkörper. Im Lichtglanz erscheint etwas Rundes, wie ein strahlendes Angesicht.«

Die Träumerin ist von diesem visionären Bild außerordentlich stark angerührt. Ihre seelische Bewegtheit äußert sich in Unruhe und gewissen Ängsten. So etwas habe sie bisher noch niemals erlebt. Als erstes fällt ihr der berichtete Traum von dem großen und dem kleinen Runden ein. Zu dem regenbogenfarbenen Lichtkörper fällt der Träumerin der Regenbogen ein, dessen Symbolik ihr vertraut ist. Das strahlende Angesicht wurde als übermenschlich und göttlich empfunden.

Dieser Traum enthält Elemente einer Schöpfungsgeschichte. Wie in der biblischen Urgeschichte am Anfang die Erde »wüst und leer« war (im Hebräischen steht »tohu wa bohu«), so sieht die Träumerin zunächst eine graue Masse. Eine weitere Parallele zur Schöpfungsgeschichte ist, daß Gott sprach: »Es werde Licht!« Im Traum erscheint statt dessen ein heller Farbenkomplex. Der regenbogenfarbene Lichtkörper erinnert an den Bogen nach der Sintflut. Hier ist der Regenbogen ein Symbol für den neuen Bund zwischen Himmel und Erde, zwischen Gott und den Menschen. Wie nach einem Gewitter der Himmel wieder klar wird, hat sich nach der Sintflut die Gottesbeziehung des Menschen geklärt. Das strahlende Angesicht, das sich aus dem Lichtglanz des Runden herauskristallisiert, erinnert mich an ähnliche visionäre Bilder von anderen Analysanden. Ferner kommt mir die Vision des Schweizer Schutzheiligen Niklaus von der Flüe in den Sinn. Bruder Klaus, wie der Heilige auch genannt wurde, hatte eine Lichterscheinung in Form eines menschlichen Angesichtes von großer Kraft und Stärke. Über die Ausstrahlung dieser Vision auf andere Menschen berichtet Heinrich Wölflin um 1500: »Alle, die zu ihm kamen, wurden beim ersten Anblick von großem Schrecken erfüllt. Über die Ursache dieses Schreckens pflegte er selber zu sagen, daß er ein durchdringendes Licht gesehen, das ein menschliches Antlitz vorstelle. Bei seinem Anblick habe er gefürchtet, sein Herz möchte ihm in kleine Stücke zerspringen. Deshalb habe er, von Schrecken befallen, sein Antlitz sofort abgewendet und sei auf die Erde gestürzt. Darum sei sein Antlitz jetzt den andern schreckhaft.« Etwas Ähnliches erlebte unsere Träumerin.

In einem der letzten Träume erlebt die Patientin, daß auf ihrem Grundstück eine kleine Kirche gebaut wird. Nach den anfangs geschilderten negativen Erfahrungen mit der Kirche als

»Gefängnis« hat sich in einem langen analytischen Prozeß, in dem auch zahlreiche andere Probleme zur Sprache kamen, die religiöse Problematik zum Positiven gewendet: »Zu meinem Erstaunen entstehen auf meinem Grundstück neben meinem Haus eine kleine Kirche und zwei kleine Wohnhäuser. Benediktinermönche bauen sie für sich, sie wollen hier siedeln. Es können wohl nur ganz wenige Mönche sein, weil es ein so winziger Platz ist. Der Rohbau steht schon. Ich betrachte den Innenraum des Kirchleins. Die Wände sind schon in gelb-rosa Farbe bemalt. Ich hätte nie gedacht, daß auf diesem Fleckchen Erde noch Platz ist für die Häuschen und die Kirche.«

Zu diesem Abschlußtraum bemerkt Frau Kopf, daß sie der Wahlspruch der Benediktiner: »ora et labora« (bete und arbeite) im Unterschied zu den betrachtenden Orden stets besonders beeindruckt habe. Dieser Wahlspruch könnte auch der Grundsatz ihres Lebens sein. Diesen Wahlspruch bilden auch die Gebäude ab. In der kleinen Kirche, die auf dem Grundstück der Analysandin errichtet wird, geschieht das Anbeten, und in den kleinen Wohnhäusern, die die Benediktiner errichten, wird die notwendige häusliche Arbeit verrichtet. Die Träumerin ist tief beeindruckt davon, daß nicht nur auf ihrem Traumgrundstück diese Gebäude errichtet werden, sondern daß ihr persönlicher und menschlicher Lebensraum dazu ausersehen worden ist, daß hier sich die Synthese von ora et labora vollzieht. Obgleich die Patientin oftmals daran gezweifelt hat, daß bei ihrer kirchlich-neurotischen Charakterprägung eine Wandlung der Persönlichkeit möglich sei, verhalfen ihr zahlreiche Träume zu der Gewißheit, daß auch in ihr Raum ist für die Vereinigung der Gegensätze von Kirche und Welt, von Leib und Seele, von Geistigem und Materiellem.

Zum Abschluß sei angemerkt, daß hier nur einzelne Bruchstücke aus der Ganzwerdung der Patientin berichtet werden konnten. Wie Mosaiksteinchen das Mosaik bilden, so wirken Bilder und Symbole der Träume als Bausteine für das Ganze. Bei dem beschriebenen Prozeß ist kein völlig neuer Mensch entstanden, aber die Patientin hat mit Hilfe der inzwischen wiederum veraltenden Bilder etwas von Erneuerung und seelischer Wiedergeburt erlebt.

Anhang

Der Jungsche Typentest

Nach Gray-Wheelwright

Dies ist ein Test, der den psychologischen Typ, dem Sie angehören, ermitteln soll. Es sollen weder Intelligenz noch Gefühlswerte getestet werden. »Richtige« oder »falsche« Antworten gibt es nicht. Jeder Mensch hat mal die eine, mal die andere Neigung (hier a oder b). Es geht darum, anzukreuzen, welche der beiden Möglichkeiten Ihnen am meisten liegt, welche für Sie am natürlichsten ist, im Gegensatz zu dem, was Sie für richtig halten oder nur gelernt haben.

Bitte markieren Sie die Antworten auf einem Extrablatt und nicht auf diesem Fragebogen. Das Antworten fällt leichter, wenn Sie es spontan tun und sich bemühen, die Fragen in etwa 20 Minuten zu beantworten. Wenn Sie sich bei einer Frage gar nicht entscheiden können, kreuzen Sie bitte a und b an. Sie können auch eine Frage, die Sie nicht beantworten können, überspringen oder vielleicht später darauf zurückkommen.

1. Wenn Sie unter Menschen sind, lieben Sie es mehr
   a)   zuzuhören?
   b)   zu reden?

2. Wenn Sie einem Problem gegenüberstehen,
   a)   orientieren Sie sich zuerst an Ihren früheren Erfahrungen, oder
   b)   prüfen Sie zunächst Ort, Zeit und Umstände der jetzigen Situation?

3. Was liegt Ihnen mehr,
   a)   das Leben mit Gefühl und Verstand zu betrachten oder
   b)   sich aktiv ins Leben hineinzugeben und Erfahrungen zu machen?

4. Interessiert es Sie mehr,
   a)   warum eine Person so ist, wie sie ist, oder
   b)   warum eine Person etwas tut?

5. Angenommen, Ihr Lebensunterhalt wäre gesichert, würde es Sie mehr locken,
   a)   etwas Phantasiereiches zu tun oder
   b)   etwas Nützliches zu tun?

6. Mögen Sie lieber Bilder
   a) mit ideellem Gehalt oder
   b) sachliche Darstellungen?

7. Sind Sie im allgemeinen bei Terminen und ähnlichem
   a) großzügig?
   b) genau?

8. Vorausgesetzt, Sie sind in Ihren Äußerungen anderen Menschen gegenüber taktvoll, ist Ihr Impuls dann,
   a) geradeheraus zu sein?
   b) verbindlich zu sein?

9. Wenn Sie sich ein Urteil bilden, richten Sie sich dann
   a) mehr nach allgemeinen Grundsätzen?
   b) nach eigenen Wertmaßstäben?

10. Wenn Sie sich mit der Geschichte der Menschheit beschäftigen, interessieren Sie sich dann mehr
    a) für Prinzipien und Gesetzmäßigkeiten?
    b) für Verhaltensweisen der Menschen und deren Bewertungen?

11. Wie können Sie sich leichter ausdrücken?
    a) schriftlich
    b) mündlich

12. Wenn andere Leute Bemerkungen machen, fragen Sie sich, was dahintersteckt?
    a) oft
    b) selten

13. Schließen Sie sich den Plänen anderer leicht und gern an?
    a) selten
    b) häufig

14. Was ziehen Sie vor?
    a) über ein Thema etwas zu lesen
    b) darüber etwas zu hören

15. Entspricht es Ihnen mehr, etwas zu tun,
    a) wenn es Ihnen einfällt und beliebt?
    b) sofort und genau, wie man es erwarter?

16. Wenn Sie ein Buch enttäuschend finden,
    a) greifen Sie nach einem anderen?
    b) lesen Sie es trotzdem zu Ende?

17. Wenn Sie verreisen wollen, packen Sie dann
    a) im letzten Moment?
    b) in aller Ruhe?

18. Bevorzugen Sie im allgemeinen Menschen
    a) mit gutem Denkvermögen?
    b) mit ausgeprägtem Gefühl?

19. Widmen Sie sich lieber
    a) den sozialen Problemen Ihrer Umwelt oder
    b) den persönlichen Problemen Ihrer Freunde?

20. Ist Takt für Sie eine Frage
    a) des Respektierens der Ansichten anderer?
    b) der Sympathie für den anderen?

21. Wenn Sie etwas loben, äußern Sie sich dann
    a) zurückhaltend?
    b) freiheraus?

22. Entwickelt sich Ihr Interesse
    a) mehr zum Allgemeinen hin?
    b) mehr zum Speziellen?

23. Plaudern Sie gern mit Verkäufern, Friseuren, Gepäckträgern usw.?
    a) nein
    b) ja

24. Freuen Sie sich, wenn das Telefon läutet?
    a) nein
    b) ja

25. Übersehen Sie Einzelheiten, weil Ihnen plötzlich etwas anderes einfällt?
    a) ziemlich oft
    b) selten

26. Lesen Sie lieber
    a) Dichtungen und phantasiereiche Geschichten?
    b) aktuelle Tatsachenberichte?

27. Erfassen Sie die Dinge als erstes
    a) über den Gesamteindruck oder
    b) durch wichtige Einzelheiten?

28. Schließen Sie bei Ihrer Urteilsbildung
    a) von der allgemeinen Regel auf den speziellen Fall?
    b) vom speziellen Fall auf die allgemeine Regel?

29. Wenn Sie mit dem Unglück anderer konfrontiert werden, ist Ihr Impuls dann,
    a) die Ursache des Unglücks zu suchen?
    b) zu trösten?

30. Wenn zwei Menschen eine Meinungsverschiedenheit haben, hoffen Sie dann,
    a) daß etwas Positives dabei herauskommt?
    b) daß sie aufhören zu streiten?

31. Wieviele Freunde haben Sie?
    a) wenige
    b) viele

32. Wenn Sie das Verhalten von Menschen betrachten, interessieren Sie dann mehr
    a) allgemeine psychische Gesetzmäßigkeiten?
    b) individuelle Besonderheiten?

33. Bevorzugen Sie bei Ihrer Lektüre
    a) Charakterbeschreibungen?
    b) Handlungen?

34. Bevorzugen Sie bei Farben und Farbkombinationen
    a) eine gedämpfte Wirkung?
    b) eine heitere Wirkung?

35. Was tun Sie mehr?
    a) ausgeben
    b) sparen

36. Ist Ordnunghalten für Sie
    a) etwas Mühsames?
    b) ein Kinderspiel?

37. Bilden Sie sich schon nach einer kurzen Unterhaltung ein Urteil über einen Menschen?
    a) ja
    b) nein

38. Wenn Ihre Meinungen von denen Ihrer Umgebung abweichen,
    a) regt Sie das an?
    b) fühlen Sie sich unbehaglich?

39. Interessiert Sie an Ihren Mitmenschen mehr
    a) deren Meinungen und Ansichten?
    b) ihr Verhalten?

40. Sind für Sie Beobachtungen mehr
    a)   Gegenstand weiterer Überlegungen?
    b)   etwas für unmittelbare Nutzanwendung?

41. Was entspricht mehr Ihrem Temperament?
    a)   Bedachtsamkeit
    b)   Spontaneität

42. Neigen Sie bei privaten Briefen dazu,
    a)   hier und da ein Wort zu ändern?
    b)   sie unverändert abzuschicken?

43. Lernen Sie gern neue Leute kennen?
    a)   nein
    b)   ja

44. Sind Sie zu Hause
    a)   eher still?
    b)   gesprächig?

45. Folgen Sie in den Ferien meist
    a)   Ihren spontanen Einfällen?
    b)   einem vorgefaßten Plan?

46. Entspringen Ihre Entschlüsse mehr
    a)   einem momentanen Einfall?
    b)   bedachtsamer Überlegung?

47. Wenn Sie allein lebten, würden Sie lieber
    a)   Kleinigkeiten vernachlässigen?
    b)   alles genau in Ordnung halten?

48. Wenn Sie Leute treffen, erörtern Sie lieber
    a)   deren Beruf?
    b)   deren persönliche Neigungen?

49. Lesen Sie lieber
    a)   Biographien?
    b)   Romane?

50. Mögen Sie den Eingang zu einem Gebäude lieber
    a)   klein?
    b)   groß?

51. Wie ist Ihnen eine Gesellschaft lieber?
    a)   mit 6 Personen
    b)   mit 12 Personen

52. Wenn Sie für längere Zeit bettlägerig sind und Haushalt und Beruf gut
    versorgt sind, werden Sie dann unruhig?
    a) nein
    b) ja

53. Würden Sie Ihre Freunde lieber an
    a) einem Abend der Woche bei sich sehen und an sechs Abenden
       allein sein?
    b) drei Abenden der Woche bei sich sehen und an vier Abenden
       allein sein?

54. Wenn Ihnen die Ansicht eines Menschen falsch erscheint,
    a) wechseln Sie dann das Thema?
    b) versuchen Sie, ihn zu überzeugen?

55. Erscheint Ihnen ein Problem wie ein verschlossener Raum, den Ihnen
    ein guter Einfall erschließen muß?
    a) recht häufig
    b) selten

56. Bevorzugen Sie bei Kunstwerken im allgemeinen
    a) Abstraktionen?
    b) gegenständliche Darstellungen?

57. Sind Gepflegtheit, Geschmack und Gefälligkeit für Sie
    a) eine schwierige Leistung?
    b) eine natürliche Selbstverständlichkeit?

58. Stellen Sie sich vor, Sie würden in einem Hotel in zwei geschmack-
    vollen, aber farblich verschiedenen Empfangshallen warten können.
    Wo würden Sie sich lieber aufhalten?
    a) im blauen Raum
    b) im roten Raum

59. Wie verfolgen Sie ein einmal gewähltes Ziel?
    a) beharrlich
    b) bereit zur Neuorientierung

60. Sammeln Sie gern etwas?
    a) ja
    b) nein

61. Angenommen, Sie mögen beide Arten von Menschen, nachdenkliche
    und lebhafte. Welche würden Sie lieber längere Zeit um sich haben?
    a) die Nachdenklichen
    b) die Lebhaften

62. Was zieht Sie bei Bildern mehr an?
    a) die Form
    b) die Farben

63. Treffen Sie Ihre Entscheidungen lieber
    a) mit Muße?
    b) sofort?

64. Angenommen, beide Theaterstücke sind Ihnen gleich vertraut. Was würden Sie lieber sehen?
    a) Hamlet
    b) Romeo und Julia

65. Kommt es vor, daß Sie unbegründet unruhig werden?
    a) von Zeit zu Zeit
    b) nur ganz selten

66. Wenn Sie nicht schlafen können, nehmen Sie dann eine Tablette?
    a) manchmal
    b) selten

67. Bemerken Sie in einer Frühlingslandschaft mehr
    a) Linien und Farben sowie die allgemeine Stimmung?
    b) Einzelheiten des Himmels, der Bäume und Blumen?

68. Suchen Sie sich Leute aus
    a) nach deren speziellen Interessen?
    b) nach verschiedenartigen Gesichtspunkten?

69. Wenn Sie sich über ein Thema informieren wollen, bevorzugen Sie dann
    a) ausführliche und genaue Darstellungen oder
    b) vielseitige und lebendige Darstellungen?

70. Legen Sie mehr Gewicht auf die Entwicklung
    a) Ihres inneren Erlebens?
    b) Ihrer Beziehung zur Umwelt?

71. Beschäftigen Sie sich lieber mit
    a) jeweils nur einer Sache?
    b) vielen Dingen gleichzeitig?

72. Liegt Ihnen daran, daß andere bei Ihren Plänen mitmachen?
    a) manchmal
    b) meistens

73. Welchen Farben oder Farbkombinationen ziehen Sie bei der Einrichtung Ihrer Räume vor?
    a) warme, erdhafte Farben
    b) kalte Grundfarbe

74. Ist es für Sie verlockend, etwas Neues, Unbekanntes anzufangen?
    a) durchaus
    b) nicht sehr

75. Wenn Sie ein Geschenk aussuchen, wählen Sie dann etwas
    a) von dem Sie glauben, daß es eine freudige Überraschung wird?
    b) von dem Sie denken, daß der andere es sich wünscht?

76. Haben Sie von Natur aus ein sicheres Zeitgefühl?
    a) nein
    b) ja

77. Welche Kunstrichtung bevorzugen Sie?
    a) die traditionelle
    b) die moderne

78. Ist ihr Temperament mehr
    a) ernst?
    b) heiter?

79. Wie sind Ihre Beziehungen?
    a) beschränken Sie sich auf wenige Freunde, mit denen Sie einen relativ engen Kontakt haben?
    b) haben Sie viele freundschaftliche Beziehungen?

80. Wenn Sie sich eine Meinung gebildet haben,
    a) sind Sie dann gern bereit, sie zu ändern?
    b) neigen Sie dazu, beharrlich daran festzuhalten?

81. Im Hinblick auf zukünftige Möglichkeiten
    a) nehmen Sie die Dinge, wie sie kommen?
    b) bedenken Sie die verschiedenen Möglichkeiten im voraus?

Auswertung

Die Auswertung des Typentests können Sie auf einfache Weise selbst vollziehen, indem Sie Ihre Antworten auf das beigefügte Datenblatt übertragen. Aus dem einfachen Zahlenergebnis können Sie ersehen, wie die Extraversion und die Introversion sowie die vier grundlegenden Orientierungsfunktionen bei Ihnen ausgeprägt sind. Bei dem Datenblatt bedeuten alle Zahlen der Zeilen 1–4 mit den a-Antworten die Introversion, die b-Antworten der gleichen Zeilen Ihre Extraversion. Die a-Antworten der Zeilen 5–7 bedeuten Ihre Intuition, die b-Antworten das Empfinden. Ferner bedeuten die a-Antworten der Zeilen 8–10 das Denken und die b-Antworten·das Fühlen.

Eine erste Beschreibung dieser Typologie finden Sie unter den entsprechenden Stichworten im Glossar der wichtigsten Begriffe S. 285. Eine ausführliche Darstellung mit Fallbeispielen finden Sie im zweiten Kapitel dieses Buches. Es sei noch abschließend erwähnt, daß Sie mit diesem Test einen ersten tastenden Versuch unternommen haben, sich über Ihren Typus (das heißt Ihre Prägung) Einsicht und Klarheit zu verschaffen, ohne daß damit bereits etwas festgeschrieben wird oder als endgültig bezeichnet werden kann. Wenn Sie weitere Verstehungsmöglichkeiten zur Typologie suchen, finden Sie diese in:

M. L. von Franz, Zur Typologie C. G. Jungs, Fellbach 1983.

Ferner in:

J. Jacobi, Die Psychologie von C. G. Jung (mit Abbildungen).

Weitere schematische Darstellungen finden sich in:

H. Hark, Religiöse Traumsymbolik, P. D. Lang, Frankfurt 1980.

Auswertungsblatt zum Typen-Test

1 $\frac{a}{b}$	11 $\frac{a}{b}$	21 $\frac{a}{b}$	31 $\frac{a}{b}$	41 $\frac{a}{b}$	51 $\frac{a}{b}$	61 $\frac{a}{b}$	70 $\frac{a}{b}$	78 $\frac{a}{b}$
2 $\frac{a}{b}$	12 $\frac{a}{b}$	22 $\frac{a}{b}$	32 $\frac{a}{b}$	42 $\frac{a}{b}$	52 $\frac{a}{b}$	62 $\frac{a}{b}$	71 $\frac{a}{b}$	79 $\frac{a}{b}$
3 $\frac{a}{b}$	13 $\frac{a}{b}$	23 $\frac{a}{b}$	33 $\frac{a}{b}$	43 $\frac{a}{b}$	53 $\frac{a}{b}$	63 $\frac{a}{b}$	72 $\frac{a}{b}$	
4 $\frac{a}{b}$	14 $\frac{a}{b}$	24 $\frac{a}{b}$	34 $\frac{a}{b}$	44 $\frac{a}{b}$	54 $\frac{a}{b}$	64 $\frac{a}{b}$	73 $\frac{a}{b}$	
5 $\frac{a}{b}$	15 $\frac{a}{b}$	25 $\frac{a}{b}$	35 $\frac{a}{b}$	45 $\frac{a}{b}$	55 $\frac{a}{b}$	65 $\frac{a}{b}$	74 $\frac{a}{b}$	80 $\frac{a}{b}$
6 $\frac{a}{b}$	16 $\frac{a}{b}$	26 $\frac{a}{b}$	36 $\frac{a}{b}$	46 $\frac{a}{b}$	56 $\frac{a}{b}$	66 $\frac{a}{b}$	75 $\frac{a}{b}$	81 $\frac{a}{b}$
7 $\frac{a}{b}$	17 $\frac{a}{b}$	27 $\frac{a}{b}$	37 $\frac{a}{b}$	47 $\frac{a}{b}$	57 $\frac{a}{b}$	67 $\frac{a}{b}$	76 $\frac{a}{b}$	
8 $\frac{a}{b}$	18 $\frac{a}{b}$	28 $\frac{a}{b}$	38 $\frac{a}{b}$	48 $\frac{a}{b}$	58 $\frac{a}{b}$	68 $\frac{a}{b}$	77 $\frac{a}{b}$	
9 $\frac{a}{b}$	19 $\frac{a}{b}$	29 $\frac{a}{b}$	39 $\frac{a}{b}$	49 $\frac{a}{b}$	59 $\frac{a}{b}$	69 $\frac{a}{b}$		
10 $\frac{a}{b}$	20 $\frac{a}{b}$	30 $\frac{a}{b}$	40 $\frac{a}{b}$	50 $\frac{a}{b}$	60 $\frac{a}{b}$			

Tabellen einer Untersuchung

Erläuterungen

Die kurzen Erläuterungen zu den Tabellen sind als erste Verstehenshilfe für diejenigen Leser gedacht, die vor der Vertiefung in einzelne Kapitel im Buch blättern und zufällig bei den Tabellen verweilen. Ohne hier die Interpretationen und Analysen aus den verschiedenen Kapiteln des Buches zu wiederholen oder darauf zu verweisen, sollen die fünfzig Untersuchungsfragen zu gewichtigen Aspekten des Glaubenslebens und des seelischen Erlebens diese Zusammenhänge verdeutlichen helfen. Diese Tabellen sind eine Auswahl aus einer umfangreichen wissenschaftlichen Untersuchung zum Thema »Neurose und Religion« (vorläufiger Arbeitstitel).

Die Antworten und Erfahrungen der 139 Patienten, die aufgrund ihrer seelischen Schwierigkeiten um Therapie nachsuchten, wurden mit den Ergebnissen von 243 Personen einer Kontrollgruppe verglichen, die sich in keiner Therapie befanden. Ohne hier die fragwürdige Unterscheidung von Patienten und sogenannten »normalen Personen« zu betonen, entdeckt der Leser sehr bald gewichtige Unterschiede, die auf krankmachende Faktoren verweisen. Die durch Sternchen gekennzeichnete Signifikanz (Bedeutsamkeit) ist bei drei Sternen hochsignifikant und bei dem 1% Niveau (2 Sterne in der Tabelle) sehr signifikant.

Tabelle 1
Religiosität

Ja-Antworten in %

Frage		Pat.-Gruppe (n = 139)	Kontroll-Gruppe (n = 243)	statistisch bedeutsame Unterschiede $x = p \leq 0,05$ $xx = p \leq 0,01$ $xxx = p \leq 0,001$
	Religiöse Sozialisation			
4	Waren/sind Ihre Eltern fromme Leute	58,3	57,2	
11	Haben Ihre Eltern Sie religiös erzogen	66,9	63	
19	Haben Sie als Kind geglaubt: Der liebe Gott sieht alles	79,9	82,3	
21	Haben Sie sich als Kind benachteiligt gefühlt	58,3	36,2	xxx

Tabelle 1 · Religiosität

Tabelle 1
Religiosität

Frage		Ja-Antworten in % Pat.-Gruppe (n = 139)	Kontroll-Gruppe (n = 243)	statistisch bedeutsame Unterschiede x = p ≤ 0,05 xx = p ≤ 0,01 xxx = p ≤ 0,001
30	Würden Sie Ihre Kinder religiös erziehen	80,6	77	
42	Ist in Ihrem Elternhaus offen über Sexualität gesprochen worden	10,1	19,3	x
	Glaubensvorstellungen/Gottesbild			
14	Kennen Sie eine Geschichte aus der Bibel	90,6	95,9	
15	Glauben Sie an die Unsterblichkeit der Seele	72,7	72,4	
27	Ist im Leben alles vorherbestimmt	30,9	34,2	
28	Glauben Sie an den Teufel	36	28,8	
33	Ist Krankheit eine Folge der Sünde	8,6	4,9	
37	Können Sie sich an einen Traum mit religiösem Inhalt erinnern	35,3	23,9	x
	Praktiziertes Glaubensleben			
20	Beten Sie vor dem Essen	23	37,9	xx
24	Fühlen Sie sich in Ihrem Glauben geborgen	47,5	65,4	xxx
44	Halten Sie sich für einen religiösen Menschen	52,5	57,6	
46	Beten Sie oft	35,3	44,4	
49	Könnten Sie auf Gott verzichten	19,4	21	
	Konfessionelle Identität			
13	Ist Religion Privatsache	66,9	52,7	xx
16	Besitzen Sie eine Bibel	82,7	85,6	
34	Sollte man sich kirchlich trauen lassen	71,2	69,1	
40	Gehen sie regelmäßig in die Kirche	25,2	37	x
41	Könnten Sie auf Weihnachten verzichten	38,1	34,2	

Tabellen einer Untersuchung

Tabelle 2
Psychoneurotizismus

Ja-Antworten in %

Frage		Pat.-Gruppe (n = 139)	Kontroll-Gruppe (n = 243)	statistisch bedeutsame Unterschiede x = p ≤ 0,05 xx = p ≤ 0,01 xxx = p ≤ 0,001
	Psychoneurotizismus und Psychodynamik			
1	Haben Sie seelische Probleme	87,8	48,1	xxx
2	Haben Sie häufig Schuldgefühle	62,6	33,3	xxx
18	Macht Ihnen Sexualität angst	22,3	8,2	xxx
38	Spüren Sie manchmal regelrechte Wut im Bauch	90,6	84	
	Ambivalenzkonflikte und Beziehungsschwierigkeiten			
7	Fühlen Sie sich bei Entscheidungen häufig hin- und hergerissen	84,2	65	xxx
9	Kapseln Sie sich häufig ab	63,3	35	xxx
17	Fühlen Sie sich oft isoliert	56,8	24,3	xxx
36	Können Sie sich schwer festlegen . . .	71,2	47,7	xxx
	Phantasien und Projektionen			
23	Leben Sie häufig in Tagträumen	54,7	30	xxx
31	Werden Sie von Zweifeln geplagt	74,8	52,3	xxx
35	Haben Sie ein besonderes Gespür für die Scheinheiligkeit anderer Menschen	62,6	62,1	
43	Werden Sie von bestimmten Ideen (oder abergläubischen Vorstellungen) beherrscht	21,6	11,5	x

Tabelle 3 · Wertsystem

Tabelle 3
Wertsystem

Frage		Pat.-Gruppe (n = 139)	Kontroll-Gruppe (n = 243)	statistisch bedeutsame Unterschiede x = p ≤ 0,05 xx = p ≤ 0,01 xxx = p ≤ 0,001
	Ja-Antworten in %			

Ideale und Wertvorstellungen

5	Haben Sie bestimmte Ideale	84,9	77,8	
8	Im Grunde genommen sind die Menschen gut	72,7	78,2	
32	Glauben Sie an eine ausgleichende Gerechtigkeit	48,2	59,3	x
47	Glauben Sie, daß Psychotherapie Ihnen eher helfen kann als Religion .	73,4	32,5	xxx

Ethisch-moralisches Verhalten

25	Man sollte sich für andere nicht aufopfern	41,7	39,9	
26	Man sollte möglichst bescheiden und friedfertig sein	66,2	70,8	
29	Vergelten Sie Böses meist mit Gutem	28,1	29,6	
39	Stehen Sie gern im Mittelpunkt	41,7	37	

Selbstwertgefühl

3	Sind Sie heute zufriedener als Sie es früher waren	49,6	63	x
10	Ist Ihnen das Gewissen manchmal lästig	48,9	35	xx
12	Glauben Sie, daß Sie mit sich selber am besten klarkommen	38,8	56,4	xx
22	Leben Sie nach dem Grundsatz: Hilf dir selbst, dann hilft dir Gott ...	42,4	39,1	

Individuation

6	Sind Ihnen bestimmte Gegenstände wichtiger als Menschen	11,5	8,6	
45	Glauben Sie, daß Sie Ihr Leben sinnvoll leben	54,7	86,4	xxx
48	Sind Sie der Meinung, daß Religion den Menschen krank machen kann ..	43,9	42	
50	Streben Sie nach Selbstverwirklichung	75,5	76,5	

269

Tabellen einer Untersuchung

Tabelle 4
Religiosität

Frage		KATHOLIKEN Pat.-Gruppe n = 58	Kontroll-Gruppe n = 90	Sign.	PROTESTANTEN Pat.-Gruppe n = 69	Kontroll-Gruppe n = 149	Sign.
	Religiöse Sozialisation						
4	Waren/sind Ihre Eltern fromme Leute	70,7	76,7		49,3	47	
11	Haben Ihre Eltern Sie religiös erzogen	77,6	82,2		58	53	
19	Haben Sie als Kind geglaubt: Der liebe Gott sieht alles . . .	82,8	87,8		78,3	78,5	
21	Haben Sie sich als Kind benachteiligt gefühlt	56,9	34,4	+	56,5	36,9	++
30	Würden Sie Ihre Kinder religiös erziehen	82,8	83,3		82,6	73,8	
42	Ist in Ihrem Elternhaus offen über Sexualität geredet worden	10,3	8,9		8,7	25,5	++
	Glaubensvorstellungen/ Gottesbild						
14	Kennen Sie eine Geschichte aus der Bibel	86,2	92,2		94,2	98	
15	Glauben Sie an die Unsterblichkeit der Seele	79,3	81,1		71	67,1	
27	Ist im Leben alles vorherbestimmt	41,4	43,3		23,2	29,5	
28	Glauben Sie an den Teufel . .	43,1	42,2		30,4	21,5	
33	Ist Krankheit eine Folge der Sünde	5,2	5,6		11,6	4	
37	Können Sie sich an einen Traum mit religiösem Inhalt erinnern	41,4	27,8		31,9	21,5	

Ja-Antworten in %

Tabelle 4 · Religiosität

Tabelle 4
Religiosität

Frage		KATHOLIKEN			PROTESTANTEN		
		Pat.-Gruppe n = 58	Kontroll-Gruppe n = 90	Sign.	Pat.-Gruppe n = 69	Kontroll-Gruppe n = 149	Sign.

Ja-Antworten in %

Praktiziertes Glaubensleben

20	Beten Sie vor dem Essen ...	25,9	44,4	+	20,3	34,9	+
24	Fühlen Sie sich in Ihrem Glauben geborgen	50	67,8	+	49,3	65,1	+
44	Halten Sie sich für einen religiösen Menschen	51,7	62,2		56,5	55	
46	Beten Sie oft	39,7	43,3		36,2	46,3	
49	Könnten Sie auf Gott verzichten	10,3	23,3		21,7	18,8	

Konfessionelle Identität

13	Ist Religion Privatsache	65,5	52,2		63,8	52,3	
16	Besitzen Sie eine Bibel	75,9	70		89,9	95,3	
34	Sollte man sich kirchlich trauen lassen	77,6	77,8		72,5	65,1	
40	Gehen Sie regelmäßig in die Kirche	32,8	54,4	+	23,2	27,5	
41	Könnten Sie auf Weihnachten verzichten	32,8	32,2		34,8	35,6	

271

Tabellen einer Untersuchung

Tabelle 5
Wertsystem

Ja-Antworten in %

Frage		KATHOLIKEN Pat.-Gruppe n = 58	Kontroll-Gruppe n = 90	Sign.	PROTESTANTEN Pat.-Gruppe n = 69	Kontroll-Gruppe n = 149	Sign.
	Ideale und Wertvorstellungen						
5	Haben Sie bestimmte Ideale .	79,3	73,3		88,4	79,9	
8	Im Grunde genommen sind die Menschen gut	82,8	91,1		66,7	70,5	
32	Glauben Sie an eine ausgleichende Gerechtigkeit	51,7	70	+	47,8	53	
47	Glauben Sie, daß Psychotherapie Ihnen eher helfen kann als Religion	65,5	25,6	+++	76,8	35,6	+++
	Ethisch-moralisches Verhalten						
25	Man sollte sich für andere nicht aufopfern	44,8	52,2		40,6	33,3	
26	Man sollte möglichst bescheiden und friedfertig sein	67,2	78,9		66,7	65,8	
29	Vergelten Sie Böses meist mit Gutem	29,3	32,2		24,6	28,2	
39	Stehen Sie gern im Mittelpunkt	39,7	21,1	+	40,6	46,3	
	Selbstwertgefühl						
3	Sind Sie heute zufriedener als Sie es früher waren	50	66,7		50,7	61,1	
10	Ist Ihnen das Gewissen manchmal lästig	53,4	37,8		43,5	33,6	
12	Glauben Sie, daß Sie mit sich selber am besten klarkommen	39,7	72,2	+++	37,7	47	
22	Leben Sie nach dem Grundsatz: Hilf dir selbst, dann hilft dir Gott	50	42,2		36,2	36,9	

Tabelle 5 · Wertsystem

Tabelle 5
Wertsystem

Frage

		Ja-Antworten in %					
		KATHOLIKEN			PROTESTANTEN		
		Pat.-Gruppe n = 58	Kontroll-Gruppe n = 90	Sign.	Pat.-Gruppe n = 69	Kontroll-Gruppe n = 149	Sign.

Individuation

6	Sind Ihnen bestimmte Gegenstände wichtiger als Menschen	10,3	5,6		8,7	10,1	
45	Glauben Sie, daß Sie Ihr Leben sinnvoll leben	62,1	91,1	+++	53,6	83,2	+++
48	Sind Sie der Meinung, daß Religion den Menschen krank machen kann	32,8	25,6		49,3	51,7	
50	Streben Sie nach Selbstverwirklichung	65,5	72,2		81,2	78,5	

273

Tabellen einer Untersuchung

Tabelle 6
Religiosität

Ja-Antworten in %

Frage		FRAUEN Pat.-Gruppe n = 95	Kontroll-Gruppe n = 139	Sign.	MÄNNER Pat.-Gruppe n = 44	Kontroll-Gruppe n = 104	Sign.
	Religiöse Sozialisation						
4	Waren/sind Ihre Eltern fromme Leute	62,1	53,2		50	62,5	
11	Haben Ihre Eltern Sie religiös erzogen	70,5	64		59,1	61,5	
19	Haben Sie als Kind geglaubt: Der liebe Gott sieht alles . . .	81,1	81,3		77,3	83,7	
21	Haben Sie sich als Kind benachteiligt gefühlt	65,3	40,3	+++	43,2	30,8	
30	Würden Sie Ihre Kinder religiös erziehen	82,1	76,3		77,3	77,9	
42	Ist in Ihrem Elterhaus offen über Sexualität geredet worden	11,6	19,4		6,8	19,2	
	Glaubensvorstellungen/ Gottesbild						
14	Kennen Sie eine Geschichte aus der Bibel	91,6	97,1		88,6	94,2	
15	Glauben Sie an die Unsterblichkeit der Seele	75,8	76,3		65,9	67,3	
27	Ist im Leben alles vorherbestimmt	38,9	43,2		13,6	22,1	
28	Glauben Sie an den Teufel . .	36,8	30,2		34,1	26,9	
33	Ist Krankheit eine Folge der Sünde	9,5	4,3		6,8	5,8	
37	Können Sie sich an einen Traum mit religiösem Inhalt erinnern	31,6	22,3		43,2	26	

Tabelle 6 · Religiosität

Tabelle 6
Religiosität

Frage

Ja-Antworten in %

		FRAUEN			MÄNNER		
		Pat.-Gruppe n = 95	Kontroll-Gruppe n = 139	Sign.	Pat.-Gruppe n = 44	Kontroll-Gruppe n = 104	Sign.
	Praktiziertes Glaubensleben						
20	Beten Sie vor dem Essen ...	24,2	40,3	+	20,5	34,6	
24	Fühlen Sie sich in Ihrem Glauben geborgen	45,3	67,6	++	52,3	62,5	
44	Halten Sie sich für einen religiösen Menschen	52,6			52,3		
46	Beten Sie oft	36,8	48,9		31,8	38,5	
49	Können Sie auf Gott verzichten	16,8	13,7		25	30,8	
	Konfessionelle Identität						
13	Ist Religion Privatsache	73,7	54,7	++	52,3	50	
16	Besitzen Sie eine Bibel	83,2	92,1		81,8	76,9	
34	Sollte man sich kirchlich trauen lassen	70,5	70,5		72,7	67,3	
40	Gehen Sie regelmäßig in die Kirche	26,3	36		22,7	38,5	
41	Könnten Sie auf Weihnachten verzichten	36,8	27,3		40,9	43,3	

Tabellen einer Untersuchung

Tabelle 7
Psychoneurotizismus

Ja-Antworten in %

Frage		KATHOLIKEN Pat.-Gruppe n = 58	Kontroll-Gruppe n = 90	Sign.	PROTESTANTEN Pat.-Gruppe n = 69	Kontroll-Gruppe n = 149	Sign.
	Psychoneurotizismus und Psychodynamik						
1	Haben Sie seelische Probleme	89,7	43,3	+++	85,5	51	+++
2	Haben Sie häufig Schuldgefühle	63,8	30	+++	62,3	36,2	+++
18	Macht Ihnen Sexualität angst	25,9	37,5	+	17,4	6,7	+
38	Spüren Sie manchmal regelrechte Wut im Bauch	86,2	76,7		94,2	87,9	
	Ambivalenzkonflikte und Beziehungsschwierigkeiten						
7	Fühlen Sie sich bei Entscheidungen häufig hin- und hergerissen	82,8	66,7	+	84,1	64,4	++
9	Kapseln Sie sich häufig ab ...	62,1	28,9	+++	60,9	38,9	++
17	Fühlen Sie sich oft isoliert ..	62,1	20	+++	49,3	26,8	++
36	Können Sie sich schwer festlegen	69	40	++	73,9	53	++
	Phantasien und Projektionen						
23	Leben Sie häufig in Tagträumen	55,2	21,1	+++	53,6	35,6	+
31	Werden Sie von Zweifeln geplagt	74,1	48,9	++	75,4	53,7	++
35	Haben Sie ein besonderes Gespür für die Scheinheiligkeit anderer Menschen	51,7	56,7		69,6	64,4	
43	Werden Sie von bestimmten Ideen (oder abergläubischen Vorstellungen) beherrscht ...	20,7	14,4		21,7	10,1	+

Tabelle 8 · Psychoneurotizismus

Tabelle 8
Psychoneurotizismus

Frage

		Ja-Antworten in %					
		FRAUEN			MÄNNER		
		Pat.-Gruppe n = 95	Kontroll-Gruppe n = 139	Sign.	Pat.-Gruppe n = 44	Kontroll-Gruppe n = 104	Sign.
	Psychoneurotizismus und Psychodynamik						
1	Haben Sie seelische Probleme	93,7	48,2	+++	75	48,1	+++
2	Haben Sie häufig Schuldgefühle	67,4	40,3	+++	52,3	24	+++
18	Macht Ihnen Sexualität angst	26,3	12,2	+++	13,6	2,9	+
38	Spüren Sie manchmal regelrechte Wut im Bauch	88,4	82		95,5	86,5	
	Ambivalenzkonflikte und Beziehungsschwierigkeiten						
7	Fühlen Sie sich bei Entscheidungen häufig hin- und hergerissen	86,3	66,9	+++	79,5	62,5	
9	Kapseln Sie sich häufig ab	64,2	37,4	+++	61,4	31,7	+++
17	Fühlen Sie sich oft isoliert	61,1	24,5	+++	47,7	24	+++
36	Können Sie sich schwer festlegen	71,6	56,8	+	70,5	35,6	+++
	Phantasien und Projektionen						
23	Leben Sie häufig in Tagträumen	60	31,7	+++	43,2	27,9	
31	Werden Sie von Zweifeln geplagt	80	56,8	+++	63,6	46,2	
35	Haben Sie ein besonderes Gespür für die Scheinheiligkeit anderer Menschen	65,3	64,7		56,8	58,7	
43	Werden Sie von bestimmten Ideen (oder abergläubischen Vorstellungen) beherrscht	25,3	7,9	+++	13,6	16,3	

Tabellen einer Untersuchung

Tabelle 9
Wertsystem

Ja-Antworten in %

Frage

		FRAUEN			MÄNNER		
		Pat.-Gruppe n = 95	Kontroll-Gruppe n = 139	Sign.	Pat.-Gruppe n = 44	Kontroll-Gruppe n = 104	Sign.
	Ideale und Wertvorstellungen						
5	Haben Sie bestimmte Ideale .	89,5	76,3	+	75	79,8	
8	Im Grunde genommen sind die Menschen gut	72,6	82		72,7	73,1	
32	Glauben Sie an eine ausgleichende Gerechtigkeit	45,3	56,1		54,5	63,5	
47	Glauben Sie, daß Psychotherapie Ihnen eher helfen kann als Religion	74,7	35,3	+++	70,5	28,8	+++
	Ethisch-moralisches Verhalten						
25	Man sollte sich für andere nicht aufopfern	41,1	36		43,2	45,2	
26	Man sollte möglichst bescheiden und friedfertig sein	63,2	70,5		72,7	71,2	
29	Vergelten Sie Böses meist mit Gutem	29,5	35,3		25	22,1	
39	Stehen Sie gern im Mittelpunkt	41,2	33,1		40,9	42,3	

Tabelle 9 · Wertsystem

Tabelle 9	Ja-Antworten in %					
Wertsystem	FRAUEN			MÄNNER		
	Pat.-	Kontroll-		Pat.-	Kontroll-	
	Gruppe	Gruppe	Sign.	Gruppe	Gruppe	Sign.
Frage	n = 95	n = 139		n = 44	n = 104	

Selbstwertgefühl

3	Sind Sie heute zufriedener als Sie es früher waren	48,4	63,3	+	52,3	62,5	
10	Ist Ihnen das Gewissen manchmal lästig	51,6	40,3		43,2	27,9	
12	Glauben Sie, daß Sie mit sich selber am besten klarkommen	33,7	48,9	+	50	66,3	
22	Leben Sie nach dem Grundsatz: Hilf dir selbst, dann hilft dir Gott	41,1	34,5		45,5	45,2	

Individuation

6	Sind Ihnen bestimmte Gegenstände wichtiger als Menschen	12,6	5,8		9,1	12,5	
45	Glauben Sie, daß Sie Ihr Leben sinnvoll leben	51,6	84,2	+++	61,4	89,4	+++
48	Sind Sie der Meinung, daß Religion den Menschen krank machen kann	43,2	34,5		45,5	51,9	
50	Streben Sie nach Selbstverwirklichung	73,7	75,5		79,5	77,9	

Tabellen einer Untersuchung

Tabelle 10
Sozialisation und
Glaubensvorstellungen

Variable: Psychische Struktur

Ja-Antworten in %

Frage		schizoid- narziß- tisch	depres- siv	zwang- haft	hyste- risch	Signifikanz x = p 0,05 xx = p 0,01 xxx = p 0,001
	Religiöse Sozialisation					
4	Waren/sind Ihre Eltern fromme Leute	55,9	60,8	62,1	52	
11	Haben Ihre Eltern Sie religiös erzogen	64,7	62,7	75,9	68	
19	Haben Sie als Kind geglaubt: Der liebe Gott sieht alles	79,4	80,4	79,3	80	
21	Haben Sie sich als Kind benachteiligt gefühlt	61,8	64,7	37,9	64	
30	Würden Sie Ihre Kinder religiös erziehen	79,4	74,5	82,8	92	
42	Ist in Ihrem Elternhaus offen über Sexualität geredet worden	14,7	9,8	10,3	4	
	Glaubensvorstellungen/Gottesbild					
14	Kennen Sie eine Geschichte aus der Bibel	97,1	86,3	86,2	96	
15	Glauben Sie an die Unsterblichkeit der Seele	73,5	74,5	62,1	80	
27	Ist im Leben alles vorherbestimmt	8,8	49	27,6	28	xx
28	Glauben Sie an den Teufel ...	32,4	43,1	31	32	
33	Ist Krankheit eine Folge der Sünde	11,8	9,8	6,9	4	
37	Können Sie sich an einen Traum mit religiösem Inhalt erinnern .	44,1	33,3	24,1	40	

280

Tabelle 11 · Wertvorstellungen und Verhalten

Tabelle 11 *Wertvorstellungen* *und Verhalten*	Variable: Psychische Struktur				
	Ja-Antworten in %				
	schizoid-narziß-tisch	depres-siv	zwang-haft	hyste-risch	Signifikanz x = p 0,05 xx = p 0,01
Frage					xxx = p 0,001

Ideale und Wertvorstellungen

5	Haben Sie bestimmte Ideale . .	94,1	80,4	75,9	92	
8	Im Grunde genommen sind die Menschen gut	73,5	74,5	79,3	60	
32	Glauben Sie an eine aus-gleichende Gerechtigkeit	29,4	51	51,7	64	x
47	Glauben Sie, daß Psychotherapie Ihnen eher helfen kann als Religion	70,6	76,5	65,5	80	

Ethisch-moralisches Verhalten

25	Man sollte sich für andere nicht aufopfern	55,9	41,2	55,2	40	
26	Man sollte möglichst bescheiden und friedfertig sein	52,9	72,5	79,3	56	
29	Vergelten Sie Böses meist mit Gutem	17,6	31,4	37,9	24	
39	Stehen Sie gern im Mittel-punkt	47,1	27,5	31	76	

Tabellen einer Untersuchung

Tabelle 12
Glaubensleben und Konfessionalität

Variable: Psychische Struktur

Ja-Antworten in %

Frage		schizoid-narziß-tisch	depres-siv	zwang-haft	hyste-risch	Signifikanz x = p 0,05 xx = p 0,01 xxx = p 0,001
	Praktiziertes Glaubensleben					
20	Beten Sie vor dem Essen	14,7	17,6	34,5	32	
24	Fühlen Sie sich in Ihrem Glauben geborgen	55,9	41,2	55,2	40	
44	Halten Sie sich für einen religiösen Menschen	52,9	49	48,3	64	
46	Beten Sie oft	32,4	31,4	44,8	36	
49	Könnten Sie auf Gott ver-zichten	26,5	23,5	13,8	8	
	Konfessionelle Identität					
13	Ist Religion Privatsache	52,9	72,5	62,1	80	
16	Besitzen Sie eine Bibel	82,4	82,4	75,9	92	
34	Sollte man sich kirchlich trauen lassen	70,6	66,7	86,2	64	
40	Gehen Sie regelmäßig in die Kirche	23,5	19,6	31	32	
41	Könnten Sie auf Weihnachten verzichten	64,7	35,3	20,7	28	xx

Tabelle 13 · Selbstwertgefühl und Individuation

Tabelle 13 *Selbstwertgefühl und* *Individuation*	Variable: Psychische Struktur Ja-Antworten in %				
	schizoid-narziß-tisch	depres-siv	zwang-haft	hyste-risch	Signifikanz x = p 0,05 xx = p 0,01
Frage					xxx = p 0,001

Selbstwertgefühl

3	Sind Sie heute zufriedener als Sie es früher waren	52,9	41,2	41,4	72
10	Ist Ihnen das Gewissen manchmal lästig	44,1	54,9	44,8	48
12	Glauben Sie, daß Sie mit sich selber am besten klarkommen	41,2	35,3	44,8	36
22	Leben Sie nach dem Grundsatz: Hilf dir selbst, dann hilft dir Gott	38,2	45,1	44,8	40

Individuation

6	Sind Ihnen bestimmte Gegen-stände wichtiger als Menschen	14,7	7,8	6,9	20	
45	Glauben Sie, daß Sie Ihr Leben sinnvoll leben	64,7	37,3	65,5	64	x
48	Sind Sie der Meinung, daß Religion den Menschen krank machen kann	47,1	41,2	41,4	48	
50	Streben Sie nach Selbst-verwirklichung	88,2	68,6	69	80	

Tabellen einer Untersuchung

Tabelle 14
Psychoneurotizismus
und Psychodynamik

Variable: Psychische Struktur

Ja-Antworten in %

Frage		schizoid-narziß-tisch	depres-siv	zwang-haft	hyste-risch	Signifikanz x = p 0,05 xx = p 0,01 xxx = p 0,001
	Psychoneurotizismus und Psychodynamik					
1	Haben Sie seelische Probleme	82,4	94,1	82,8	88	
2	Haben Sie häufig Schuld-gefühle	61,8	72,5	44,8	64	
18	Macht Ihnen Sexualität angst	26,5	25,5	13,8	20	
38	Spüren Sie manchmal regel-rechte Wut im Bauch	91,2	90,2	86,2	96	
	Ambivalenzkonflikte und Beziehungsschwierigkeiten					
7	Fühlen Sie sich bei Ent-scheidungen häufig hin- und hergerissen	79,4	92,2	75,9	84	
9	Kapseln Sie sich häufig ab	58,8	74,5	62,1	48	
17	Fühlen Sie sich oft isoliert	52,9	66,7	51,7	48	
36	Können Sie sich schwer fest-legen	73,5	86,3	58,6	52	xx
	Phantasien und Projektionen					
23	Leben Sie häufig in Tag-träumen	58,8	70,6	37,9	36	xx
31	Werden Sie von Zweifeln geplagt	67,6	86,3	65,5	72	
35	Haben Sie ein besonderes Gespür für die Scheinheiligkeit anderer Menschen	58,8	56,9	55,2	88	x
43	Werden Sie von bestimmten Ideen (oder abergläubischen Vorstellungen) beherrscht	17,6	29,4	17,2	16	

Glossar der wichtigsten Begriffe

Analytische Psychologie

Mit dem Begriff a. P. wird das Gesamtgebiet der Jungschen Psychologie bezeichnet. Der Begriff umfaßt sowohl die theoretischen Grundlagen dieser tiefenpsychologischen Schulrichtung als auch deren psychotherapeutische Verfahren. Im Unterschied zur Bewußtseins- und Ich-Psychologie nimmt die a. P. komplexe und psychodynamische Prozesse in der Tiefenperson an. Diese unbewußten Inhalte der Psyche werden durch die Archetypen angeordnet und durch das Selbst strukturiert.

Anima und Animus

Es handelt sich um Seelenbilder und Personifikationen einer weiblichen (Anima) und männlichen (Animus) Natur und Struktur in der Seele und im Unbewußten des Mannes wie der Frau. Die Seelenbilder haben eine Mittlerfunktion, indem sie eine Verbindung zwischen dem individuellen Bewußtsein und dem kollektiven Unbewußten sowie der unausschöpflichen Seelentiefe herstellen. Die Anima beeinflußt das Gefühlsleben des Mannes und dessen Stimmungen in positiver Weise, wenn sie ihn zu kreativen Leistungen inspiriert. Wer nicht auf die Stimme und die Botschaft seiner A. hört, bekommt die negativen Seiten zu spüren in Form von Launenhaftigkeit und verschiedenen seelischen Verstimmungen. Nach Jung ist die A. der Archetypus des Lebens. Der Animus ist eine Personifikation für die geistige Orientierung der Frau. Der A. wird mit Vorliebe auf geistige Autoritäten projiziert. Dieses Seelenbild führt häufig zu unbewußten Meinungsbildungen. Eine wesentliche Intention des A. ist zu unterscheiden und zu erkennen. Beide Seelenbilder bilden die Brücke zum Gottesbild und ermöglichen die religiöse Erfahrung.

Archetypus

Für das Verständnis der Archetypen ist die Unterscheidung zwischen archetypischen Vorstellungen und Symbolen einerseits und andererseits dem A. an sich wichtig. Die Archetypen sind eine unanschauliche Grundform des Lebens, die das psychische Erleben strukturieren und anordnen. C. G. Jung vergleicht den A. gelegentlich mit dem Achsensystem eines Kristalls, das die Kristallbildung in der Mutterlauge präformiert, ohne selber eine stoffliche Existenz zu besitzen.

Die archetypischen Vorstellungen und Symbole dagegen sind jene Urbilder, die in den Märchen, Mythen und Träumen der Menschheit dargestellt sind. Insbesondere enthalten die religiösen Überlieferungen der Völker und die großen Kunstwerke archetypische Motive. Diese Urbilder faszinieren, beeindrucken und beeinflussen das Erleben der Menschen.

Denken

Das D. im Sinne der Jungschen Typologie ist eine der vier psychologischen Grundfunktionen. Mit Hilfe des D. werden die Vorstellungsinhalte in einen begrifflichen Zusammenhang gebracht. »Das D. wird einerseits aus subjektiven, in letzter Linie unbewußten Quellen gespeist, andererseits aus den durch die Sinnesperzeptionen vermittelten objektiven Daten« (Typen, 1971, S. 370). Aus dieser Definition geht hervor, daß D. umfassender verstanden wird und mehr ist als ein rationaler und intellektueller Akt. Jung unterscheidet ein introvertiertes D., das sich in erster Linie an subjektiven Faktoren orientiert, von dem extravertierten D., das sich »an objektiven Tatsachen oder allgemein gültigen Ideen orientiert«.

Mit Hilfe des D. versucht der Mensch, die Ursachen und Hintergründe der Erfahrungen und Probleme zu erkunden. Es ist ein bohrendes Nachdenken, um bestimmte Zusammenhänge aufzudecken. Eine weitere Form des D. ist, von den grundsätzlichen und prinzipiellen Fragen zum konkreten Leben vorzudringen. Dem Denkvermögen ist ein starkes Beharrungsvermögen zu eigen. Ein zu einseitiges rationales D. kann durch bestimmte Vorurteile und eine Ideologisierung die Wahrheit verfehlen. Weitere Aspekte des Denkens können mit Hilfe des Typen-Tests selbst gefunden werden.

depressive Struktur

Depressiv strukturierte Menschen neigen sehr stark zu symbiotischen Beziehungen. Sie haben starke Anklammerungswünsche und suchen besonders die Anerkennung, Nähe und Wärme bei anderen Menschen. Sie gehen sehr stark auf andere ein und neigen zur Identifizierung mit ihrem Partner. Dies ermöglicht einerseits größte Nähe und Geborgenheit, schließt aber andererseits einen Verzicht auf Selbstentfaltung und Eigenleben ein. Diese Haltung wird häufig durch aufopfernde Liebe, Verzichtbereitschaft und Selbstlosigkeit begründet. Weitere Merkmale sind eine fundamentale Störung des Selbstgefühls und die Neigung zu Selbstanklagen. Die aggressiven Tendenzen werden verdrängt und gegen die eigene Person gerichtet. Mit der Wendung von Aggressionen nach innen wüten die Depressiven gegen sich selbst und neigen damit ein Stück weit zur Selbstzerstörung. Eigene Wünsche und Bedürfnisse werden ständig zurückgenommen und abgewehrt. Depressive werden besonders häufig von starken Schuldgefühlen gequält.

Die depressiv-neurotische Disposition und Struktur wird einerseits durch erbliche Faktoren und andererseits durch frühkindliche Umwelteinflüsse bestimmt. Die ausschlaggebende Prägung dieser Struktur erfolgt bis zum Ende des ersten Lebensjahres. Die Blockade und die Strukturierung des Kindes erfolgen insbesondere dadurch, daß von seiten der Bezugsperson entweder zu wenig Liebe und Beziehung angeboten werden oder ein Zuviel in bedrängender Weise auf das Kind zukommt. Im späteren Leben besteht der Grundkonflikt von depressiven Persönlichkeiten in einer großen inneren Erwartung von Verwöhnung bei gleichzeitigem Unvermögen, etwas für sich zu fordern und für sich selber etwas zu tun. Für den Umgang mit Depressiven empfiehlt sich, den Anklammerungs- und Bemächtigungswünschen nicht voll nachzugeben, sondern ihnen ein Stück weit zur Selbständigkeit zu verhelfen.

ekklesiogene Neurose

Unter diesem Begriff werden alle jene seelischen Schwierigkeiten und psychoneurotischen Erkrankungen zusammengefaßt, die durch Fehlformen der Frömmigkeit und Religion entstehen. Da die Kirche (ekklesia) als Gemeinschaft der Gläubigen die Frömmigkeit und die Religion entscheidend prägt und trägt, wurde diese Bezeichnung als Sammelbegriff für diese spezielle Neurose gewählt. Damit wird nicht gesagt, daß die Kirche und die Religion krank mache. Während eine ganzheitliche Beziehung zwischen dem Glaubensleben und dem Seelenleben für beide Seiten positive Auswirkungen hat, kann eine zu einengende kirchliche Bindung und fanatische Religiosität das seelische Erleben derart beeinträchtigen, daß es zu Störungen und Erkrankungen kommt. Auch eine zu prüde und sexualfeindliche Erziehung sowie ein neurotisiertes Gottesbild tragen häufig zu e. N. bei.

Empfinden

Das E. im Sinne der Jungschen Typologie ist eine Sinnesfunktion, durch die mit Hilfe der Sinne die Realität wahrgenommen wird. Der extravertierte Empfindungstyp hat einen außerordentlich gut entwickelten Tatsachensinn. »Auf niederer Stufe ist dieser Typus der Mensch der tastbaren Wirklichkeit, ohne Neigung zu Reflexion und ohne Herrscherabsichten. Sein stetiges Motiv ist, das Objekt zu empfinden, Sensationen zu haben und womöglich zu genießen. ... Wenn er empfindet, so ist für ihn alles Wesentliche gesagt und erfüllt« (Typen, S. 395 f.). Das E. findet sich nie in reiner Gestalt, sondern immer mit Vorstellungen, Gefühlen und Gedanken vermischt. Der Realitätssinn und die Sachlichkeit machen diesen Typus zu einem angenehmen Partner. Weitere Aspekte des E. können mit Hilfe des Typen-Tests selbst gefunden werden.

Fühlen

Das F. im Sinne der Jungschen Typologie ist eine der vier psychologischen Grundfunktionen. »Das F. ist ... ein gänzlich subjektiver Vorgang, der in jeder Hinsicht vom äußeren Reiz unabhängig sein kann, obschon er sich jeder Empfindung hinzugesellt« (Typen, S. 468). Während das Denken die Bewußtseinsinhalte unter Begriffen anordnet, wertet das F. danach, ob es angenehm oder unangenehm ist. Jung weist darauf hin, daß es mit Hilfe der Begriffssprache schwer möglich ist, das Wesen des F. zu beschreiben.

Fühltypen verfügen über eine gute Einfühlungsgabe, an dem Leben und den Problemen anderer Menschen gefühlsmäßigen Anteil zu nehmen. Etwas vereinfacht könnte man sagen, daß alle Gefühlsäußerungen mit der Fühlfunktion wahrgenommen werden. Die Emotionen als die bewegenden Kräfte des Seelenlebens bereiten den Fühltypen gelegentlich starke Stimmungsschwankungen. Diese Menschen sollten insbesondere an der Entwicklung ihres Denkvermögens arbeiten, um das seelische und gefühlsmäßige Erleben geistig zu durchdringen und zu strukturieren. Weitere Aspekte des F. können mit Hilfe des Typen-Tests selbst gefunden werden.

Gottesbild

G. ist ein Sammelbegriff für alle jene religiösen Vorstellungen, in denen Menschen ihren Glauben an Gott zum Ausdruck bringen. Zum G. gehört alles, was einem Menschen heilig ist, was ihm zum Heile dient und zur Heilung verhilft. Das G. kann auch dunkle Motive haben, wie z. B. Teufel, Hexen und heidnische Rituale. Auch im Seelenleben und in den Träumen von Christen erscheinen dunkle G. und können die religiöse Individuation fördern.

Neben allgemeinen und kollektiven Vorstellungen über Gott wird das persönliche G. vor allem durch die religiöse Erziehung der Eltern und die kirchliche Unterweisung und Verkündigung geprägt. Es können angstmachende und lebensfeindliche Gottesvorstellungen vermittelt werden oder ganzheitliche G., die das Leben fördern und die Balance von Glaubensleben und Seelenleben ermöglichen.

Gotteskomplex

Im G. konzentrieren sich die seelischen Energien und Kräfte in den unbewußten Tiefen der Person um das Gottesbild. So wie der Vater- oder Mutterkomplex durch die komplexen Erfahrungen mit den Eltern entsteht, so bildet sich ein G. durch ein Zuviel oder Zuwenig an religiöser Sozialisation und kirchlicher Bindung. Während das Gottesbild der bildhafte Ausdruck ist für die Gottesvorstellungen eines Menschen, ist der G. der psychodynamische und psychoenergetische Aspekt des Gottesbildes. Bei H. E. Richter wird der Begriff auch für die narzißtischen Allmachtsphantasien verwendet.

hysterische Struktur

Den hysterischen Persönlichkeiten fehlt weitgehend eine eigene innere Orientierung, aus der heraus sie ihr Leben und Handeln gestalten können. Häufig leben sie mittelpunktlos und lassen sich stark von außen, von plötzlichen Angeboten und neuen Möglichkeiten bestimmen. Menschen mit dieser Struktur können sich schwer festlegen und sind oft durch wunschhaftes Denken bestimmt. Sie probieren gerne immer Neues aus, ohne jedoch aus ihren Erfahrungen eigentlich zu lernen. Häufig haben sie ein starkes Geltungsbedürfnis. Sie erlangen ihr persönliches Selbstwertgefühl zumeist durch die Anerkennung von anderen. Sie haben eine besondere Begabung zur Selbstdarstellung. Sie neigen dazu, Situationen und aufregende Erfahrungen zu dramatisieren.

Ein besonderes Wesensmerkmal der h. S. ist, daß unbewußte seelische Schwierigkeiten in körperlichen Symptomen zum Ausdruck gebracht werden. Was der Hysteriker nicht sagen kann, zeigt er mit seinem Körper. Bei ihm wird häufig der Körper zum Konfliktpartner. Die unbewußten Komplexe und Konflikte werden in körperliche Symptome »umgewandelt«. Das sogenannte »hysterische Gehabe« wie I. H. Schultz diese Dramatisierungen und Inszenierungen nennt, hat einen verborgenen Sinn und dient einem bestimmten Zweck. Es soll ein Kompromiß gefunden werden, der halbwegs die verdrängten Triebwünsche befriedigt und andererseits auch die Forderung des Gewissens erfüllt. Die Tragik und die Gefahr des hysterischen Menschen ist, daß er an sich selber weitgehend vorbeilebt und sein Selbstverständnis und sein Selbstwertgefühl von anderen zu erstreben sucht. Man könnte etwas vereinfacht den Grundkonflikt des Hysterikers darin sehen, daß er Angst hat, sich festzulegen und zu entscheiden, und andererseits den starken Wunsch nach Halt durch andere Menschen hat. Das gestörte Selbstwertgefühl wird häufig durch ein übertriebenes Geltungsstreben zu kompensieren versucht. Für den hysterisch strukturierten Menschen ist es wichtig, daß er ein Gegenüber hat, das Halt gibt und Grenzen setzt, damit der Realitätsbezug verbessert wird.

Individuation

Die I. ist ein lebenslang andauernder Reifungs- und Wandlungsprozeß. Es ist »ein subjektiver Integrations- und objektiver Beziehungsvorgang zwischen dem Unbewußten, der in der Regel von Wiedergeburtssymbolen in Träumen und Visionen begleitet ist« (K. v. Sury, Wörterbuch, S. 112). Selbst-Verwirklichung als anderer Ausdruck für I. ist zutreffend, wenn das Selbst im Sinne der analytischen Psychologie verstanden wird, das als umfassende Ganzheit in einer Wechselbeziehung zum Ich-Bewußtsein steht.

Intuition

Die I. im Sinn der Jungschen Typologie ist eine Wahrnehmung auf unbewußtem Wege. Das Ahnungsvermögen ist eine Art instinktives Erfassen. Die I. kann auch als Fähigkeit angesehen werden, die Möglichkeiten, die in den Dingen oder in einer Situation liegen, zu gewahren und zu erkennen. »Bei der I. präsentiert sich irgendein Inhalt als fertiges Ganzes, ohne daß wir zunächst fähig wären, anzugeben oder herauszufinden, auf welche Weise dieser Inhalt zustande gekommen ist« (Typen, S. 481). Die I. erfaßt den Gesamteindruck, ohne die Einzelheiten genau wahrzunehmen und zu erkennen.

Während für die Empfindungstypen das Einhalten von Regeln, Ordnungen und Gesetzen wichtig ist, lassen sich die Intuitiven stärker von ihren Phantasien und Imaginationen leiten. Sie haben ein gutes Gespür für den günstigen Augenblick, den sogenannten göttlichen Kairos. Intuitive können sich gut in die Zeit schicken und verfügen meistens über eine große Gelassenheit. Im Hinblick auf die notwendige seelische Balance sollten Intuitive besonders an der Entwicklung ihres Realitätssinnes und der Empfindungsfunktion arbeiten. Weitere Aspekte der Intuition können mit Hilfe des Typen-Tests selbst gefunden werden.

narzißtisch-schizoide Struktur

Schizoide Persönlichkeiten sind aufgrund ihrer Veranlagung und ihrer frühkindlichen Erfahrungen leicht verwundbar, sehr mißtrauisch und sensibel. Diese Struktur wird bereits im ersten Lebensjahr geprägt. Wenn in dieser Zeit nicht menschliche Nähe, Wärme und Liebe erfahren wird, entsteht bereits beim Kleinkind ein Gefühl der Zurückweisung und des Mißtrauens. Diese Erfahrungen bestimmen den Grundkonflikt: das Verhältnis von Nähe und Distanz, von Vertrauen und Mißtrauen. Das Nahesein eines anderen Menschen wird einerseits sehnlichst erwünscht, andererseits aus Angst mißtrauisch abgewehrt.

Die Grenze zwischen Innenwelt und Außenwelt ist für die so strukturierten Menschen meist unklar und fließend. Schizoide neigen dazu, sich in ihre eigene Phantasiewelt einzuspinnen. Die starke Selbstbezogenheit wird allzuleicht als ein Streben nach Selbstverwirklichung mißdeutet. Die Kontaktschwierigkeiten und die großen Probleme mit der Realität können häufig durch eine besondere intuitive Begabung kompensiert werden. Doch oft sind die inneren Bilder und Phantasien realitätsfern, so daß sie wenig zur Lebensbewältigung beitragen. Wegen des mangelnden Urvertrauens können sich diese Menschen nur schwer anderen anvertrauen. Durch die Kontaktstörungen und das starke Mißtrauen wird auch das Gottvertrauen grundlegend gestört. F. Riemann sagt von diesen Persönlichkeiten: »Aus nie erlebter Geborgenheit können sie nicht gläubig sein und neigen so aus- oder unausgesprochen zum Atheismus.«

Neurose

Ein Sammelbegriff für alle psychischen Erkrankungen und seelischen Schwierigkeiten. Durch die N. kommt es zu Störungen des Erlebens und des Verhaltens. Die N. offenbart einen verfehlten Anpassungsakt an das Leben und kann als »fauler Kompromiß« bezeichnet werden. Nach Jung ist die N. ein Ersatz für legitimes Leiden. In den tiefenpsychologischen und psychotherapeutischen Schulrichtungen gibt es unterschiedliche Einteilungen der Neuroseformen. Es wird von Psychoneurosen gesprochen, wenn die seelischen Störungen im Vordergrund stehen, und von Organneurosen bei körperlichen Symptomen und seelisch bedingten psychosomatischen Krankheiten. Andere N. sind durch das hervorstechende Symptom charakterisiert, wie: Angstneurose, Zwangsneurose oder Charakterneurose etc.

Trefflich formuliert Jung (in: Erinnerungen, S. 413): »Zustand des Uneinigseins mit sich selbst, verursacht durch den Gegensatz von Triebbedürfnissen und den Anforderungen der Kultur, von infantiler Unwilligkeit und dem Anpassungswillen, von kollektiven und individuellen Pflichten. Die N. ist ein Stopzeichen vor einem falschen Weg und ein Mahnruf zum persönlichen Heilungsprozeß.«

noogene Neurose

Der Begriff noogen wurde nach dem altgriechischen Wort nous gebildet, das mit Geist, Verstand, Einsicht oder Denken übersetzt wird. Es kann auch Gedanke, Sinn und Gesinnung bedeuten. Bei der n. N. ist das geistige Leben gestört.

Pietismus

Unter P. und pietistischer Frömmigkeit wird hier eine erweckliche Glaubensströmung im Protestantismus verstanden. In einem Gedicht (J. Feller) heißt es: »Was ist ein Pietist? Der Gottes Wort studiert und nach demselben auch ein heilig Leben führt.« Der persönliche Umgang mit der Bibel und die persönliche Lebensgestaltung danach sind wichtige Elemente des P. Es wird eine persönliche Glaubensentscheidung, die sogenannte Bekehrung, gefordert.

Schatten

Mit dem Begriff Sch. werden in der analytischen Psychologie alle verdrängten und unangenehmen Persönlichkeitsanteile bezeichnet, die dem Individuum als unvereinbar mit der bewußten Lebensform und den Wertvorstellungen erscheinen. In der Regel verhalten sich die Schattenbilder kompensatorisch zu der bewußten Lebenseinstellung. Ist jemand z.B. zu beherrscht oder bemüht er sich um eine sehr korrekte Anpassung, so kann er im Traum recht unbeherrscht oder gemein sein. Ähnlich ergeht es gläubigen Menschen, die in Träumen nicht selten von Zweifeln gequält werden. Die Bewußtmachung des Sch. und die Auseinandersetzung mit diesen Persönlichkeitsanteilen ist für die Reifung und Selbstverwirklichung sehr wichtig.

Seele

Die Begriffe S. und Psyche werden von mir bedeutungsgleich verwendet. Zu einem ganzheitlichen Verständnis der S. gehört, daß der Mensch keine irgendwie strukturierte Psyche »hat«, sondern eine lebendige S. »ist«. S. bezeichnet damit die Gesamtheit aller psychischen Prozesse mit den bewußten und unbewußten Erfahrungen. Die S. ist ein Funktionskomplex, der die inneren Lebensvorgänge reguliert und die zwischenmenschlichen Beziehungen maßgeblich beeinflußt. In der Jungschen Terminologie ist die S. eine Art »innere Persönlichkeit«; »sie ist die innere Einstellung, der Charakter, den der Mensch dem Unbewußten zukehrt . . . Dieselbe Selbständigkeit, wie sie der äußeren Einstellung sehr oft zukommt, beansprucht auch die innere Einstellung, die Seele . . .« (Psychologische Typen, 1971, S. 507). Die Bildersprache der S. ist der Traum. Spezifische Seelenbilder sind Animus und Anima (siehe dort).

Selbst

Das S. ist nach dem Verständnis der analytischen Psychologie jene psychische Instanz, die das Ich-Bewußtsein maßgeblich beeinflußt und umfängt. Im Unterschied zu den verschiedenen Selbst-Konzepten der Psychoanalyse sieht C. G. Jung im S. eine weitgehend unbewußte psychodynamische Größe, deren Relation zum Ich in etwa mit dem Größenverhältnis zwischen einer Erbse und einem Kürbis beschrieben werden könnte. Während das Ich als Zentrum des Bewußtseins bezeichnet werden kann, ist das S. das unanschauliche Zentrum der psychischen Totalität. Das S. ist ein Grenzbegriff. Es läßt sich wissenschaftlich nicht beweisen, aber ermöglicht eine Deutung von tiefgreifenden seelischen Erfahrungen.

Unbewußtes

Der Begriff des U. wird in der Tiefenpsychologie für die verborgenen Kräfte in der Tiefe der eigenen Person verwendet. Aus dieser Dimension des Seelenlebens können sowohl ängstigende und destruktive Impulse in das Bewußtsein dringen als auch inspirierende Phantasien und kreative Ideen aufsteigen. Das U. als Lebensgrund kann als Quelle erlebt werden oder als verschlingender Seelengrund (in der Psychose und bei panischen Ängsten). Eine klare Strukturierung des U. bietet S. Freud mit den Instanzen von Ich, Es und Über-Ich. Das Es bezeichnet die Tiefenschichten der Seele. Es bildet den Triebpol der Persönlichkeit. Nach psychoanalytischer Auffassung sind die Inhalte des Es einesteils erblich und angeboren, andernteils verdrängt und erworben. C. G. Jung unterscheidet zwischen einem persönlichen und dem kollektiven Unbewußten. Ersteres enthält wie bei Freud die noch nicht bewußtseinsreifen vorbewußten Inhalte und Triebkräfte, letzteres überschreitet die Individualpsyche und ist ein umfassendes psychisches System, an dem alle Menschen teilhaben. Das kollektive U. manifestiert sich in archetypischen Träumen und Visionen, in Wahnvorstellungen und religiös-ekstatischen Erfahrungen.

Zwischen dem Bewußtsein eines Menschen und dessen U. sollte eine dialektische Beziehung bestehen, indem jede Seite sowohl gebend als auch empfangend ist. Eine zu einseitige Orientierung zerstückelt die Ganzheit der Person. Die Glaubens- und Gotteserfahrung des Menschen sollte nicht nur den

Bereich des Ich-Bewußtseins umfassen, sondern durch die Dimension des U. »vertieft« werden. Das biblische und theologische Menschenbild sollte auch die Tiefenperson und damit das U. ausloten und einbeziehen. Der Theologe P. Tillich vertritt die Auffassung, daß sich der christliche Glaube weitgehend auf die Bewußtseinssphäre beschränkt und es damit zu bestimmten Einseitigkeiten und Engführungen komme. »Die unbewußten Schichten blieben unberührt leer oder unterdrückt, während die bewußten Schichten durch beständiges letztliches Sichentscheidenmüssen überbelastet werden« (Ges. Werke VII, S. 192).

zwanghafte Struktur
Ein grundlegendes Wesensmerkmal der z. S. ist die Angst. Sie bildet die verborgene Triebfeder für die Zwänge, mit deren Hilfe man sich sichern und schützen will. Häufig sind diese Menschen besonders eigensinnig, von einer großen Ordnungsliebe erfüllt und neigen zu besonderer Sparsamkeit, die häufig in Geiz ausartet. Diese Menschen ziehen sich gern hinter starre Prinzipien zurück. Zwanghafte haben ein übertriebenes Bedürfnis nach Sicherheit, nach Ordnung und nach bestimmten Gesetzmäßigkeiten. Daher halten sie krampfhaft am Alten und Hergebrachten fest, widersetzen sich Veränderungen und meiden alles Neue und Unbekannte. Hinter allem verbirgt sich die Angst vor der Vergänglichkeit und die Furcht vor der Wandlung der eigenen Persönlichkeit.

Die Welt der Zwangskranken hat nach v. Gebsattel folgenden Charakter: »Sie ist die Verwandlung von allem in Bedrohung, Schrecken, Gestaltlosigkeit, Unreinheit, Verwesung und Tod. Sie ist dieses aber nur durch einen magischen Sinn, der der negativ werdende Gehalt des Zwangsphänomens als solchem ist.« Das sogenannte magische Denken führt zu einer gewissen Denkstörung. Das magische Denken verzerrt die Welt und verleiht vielen Dingen eine magische Bedeutung. Während ein normaler Mensch mit klarem Kopf denken kann und seine Gefühle im seelischen Bereich Raum haben, steigen bei dem zwanghaften die verdrängten Emotionen in den Kopf und verursachen die genannten Denkstörungen. Die seelischen Zwänge führen auch zu einem verzerrten und neurotisierten Gottesbild. Im Glauben und in der Religion neigen zwanghafte Menschen besonders häufig zu einer fanatischen Frömmigkeit und zu einer übertriebenen Rechtgläubigkeit und zum Dogmatismus.

Literatur-Verzeichnis

Acquaviva, Sabino S.: Der Untergang des Heiligen in der industriellen Gesellschaft. Essen 1964

Albertz, R.: Persönliche Frömmigkeit und offizielle Religion. Religionsinterner Pluralismus in Israel und Babylon. Stuttgart 1978

Arndt, M.: Religiöse Sozialisation. Stuttgart/Berlin 1975

Baaten, H.: Die pietistische Tradition der Familie Gundert und Hesse. Diss. Teildruck. Bochum 1934

Bahr, H.-E. (Hrsg.): Religion und Gesellschaft. Darmstadt 1975

Ball, H.: Hermann Hesse, sein Leben und sein Werk. Berlin 1927

Balmer, H. H.: Die Archetypentheorie von C. G. Jung. Eine Kritik. Heidelberg 1972

Barth, H. M.: Glaube als Projektion. In: N. Zeitschr. f. systemat. Theologie 12 (1970), S. 363–382

Barz, H.: Selbst-Erfahrung. Stuttgart 1973

–: Psychopathologie und ihre psychologischen Grundlagen. Bern-Stuttgart, 2. Aufl. 1981

Bateson, G.: Ökologie des Geistes. Frankfurt 1981

Battke, M.: Das Böse bei Sigmund Freud und C. G. Jung. Düsseldorf 1978

Beck, I.: Das Problem des Bösen und seiner Bewältigung. Eine Auseinandersetzung mit der Tiefenpsychologie von C. G. Jung vom Standpunkt der Theologie und Religionspädagogik. München–Basel 1976

Beese, F.: Der Neurotiker und die Gesellschaft. München 1974

–: Was ist Psychotherapie? Ein Leitfaden für Laien. Göttingen 1980

Beets, N.: Die Bedeutung der Identifizierung für das Glaubensleben. Theologia Practica 3 (1968), S. 79 ff.

Bitter, W. (Hrsg.): Psychotherapie und religiöse Erfahrung. Stuttgart 1965

Bittner, G.: Fische- und Wassermann-Zeitalter. In: Analytische Psychologie, Vol. 9, Nr. 1, 1978

Boos-Nunning, U.: Dimensionen der Religiosität. Zur Operationalisierung und Messung religiöser Einstellungen. Mainz 1975

– u. E. Golomb: Religiöses Verhalten im Wandel. 1974

Boos, M.: Beispiele für den Einfluß einer Psychotherapie auf die religiöse Einstellung von Analysanden. Theologia Practica 1 (1966), S. 222–234

Boszormenyi-Nagy, I. und Geraldine M., Spark: Unsichtbare Bindungen. Die Dynamik familiärer Systeme. Stuttgart 1981

Bräutigam, W.: Reaktionen – Neurosen – Abnorme Persönlichkeiten. Seelische Krankheiten im Grundriß. Stuttgart, 4. Aufl. 1978

Braunfels, W.: Vincent van Gogh. Berlin 1962

Condrau, G.: Tiefenpsychologische und religiöse Aspekte der Angst. In: Psychologie 20 Jh. Bd. 15, S. 431–445

Cox, D.: Analytische Psychologie. Eine Einführung in die Lehre von C. G. Jung. München 1977

Cremerius, J. (Hrsg.): Neurose und Genialität. Psychoanalytische Biographien. Frankfurt 1971

Delitzsch, F.: System der biblischen Psychologie. Leipzig 1855

Dieckmann, H.: Sinn und Wertfragen vor und in der Lebensmitte. Praxis der Psychotherapie 23, 1978

Eadie, H. A.: The health of Scottish clergymen. In: Contact, 41 (1972) 2–22 (deutsch in: Wege zum Menschen 26, 1974, H. 10, S. 400 ff.)

Eicher, P. (Hrsg.): Gottesvorstellung und Gesellschaftsentwicklung. (Forum Religionswiss.) München 1979

Elhardt, S.: Tiefenpsychologie. Stuttgart, 3. Aufl. 1973

Fischle-Carl, H.: Fühlen was Leben ist. Die Bedeutung der Gefühlsfunktion. Stuttgart 1977

Förster, F. W.: Religion und Charakterbildung. Zürich 1925

Forster, K. (Hrsg.): Befragte Katholiken – Zur Zukunft von Glaube und Kirche. Freiburg 1973

Frankl, V. E.: Theorie und Therapie der Neurosen. Einführung in Logotherapie und Existenzanalyse. München–Basel, 2. Aufl. 1968

–: Der Mensch auf Suche nach Sinn. Zur Rehumanisierung der Psychotherapie. Herder Bd. 430, 1972

–: Der unbewußte Gott. Psychotherapie und Religion. München 1974

Franz, M. L. v., H.-W. Heidland u. U. Mann: C. G. Jung und die Theologen. Radius Projekte 49. Stuttgart 1971

–: Spiegelungen der Seele. Projektion und innere Sammlung in der Psychologie C. G. Jungs. Stuttgart 1978

Freedman, R.: Hermann Hesse. Autor der Krisis. Eine Biographie. Suhrkamp 1979

Frenkle, N. J.: Der Traum – die Neurose – das religiöse Erlebnis. Konfessionalismus und Religion aus der Sicht einiger analytischer Prozesse. Zürich-Einsiedeln 1974

Freud, S.: Die Disposition zur Zwangsneurose. Ges. Werke VIII, 1913

–: Die Zukunft einer Illusion. Ges. Werke XIV, 1927

Froboese-Thiele, F.: Träume eine Quelle religiöser Erfahrung. Darmstadt 1972

Fromm, E.: Psychoanalyse und Religion. Zürich 1966

–: Jenseits der Illusion. Konstanz-Zürich 1967

–: Haben oder Sein. dtv 1981

Gebsattel, U. E. v.: Imago Hominis. Beiträge zu einer personalen Anthropologie. Salzburg 1968

Gilen, S.: Zur Psychologie der religiösen Persönlichkeit. Selbstwertstreben und Demut. Regensburg 1977

Görres, A.: Pathologie des katholischen Christentums. In: Handbuch d. Pastoraltheol. Praktische Theologie der Kirche in ihrer Gegenwart. Bd. II/1. Freiburg 1966, S. 277–343

Gogh, V. van: Von Feuer zu Feuer. München 1952

Grom, B.: Gottesvorstellung, Elternbild und Selbstwertgefühl. Stimmen d. Zeit 106, 10 (1981), S. 697–711

Grossmann, E.: Beitrag zur psychologischen Analyse der Persönlichkeit Dr. Martin Luthers. In: Mschr. Psychiatr. Neurol. 132 (1956)

Gynz-Rekowski, G. v.: Symbole des Weiblichen in Gottesbild und Kult des Alten Testaments. Zürich–Stuttgart 1963

Hahn, A.: Religion und der Verlust der Sinngebung. Identitätsprobleme in der modernen Gesellschaft. Frankfurt 1974

Harenberg, W. (Hrsg.): Was glauben die Deutschen? Die Emnid-Umfrage. Ergebnisse und Kommentare. München–Mainz 1968

Hark, H.: Religiöse Traumsymbolik. Die Bedeutung der religiösen Traumsymbolik für die religiöse Erfahrung. Frankfurt–Bern 1980

–: Religiöse Entwicklung und psychische Schwierigkeiten. In: Wege zum Menschen. 34 Jg. (1982), S. 443–458

Heimbrock, H.-G.: Phantasie und christlicher Glaube. Zum Dialog zwischen Theologie und Psychoanalyse. München 1977

Heisig, J. W.: Jung und die Theologie: eine bibliographische Abhandlung. In: Zeitschr. f. Analyt. Psychologie u. ihre Grenzgebiete, Vol. 7, Nr. 3, 1976

Hempel, J.: »Ich bin der Herr, dein Arzt«. Theol. Lit. Zeitg. 82, 1957, S. 809–826

Hesse, H.: Gesammelte Werke. Suhrkamp, Frankfurt

–: In Briefen und Lebenszeugnissen (1877–1895), ausgew. u. hrsg. von Ninon Hesse, Frankfurt 1966

–: Gesammelte Briefe. Erster Band 1895–1921. Frankfurt 1973

–: Traumfährte. Erzählungen und Märchen. Frankfurt 1959

Hessler, H.-W. (Hrsg.): Protestanten und ihre Kirche in der Bundesrepublik Deutschland. München 1976

Hillmann, J.: Die Begegnung mit sich selbst. Psychologie und Religion. Stuttgart 1969

Hoffmann, S. O.: Charakter und Neurose. Ansätze zur psychoanalytischen Charakterologie. Suhrkamp 1979

Hole, G.: Der Glaube bei Depressiven. Reihe: Forum der Psychiatrie. Neue Folge 4, Enke Verlag. Stuttgart 1977

–: Psychiatrie und Religion. In: Die Psychologie des 20. Jh. Bd. X, 1980, S. 1079–1097

Hummel, G.: Theologische Anthropologie und die Wirklichkeit der Psyche. Darmstadt 1972

Jacobi, J.: Komplex, Archetypus, Symbol in der Psychologie C. G. Jungs. Zürich–Stuttgart 1957

–: Das Religiöse in den Malereien von seelisch Leidenden. In: Neurose und Religion, hrsg. von J. Rudin. Olten–Freiburg 1964

– : Die Psychologie von C. G. Jung. Zürich-Stuttgart, 5. Aufl. 1967

Jaspers, K.: Allgemeine Psychopathologie, 8. Aufl. Berlin 1965
Josuttis, M.: Gesetzlichkeit in der Predigt der Gegenwart. München 1966
Jung, C. G.: Psychologische Typen. 9. rev. Auflg., hrsg. von M. Niehus-Jung. Olten 1971 (GW Bd. 6)
-: Zur Psychologie westlicher und östlicher Religionen. Olten 1971 (GW Bd. 11)
-: Symbolik des Geistes. Studien über psychische Phänomenologie. Olten 1972
-: Antwort auf Hiob. Zürich 1951
-: Praxis der Psychotherapie. Olten 1976 (GW Bd. 16)
-: Psychologie und Alchemie. Zürich 1944
-: Die Psychologie der Übertragung. Zürich 1946
-: Symbole der Wandlung. 4. Aufl. Zürich 1952
-: Das Gewissen in psychologischer Sicht. Studien a. d. C. G. Jung-Institut. Zürich 1958
-: Von den Wurzeln des Bewußtseins. Zürich 1954
-: Aion. Zürich 1951 (GW Bd. 9/II)
-: Gestaltungen des Unbewußten. Zürich 1950
-: Über psychische Energetik und das Wesen der Träume. Zürich 1948
-: Mysterium Coniunctionis, 2 Bde. Zürich 1955
-: Erinnerungen, Träume, Gedanken. Hrsg. von A. Jaffé. Zürich 1962, 11. Aufl. 1981
-: Gegenwart und Zukunft. Ges. Werke Bd. 10. Olten 1972
-: Briefe, 3 Bde. Olten 1972
-: Der Mensch und seine Symbole. Olten 1968, 12. Aufl. 1980

Kaufmann, R.: Die Krise des Tüchtigen. Paulus und wir im Verständnis der Tiefenpsychologie. Olten 1983
Kerényi, K.: Umgang mit Göttlichem. Über Mythologie und Religionsgeschichte. Kl. Vandenhoeck-Reihe 18. Göttingen 1955
Klessmann, M.: Identität und Glaube. Zum Verhältnis von psychischer Struktur und Glaube. 1980
Köberle, A.: Ursache und Heilung ekklesiogener Neurosen. In: Zeitschr. f. Analyt. Psychologie und ihre Grenzgebiete, Vol. 5, Nr. 1, 1974
Köhler, A.: Religiöser Wahn und Religiosität. Empirische Studie an wahnkranken Patienten der Psychiatrischen Klinik St. Urban. Med. Diss. Zürich 1978
Kretz, L.: Der Reiz des Paradoxen bei Jesus. Olten 1983
Krezdorn, H.: Die Menschlichkeit der Gottesvorstellung. Eine pschoanalytische Studie über religionssoziologische und individual-psychologische Ursprünge der Religion als Selbstaussage des Menschen. Phil. Diss. München 1978
Krötsch, W.: Zur Frage der »ekklesiogenen« Neurosen. Med. Diss. München 1976
Küchenmeister, F.: Luthers Krankengeschichte. 1881
Kuhn-Foelix, A.: Vincent van Gogh. Eine Psychographie. Bergen 1958
Lepp, I.: Psychoanalyse des modernen Atheismus. Arena Tb 142/43. Würzburg 1969
Lohse, E.: Die Offenbarung des Johannes. NTD, 12. Aufl. 1979

Loof, H.: Der Symbolbegriff in der neueren Religionsphilosophie und Theologie. Köln 1955

Lüssi, P.: Atheismus und Neurose. Das Phänomen Glauben – Neurose. Göttingen 1978

Maeder, A.: Der Psychotherapeut als Partner. Kindler Tb. 2050

Mann, U.: Symbole und tiefenpsychologische Gestaltungsfaktoren der Religion. In: Ch. Hörgl (Hrsg.) u.a.: Grenzfragen des Glaubens. Einsiedeln 1967

–: Einführung in die Religionspsychologie. Darmstadt 1973

Meerwein, F.: Neuere Überlegungen zur psychoanalytischen Religionspsychopathologie. Zeitschr. Psychosom. Med. u. Psychoanalyse 17 (1971), S. 363–380

Moltmann-Wendel, E.: Ein eigener Mensch werden – Frauen um Jesus. Gütersloh 1980

Mülhaupt, E.: Martin Luther, Mensch und Christ. In: Luther. Zeitschr. d. Luther-Ges. Heft 1, 1983

Müller-Pozzi, H.: Psychologie des Glaubens. Reihe: Praxis der Kirche Nr. 18. München 1975

Mulack, Ch.: Die Weiblichkeit Gottes. Matriarchale Voraussetzungen des Gottesbildes. Stuttgart 1983

Mynarek, H.: Religiös ohne Gott? Neue Religiosität der Gegenwart in Selbstzeugnissen. Düsseldorf 1983

Nase, E. u. J. Scharfenberg: Psychoanalyse und Religion. Wege der Forschung Bd. CCLXXV. Darmstadt 1977

Nörenberg, K.-D.: Analogia Imaginis. Der Symbolbegriff in der Theologie Paul Tillichs. Gütersloh 1966

Oerter, R.: Zur Transformation des Religiösen in der modernen Gesellschaft. In: Arch. f. Rel.-Psychol. 14 (1980), S. 153–160

Petrilowitsch, H. (Hrsg.): Die Sinnfrage in der Psychotherapie. Wege d. Forschung Bd. LXXVII. Darmstadt 1972

Pfeifer, M.: Hesse-Kommentar zu sämtlichen Werken. München 1980

Piérard, L.: Das tragische Schicksal des Vincent van Gogh. Zürich 1948

Plé, A.: Freud und die Religion. Wien 1969

Pöldinger, W. (Hrsg.) et al.: Psychologie und Psychopathologie der Hoffnungen und des Glaubens. Huber 1981

Pöll, W.: Religionspsychologie. Formen der religiösen Kenntnisnahme. München 1965

Polak, P.: Zum Problem der noogenen Neurose. In: Handbuch der Neurosenlehre Bd. II hrsg. v. V. E. Frankl, V. E. v. Gebsattel, I. H. Schultz. München-Berlin 1959

Polli, E.: Psychotherapie der Neurosen. Ein Überblick über alle zur Zeit praktizierten Verfahren auf dem Gebiet der Psychotherapie. München 1976

Puppe, H. W.: Die soziologische und psychologische Symbolik im Prosawerk Hermann Hesses. Phil. Diss. Innsbruck 1959

Anhang

Rauchfleisch, U.: Überlegungen zum Problem der psychisch gesunden Glaubensvollzüge aus psychologischer Sicht. In: Theol. Pract. 13 (1978), S. 3-13

Reik, T.: Endphasen des religiösen und des zwangsneurotischen Glaubens. Imago 16 (1930)

Rey, K. G.: Das Mutterbild des Priesters. Zürich 1969

-: Darauf kommt es an. Über die Selbstverwirklichung der Christen. München 1976

Richter, H. E.: Der Gotteskomplex. Die Geburt und die Krise des Glaubens an die Allmacht des Menschen. Hamburg 1979

Richter, L.: Immanenz und Transzendenz im nachreformatorischen Gottesbild. 1955

Riedel, I. (Hrsg.): Der unverbrauchte Gott. Bern 1976

Riemann, F.: Grundformen der Angst. München-Basel 1969

Rosenberg, A.: Durchbruch zur Zukunft. Der Mensch im Wassermann-Zeitalter. München-Planegg 1958

Rudin, J.: Psychotherapie und Religion. Olten 1960

-: Fanatismus. Olten 1965

Schäfer, M.: Der Neurosebegriff. Ein Beitrag zu seiner historischen Entwicklung. München 1972

Schär, H.: Religion und Seele in der Psychologie C. G. Jungs. Zürich 1946

Schaetzing, E.: Die ekklesiogenen Neurosen. In: Wege zum Menschen, Verlag Vandenhoeck & Ruprecht. Göttingen 1955

Scharfenberg, J.: Narzißmus, Identität und Religion. Psyche 27 (1973), S. 449-468

Schlosser, J.: Natürliche Religiosität und religöse Christlichkeit. Regensburg 1977

Schmidtchen, G.: Gottesdienst in einer rationalen Welt. Freiburg 1973

-: Was den Deutschen heilig ist. München 1979

-: Protestanten und Katholiken. Soziologische Analyse konfessioneller Kultur. Bern-München 1973

Schultz, I. H.: Grundfragen der Neurosenlehre. Kindler Tb. 2074, München 1976

Schultz-Hencke, H.: Das religiöse Erleben des Atheisten. In: Psyche Bd. IV (1950-51), S. 417-435

Schwidder, W.: Klinik der Neurosen. In: Psychiatrie der Gegenwart Bd. II Teil 1, hrsg. von K. P. Kisker, J.-E. Meyer et al. Berlin-Heidelberg-New York, 2. Aufl. 1972

Serrano, M.: Meine Begegnung mit C. G. Jung und Hermann Hesse in visionärer Schau. Zürich 1968

Siebenthal, W. v.: Krankheit als Folge der Sünde. Eine medizinhistorische Untersuchung. Hannover 1950

-: Die Figur des Heilands in der Psychiatrie. In: Jahrbuch f. Psychologie u. Psychotherapie, Jg 6 (1958), S. 270-279

Simon, P.: Zur Phänomenologie der religiösen Imaginationen. Eine medizinisch-psychologische Studie. Med. Diss. Göttingen 1979

Sorge, H.: Religion und Frau. Urban Tb 1038. Stuttgart 1980

Stählin, W.: Zum Gespräch zwischen Seelsorge und Psychotherapie. In: Archiv für Religionspsychologie, hrsg. v. W. Keilbach, Bd. 9. Göttingen 1967

Stern, K.: Die dritte Revolution (Psychiatrie und Religion). Salzburg 1956

Stierlin, H.: Die Christen in der Weltfamilie: Auserwählt zur Friedensstiftung? Maintal 1982

Sunden, H.: Die Religion und die Rollen. Berlin 1966

Tellenbach, H.: Melancholie. Berlin-Heidelberg, 3. Aufl. 1976

–: (Hrsg.): Das Vaterbild im Abendland. Bd. I 1978, Bd. II 1978

Theissen, G.: Argument für einen kritischen Glauben. Theolog. Existenz heute Nr. 209. München 1978

Thomas, K.: Menschen vor dem Abgrund. Hamburg 1970 (darin: S. 156, 162 Statistiken über »ekklesiogene« Neurosen)

–: Ekklesiogene Neurosen. In: Lexikon der Psychologie. Hrsg. von W. Arnold et al. 1. Bd., 1971, 457

–: Religions-Psychopathologie. In: Archiv f. Religionspsychologie, hrsg. von K. Krenn, Bd. 13. Göttingen 1978

Tillich, P.: Symbol und Wirklichkeit. Kleine Vandenhoeck-Reihe 151, 2. Aufl. 1966

Tournier, P.: Rückkehr zum Weiblichen. Freiburg 1981

Trüb, C. L.: Heilige und Krankheit (Geschichte und Gesellsch. Bd. 19). Stuttgart 1978

Unterste, H.: Theologische Aspekte der Tiefenpsychologie von C. G. Jung. Düsseldorf 1977

Wehr, G.: Wege zu religiöser Erfahrung. Olten-Freiburg 1974

–: Der Begriff der Individuation bei Jung. In: Die Psychologie des 20. Jahrhunderts. Bd. III, hrsg. von D. Eicke. Zürich 1977

–: Stichwort: Damaskus-Erlebnis. Der Weg zu Christus nach C. G. Jung. Stuttgart 1982

Wöller, H.: Schritte auf dem Weg zur Selbstfindung. In: I. Riedel, Der unverbrauchte Gott

Wolff, O.: Die Haupttypen der neueren Lutherdeutung. Stuttgart 1938

–: C. G. Jungs »Antwort auf Hiob«. In: G. Zacharias (Hrsg.): Dialog über den Menschen. Stuttgart, Klett, 1968, S. 153–168

Wunderli, J.: Sag ja zu dir. Vom tragischen zum positiven Narzißmus. Olten 1983

Wyss, D.: Strukturen der Moral. Göttingen 1968

Zacharias, G.: Psyche und Mysterium. Studien aus dem C. G. Jung-Institut Zürich Bd. V, 1954

–: (Hrsg.): Dialog über den Menschen. Eine Festschrift für Wilhelm Bitter. Stuttgart 1968

Zarncke, L.: Psychologie und Glaube. Eine Auseinandersetzung mit den Systemen der Tiefenpsychologie. Berlin 1960

Helmut Hark
Träume vom Tod

Trauerarbeit und seelische Wandlung
239 Seiten, zahlreiche Abbildungen, kartoniert
ISBN 3 7831 0850 0

Verstehenshilfen für Träume, in welchen Gestorbene erscheinen, für Träume vom eigenen Tod und für Schattenbilder aus dem Totenreich gibt Helmut Hark in diesem Buch. Aus langjähriger therapeutischer Praxis und aus Seminaren mit Todesträumen kennt er zahlreiche typische Traummotive und leitet dazu an, ihren symbolischen Gehalt zu erfassen, statt nur zu erschrecken. Die sich oft wiederholenden Träume von Gestorbenen sind ein notwendiger Teil der Trauerarbeit; Träume vom eigenen Tod geben Signale für eine seelische Wandlung. Immer wieder geht es dabei um Abschied, um den seelisch noch nicht vollzogenen Abschied von einem Gestorbenen oder um den Abschied von einer Lebensphase. Praktische Hinweise für den Umgang mit eigenen Todesträumen und ein kleines Lexikon zur Todessymbolik sowie zahlreiche Abbildungen ergänzen den Band.

Helmut Hark
Der Gevatter Tod

Ein Pate fürs Leben
In der Buchreihe »Weisheit im Märchen«, 111 Seiten, gebunden
ISBN 3 268 00025 8

Viele Mythen und Legenden von berühmten Ärzten bilden den Hintergrund zu diesem Märchen, in dem Gevatter Tod sein Patenkind zu einem berühmten Wunderdoktor macht. Doch da der erfolgreiche Arzt sich den Geboten des Todes widersetzt, scheitert er und stirbt selbst. Thema des Märchens ist die Auseinandersetzung mit der Sterblichkeit und die Frage, ob der Tod Feind oder auch Freund des Menschen ist. Behutsam und nachdenklich erschließt der Autor die Motive des Märchens.

KREUZ: Bücher zum Leben.

Murray Stein
Leiden an Gott Vater

C. G. Jungs Therapiekonzept für das Christentum
300 Seiten, gebunden
ISBN 3 7831 0905 1

Das Christentum steht an einer entscheidenden Wende. Es muß den »Schatten« Gottes und Christi, das Böse, die Erde, das Weibliche, den Satan oder Antichrist, in sein Gottesbild integrieren, wenn es in Zukunft Bestand haben will. Denn die in der Tradition abgespalteten Bereiche der Wirklichkeit sind Ursache für das Leiden an Gott Vater und für das Ungenügen, das moderne Menschen an ihrer Kirche empfinden. C. G. Jung verstand sich mit dieser These als Therapeut des Christentums, dem er eine tiefgreifende Wandlung zutraute und zumutete.

Samuel Laeuchli
Die Bühne des Unheils

Das Menschheitsdrama im mythischen Spiel
238 Seiten, kartoniert
ISBN 3 7831 0910 8

Der Autor läßt den Leser teilnehmen an einem ungewöhnlichen Forschungsseminar. Die Teilnehmer sind nicht objektive Beobachter des Themas Krankheit und Destruktivität, sondern identifizieren sich im Spiel mit mythischen Gestalten und ergründen auf diese Weise ihr eigenes Leiden, ihre Krankheit, ihre Lieblosigkeit, Hilflosigkeit und Bosheit. Heilung, so die Erfahrung in diesem Spiel, ist nicht billig zu haben, sondern wird erst dann möglich, wenn die verborgene und verdrängte tiefere Erkrankung des Menschen und seiner Kultur erkannt wird.

KREUZ: Bücher zum Leben.